북한이탈주민 가족복지론

북한이탈주민 가족복지론

박영희 이기영 강경미 김형태 이민영 김현경 김선화

그리스도대학교 남북통합지원센터 편

머리말

그리스도대학교는 "남북통합시대를 대비한 복지전문인력 양성 및 허브 구축"이라는 주제로 2007~2008년도 교육인적자원부(교육과학기술부) 수도권대학 특성화사업 지원대상으로 선정되어 2008년 4월까지 그 1차년도 사업을 완료하게 되었습니다.

그간 본교 남북통합지원SSNI: Support for South-North Integration 특성화사업단(www.ssni.kcu.ac.kr)은 사회복지학부 안에 남북통합지원 특성화과정을 세계 최초로 개설하여 장학금을 통해 우수학생을 선발하고 새터민 전문가 양성 프로젝트를 시작하였습니다. 그 다양한 사업 가운데 핵심 사업은 다름 아닌 남북통합지원 특성화교과목의 신규 개발이었고, 그 성과가 바로 이번에 출간되는 남북통합지원 특성화 교재총서 시리즈입니다. 이 총서의 발간으로 비로소 우리 대학은 세계 최초 북한이탈주민 전문가 양성의 요람으로서 위상을 확고히 하게 되었습니다.

2007년 말 1만 명을 돌파하고 2008년 현재까지 2만 명에 육박하는 등 최근 급증세를 보이는 북한이탈주민은 1백만 명을 돌파한 다문화이주민과 함께 새로운 취약계층으로 급속히 부각되고 있습니다. 그럼에도 불구하고 이들에 대한 체계적인 한국사회 안내 및 적응 프로그램은 아직도 걸음마단계를 벗어나고 있지 못합니다. 이런 점에서 본교 특성화사업단에서 개발한 교재총서는 그 시발점이 될 것으로 확신합니다. 2차년도에서 개발할 교재총서까지 합하면 결코 적지 않은 양과 질이 될 것입니다.

본교 특성화사업은 우선 북한이탈주민을 주요 대상으로 설정하였지만 장기적으로는 다문화이주민까지 포괄하게 될 것입니다.「북한이탈주민의 보호 및 정착지원에 관한 법률」과「재한외국인 처우기본법」,「다문화가족지원법」등 법체계의 구비로 본교 특성화사업은 큰 힘을 얻고 있습니다.

본 교재총서 집필에 참여하신 교내외 전문가들께 감사와 치하의 말씀을 드리며, 그간 본 특성화사업 제1차년도 사업에 혼신의 노력을 기울이신 박영희 단장님 이하 9인의 위원교수님들께 심심한 사의를 표하는 바입니다.

감사합니다.

2008. 4.
그리스도대학교 총장 고성주

차례

I
북한이탈주민 가족의 이해 • 13

1장 북한이탈주민 가족 현황 〈이민영〉 / 15
2장 북한가족과 남한가족 〈이민영〉 / 29
3장 가족과 가족복지의 이해 〈김형태〉 / 55
4장 북한이탈주민 가족의 의사소통과 가족역동 〈김형태〉 / 75

II
북한이탈주민 가족의 이슈 • 89

5장 이주의 상실과 정신적 외상경험 〈이민영〉 / 91
6장 이주와 문화 적응 문제 〈박영희〉 / 105

III
북한이탈주민 가족 문제의 이해 • 121

7장 가족관계의 문제 〈이기영〉 / 123
8장 북한이탈주민 아동·청소년의 문제 〈강경미〉 / 137
9장 북한이탈주민 여성의 문제 〈김선화〉 / 153
10장 북한이탈주민 남성의 문제 〈김현경〉 / 183

IV
북한이탈주민 가족을 위한 사회복지실천 • 205

11장 북한이탈주민 가족의 (초기)면담과 사정 〈김형태〉 / 207
12장 북한이탈주민 가족의 상담과 가족치료적 접근 〈박영희〉 / 227
13장 북한이탈주민 부모교육 〈김형태〉 / 249

V
결론 • 267

14장 이주, 북한이탈주민 가족 그리고 사회복지 〈이기영〉 / 269

* 일러두기

북한이탈주민은 「북한이탈주민의 보호 및 정착지원에 관한 법률」 제2조 제1호에서 정의하듯이 '북한에 주소, 직계가족, 배우자, 직장 등을 두고 있는 자로서 북한을 벗어난 후 외국의 국적을 취득하지 아니한 자'를 말한다. 북한이주민, 새터민('새로운 터전에 정착한 주민'이라는 뜻으로 2005년 통일부에서 인정한 공식 용어이다) 등의 용어도 사용되고 있으나, 이 책에서는 법률상의 용어인 '북한이탈주민'을 원칙적으로 사용하였으며, 인용의 경우 원문에 기재된 용어를 그대로 사용하였다.

서문

    그리스도대학교는 지역사회에 2,000여 명의 북한이탈주민들이 거주하고 있어 지역사회의 책임을 다하는 대학으로서 오래 전부터 북한이탈주민들의 한국사회 통합을 대학이 담당해야 할 주요 과제로 생각해왔습니다. 이에 2007년부터 '남북통합시대를 대비한 복지전문인력 양성 및 허브구축'이라는 제목으로 교육과학기술부 수도권 특성화 대학으로 선정되어 관련 사업을 시행해오고 있으며, 2008년부터는 남북통합지원센터를 설립하여 운영해오고 있습니다. 무엇보다도 본 대학 사회복지학부에서는 특성화 사업의 일환으로 남북통합 시대를 준비하는 복지인력 양성을 위하여 기존의 사회복지 교과목 외 8개의 사업 관련 교과목들을 개설하여 운영하고 있습니다. 이는 우리 대학뿐만 아니라 사회복지계 전반에 큰 의미를 줄 것으로 생각합니다. 이와 함께 남북통합지원센터에서는 1차년도 사업의 결과로 『이주민 정책과 서비스』, 『북한이탈주민 사회복지실천론』, 『북한이탈주민 가족복지론』, 『북한이탈주민 사회복지실습』 등 4권의 교재를 개발하였습니다.

    특히 『북한이탈주민 가족복지론』은 최근 한국사회에 입국하는 가족단위의 북한이탈주민이 급증하고 있는 시점에서 북한이탈주민 가족의 특성과 가족관계 그리고 그들 가족이 직면하게 되는 문제들에 대한 사회복지 측면의 이해와 개입방법들에 관한 내용들을 소개하였고, 이는 관련 실무 현장에서 일을 하면서 마땅한 지침서가 없어서 어려움을 겪고 있던 많은 실무자들에게 큰 도움을 제공하게 될 것입니다. 그러나 무엇보다도 대학에서 사회복지를 전공하는 학생들이 이 책을 계기로 한국사회가 직면한 큰 과제에 대한 사회복지사로서의 역할과 책임을 인식할 수 있는 계기가 될 수 있다는 점에서 이 책들이 주는 의미는 대단히 크다고 생각합니다.

본 교재는 총 5부 14장으로 이루어져 있습니다. 1부에서는 북한이탈주민 가족에 대한 전반적인 이해를 돕기 위해 현재 남한사회의 북한이탈주민 가족의 현황 및 남북한 가족의 유사점과 차이점을 살펴보았으며, 북한이탈주민 가족에 대한 본격적인 논의에 앞서 가족과 가족복지 등에 대한 일반적 논의를 서술하였으며, 북한이탈주민 가족에서 발생하는 가족 내 의사소통 문제와 가족역동에 대해 살펴보았습니다. 2부에서는 북한이탈주민 가족의 이슈와 관련하여 이주의 상실과 정신적 외상경험 및 문화 적응에 관한 이슈에 대해 논의하였습니다. 3부에서는 북한이탈주민 가족 문제를 이해하기 위해 가족 관계의 측면에서 시작하여, 북한이탈주민 아동·청소년의 문제, 북한이탈주민 여성의 문제, 북한이탈주민 남성의 문제에 대해 고찰하였습니다. 4부에서는 사회복지실천을 위한 접근으로 북한이탈주민 가족의 (초기)면담과 사정, 북한이탈주민 가족의 상담과 가족치료적 접근, 북한이탈주민 부모교육에 대해 논의하였습니다. 마지막으로 결론에서는 앞의 논의들을 정리하고 북한이탈주민 가족을 위한 사회복지실천의 방향성을 제시하였습니다.

1부 1장, 2장과 2부 5장은 남서울대학교 이민영 교수가, 1부 3장, 4장, 4부 11장, 13장은 서울기독대학교 김형태 교수가, 2부 6장, 12장은 그리스도대학교 박영희 교수가, 3부 7장과 5부 14장은 부산대학교 이기영 교수가, 3부 8장은 그리스도대학교 강경미 교수가, 3부 9장은 그리스도대학교 김선화 겸임교수가, 3부 10장은 호원대학교 김현경 교수가 집필하였습니다.

집필진은 오랜 기간 관련 NGO활동과 연구를 함께 해온 교수들, 최근에 관련 분야의 논문으로 박사학위를 받고 대학에 근무하는 신진학자들, 10여 년 동안 관련 현장에서 북한이탈주민 업무를 담당해온 실무자가 마음을 모아 함께 어울렸습니다. 이 어울림이 남북통일을 바라보는 현 시점에서 사회복지계의 통일 준비를 위한, 작으나 힘찬 출발이 되길 기대하며, 책의 주인공인 북한이탈주민 가족들과도 우리의 마음과 뜻을 함께 나누고자 합니다.

통일의 길목을 함께 준비한다는 마음으로 이 책의 출판을 흔쾌히 승낙해 주신 나눔의집출판사 류보열 사장님과, 늦어지는 원고를 마지막까지 꼼꼼히 손보아 책으로 만들어준 편집부 여러 선생님들, 특히 집필진과 대학과 출판사를 연결하느라고 마지막까지 마음 졸인 이주연 선생님에게 진심으로 감사의 마음을 전합니다.

1차년도 사업을 마감하며
저자 일동

I

북한이탈주민 가족의 이해

1장 북한이탈주민 가족 현황__이민영
2장 북한가족과 남한가족__이민영
3장 가족과 가족복지의 이해__김형태
4장 북한이탈주민 가족의 의사소통과 가족역동__김형태

1 북한이탈주민 가족 현황

북한이탈주민은 개인 및 가족단위로 북한을 벗어나 제3국을 통해 남한사회에 입국한다. 북한의 식량난 위기 이후에 북한이탈주민의 수는 급증하고 있는 추세이고, 지금까지 1만 명 이상이 남한에 입국하였다(통일부, 2007). 제3국에 체류 중인 탈북자 수를 감안해 볼 때 남한정착을 원하는 북한이주민은 더욱 급증할 것이며, 적극적으로 그들의 정착을 돕는 정책과 서비스가 좀 더 확충되어야 할 시점에 와 있다(이민영, 2007).

1. 북한이탈주민 가족의 특성

북한이탈주민은 「북한이탈주민의 보호 및 정착지원에 관한 법률」

〈표 1-1〉 북한이탈주민 가족구성 형태

(단위: 명)

구분	가족			단독
	계	가족수	세대원	
2003년	1,281	190	464	817
2004년	1,894	274	668	1,226
2005년	1,383	168	380	1,003
2006년 6월	854	121	267	587

※출처: 통일부 2006년 6월 자료. 고경화(2006)에서 재인용.

에서 '북한에 주소, 직계가족, 배우자, 직장 등을 두고 있는 자로서 북한을 벗어난 후 외국의 국적을 취득하지 아니한 자'로 정의하고 있다. 이들은 중국, 몽고, 러시아 등 제3국에 1백만 명 이상이 있다고 추정되며, 2007년 초 국내에 입국한 북한이탈주민은 1만 명 이상이 된다(통일부, 2007). 이 같은 급격한 증가추세는 적어도 해마다 2배 이상으로 증가할 것으로 전망되고 있다.

그동안 입국자의 대부분은 거동이 용이한 20~30대가 약 70%로 주를 이루어왔으나, 점차 노인·아동·청소년의 비율이 약 30% 이상 증가세를 보이고 있으며 무엇보다 북한이탈주민 여성이 76%로 남성보다 3배 이상 많다. 탈북 동기는 예전의 북한체제 불만 등 이념 문제에서 최근에는 생활고통, 좀 더 나은 삶의 추구 등 경제·사회적 문제로 변화를 보이고 있다(통일부, 2007).

한편, 국내 유입 숫자의 증가와 함께 두드러진 현상은 가족을 동반한 집단 입국의 증가인데, 1993년까지는 단독입국 형태가 대부분이었던 것에 반해[1], 1994년 이후부터는 입국한 수의 50%가 가족 형태로 나타나고 있다. 탈북 가족 수는 매년 급증하여, 2004년 이후부터

---
[1] 1990년 이전에는 남북의 휴전선을 넘어서 귀순하는 사람들이 대부분이었으므로 가족단위의 탈북자가 입국하는 것은 거의 불가능하였다.

〈표 1-2〉 북한이탈주민 가족 재구성형태
(단위: 명(%))

항목	20대	30대	40대	50대	60대	70대	80대	계
이혼/사별 경험없음	63(85.1)	163(60.4)	92(46.9)	24(41.4)	28(45.2)	10(40.0)	1(33.3)	381(55.4)
이혼 후 독신	9(12.2)	42(15.6)	32(16.3)	12(20.8)	5(8.1)	0(0)	0(0)	100(14.5)
이혼 후 재혼	2(2.7)	33(12.2)	28(14.3)	5(8.6)	2(3.2)	0(0)	0(0)	70(10.2)
사별 후 독신	0(0)	12(4.4)	26(13.3)	17(29.3)	22(35.5)	13(52)	2(66.7)	92(13.4)
사별 후 재혼	0(0)	20(7.4)	18(9.2)	0(0)	5(8.1)	2(8)	0(0)	45(6.5)
계	74(100)	270(100)	196(100)	58(100)	62(100)	25(100)	3(100)	688(100)

※출처: 통일부 2006년 6월 자료. 고경화(2006)에서 재인용.

는 국내 입국 북한이주민 중 50%가 가족단위 입국자이며 기존 국내 입국 가족이 북한에 남아있는 가족의 탈북을 돕는 사례도 증가하고 있다(양무목, 2004). 이는 선발 탈북 가족원들의 중국 내 체류가 장기화되고 남한으로 입국하여 정착하는 사례가 증가함에 따라 북한 내 잔류 가족원들의 탈북이 추가적으로 이어져 가족이 합류하는 경향이 늘어났기 때문으로 보인다(윤여상, 2001; 정주신, 2007).

탈북가족의 구성형태의 특성은 전체 탈북자 가족 수 중 50%이상이 한부모/형제자매 등의 소위 정상적 가족 형태를 갖추지 못하고 있는 것을 알 수 있다. 북한이주민 중 40대 이상의 연령층은 50%이상이 이혼 또는 사별의 경험이 있는 것으로 나타났고, 재혼율은 40대 층에서 가장 높게 나타나고 있으며 40대 재혼율 23.4%(196명 중 46명), 30대 재혼율 19.2%(270명 중 53명)로 30~40대의 43%가 재혼을 한 것으로 나타나고 있다. 이혼 또는 사별 후 독신으로 있는 경우는 27.9%로 이 가운데 50대 독신율이 50.1%로 나타나고 있다(고경화,

2006). 이러한 상황은 이들의 기구한 탈북 배경과 탈북 후 도피과정의 험난함을 고려해 보건대 충분히 이해될 수 있으며, 남한 정착과정에서 가족단위의 적응의 어려움이 더욱 클 것으로 예상되는 부분이다.

2. 북한이탈주민 가족의 문제

1) 북한이탈주민 가족의 탈북 후 해외체류

1990년대 중반 북한의 경제난과 식량난이 가속화되면서 급격히 증가하기 시작한 북한이탈주민들은 초기에는 대부분 식량과 생필품을 구하려는 단순 탈북으로 북한과 중국을 빈번히 왕래하는 현상이 많았으나 점차로 장기체류가 늘어나는 현상을 보이고 있다. 탈북자 발생이 증가하면서 10세 전후의 고아 탈북자(소위 꽃제비)들과 가족단위의 탈북이 증가하였다(박요셉, 2000). 중국 등 제3국에 체류하는 북한이탈자들은 불법체류자의 신분으로서 인권과 생존권이 보장받지 못하는 상태에서 연명하고 있으며, 중국과 러시아 정부의 탈북자 단속과 송환조치에 의해 이들에 대한 인권 유린사례가 증가하고 있다. 탈북 여성의 경우, 매매혼, 성매매강요, 폭력 등에 시달리고 있으며, 성인 남성 탈북자의 경우 농장과 식당에서 품팔이를 하면서 임금을 제대로 받지 못하고 열악한 상황에서 일하고 있다(통일신문, 2002. 7. 31일 자).

제3국 체류 시에는 언제 체포될지 모른다는 두려움 때문에 굶주림과 추위에 떨면서 유랑생활을 하고 있으며, 성매매, 인신매매, 꽃제비의 구걸행위들이 심각한 사회문제가 되고 있다. 이러한 경험들은 남한 입국 후에는 공공연한 비밀로서 노출을 꺼리고 '숨겨진 비밀'

로 간직되고 있다. 이러한 인간 존엄성 파괴 경험과 더불어 가족성원의 상실을 경험하게 된다.

또한 중국체류기간 동안 동거를 하거나 한국에 입국한 후 북한이나 중국에 남아있는 가족을 추후에 데려오는 경우, 한국에서 새로 가정을 꾸렸다가 나중에 남아있는 가족을 데려오는 경우 등 복잡한 가족관계 변화로 인한 심각한 가족 갈등과 해체의 문제로 이어지고 있다(고경화, 2006).

2) 북한이탈주민 가족의 남한 생활

경제적으로 2005년 현재 국내에 거주하고 있는 북한이주민 중 약 70.3%가 노동시장에 나와 있으며, 이는 남한주민들의 평균이 90% 이상인 것과 비교할 때 열악한 상황임을 보여주고 있다. 이 중 정규직원 24.5%, 임시근로자 27.9%, 일용근로자 47.7%로 조사되어 정규직 비율이 낮음을 알 수 있다(북한인권정보센터, 2005). 최근의 발표에 의하면 북한이주민 중 65%정도는 비정규직이하의 불안정한 고용 상태에 있어(박선영, 2008), 북한이주민은 고실업율과 저소득현황 속에서 경제적인 어려움을 겪고 있음을 알 수 있다. 이러한 경제적 적응은 남한사회의 문화적 적응과 동시에 진행된다. 경제적, 문화적 적응이 성공적이지 못한 경우 심리적 안정에 부정적인 영향을 미치기 때문이다(전우택, 1997). 아내들 중 일부는 '남편과의 관계에서 안정된 직장이 없고 취직이 잘 되지 않는 남편의 입지로 인한 갈등' 이 있다고 응답했고, 그들 모두 남편대신 일을 하여 돈을 벌고 있는 것으로 나타났다(이새롭, 2002). 북한에서의 권위주의적 가부장문화의 영향으로 인해 남한에서 상대적으로 높은 여성의 지위 인식이 부부관계의 갈등요소가 되며, 극단적으로 폭력이 동원되기도 한다. 남한

사회의 개방적 성문화로 인하여 부부갈등과 폭력의 이유가 되기도 한다(이기영, 2000).

한부모 탈북자 가정의 자녀들이 아버지의 무책임과 빈곤한 가정생활에 대한 분노를 표출하며, 자녀에 지워지는 과도한 역할부담, 경제적 상황 및 탈북으로 해체된 가정에 대한 상대적 결핍감과 열등감을 느끼는 문제가 탈북가정을 방문하는 자원봉사자들에 의해 목격되고 있다(북한인권시민연합, 1999). 그리고 자녀들의 부정적 표현에 대해 아버지가 폭력으로 대응하게 되면서, 부모-자녀 간 갈등적 관계를 지속시키는 것으로 보인다고 한다(이기영, 2000). 특히 청소

〈그림 1-1〉 북한이탈주민 가족의 어려움

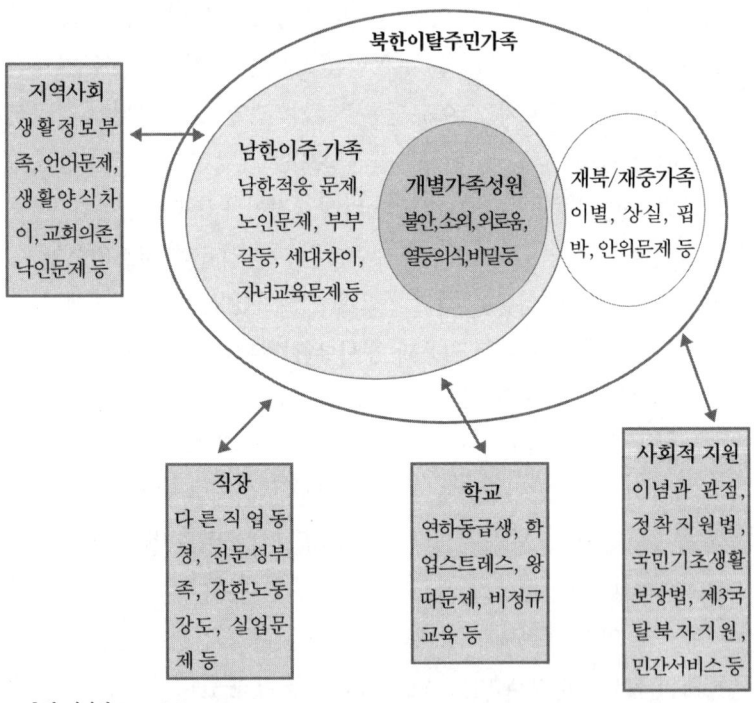

※출처: 이민영, 2007, 2008.

년의 경우에는 연하의 청소년과 동급생이 되어야 함에 따라 교우관계를 형성하는 데 어려움이 많고, '왕따'를 당하거나 비정규 교육기관으로 이탈하는 경우가 많다(이기영, 2002). 정신건강과 관련해서 우울증에 노출되어 있으며(한인영, 2001), 노인의 경우에는 자괴감 속에서 임대주택 공간에 거의 '처박혀' 있는 모습이라고 하였다(김영수, 2002: 11).

사회문화적으로 북한이주민은 세부적 사회요소에 대한 인지도가 상대적으로 낮고(박종철 외, 1996), 북한이탈주민 여성들은 종교 활동을 하고 있지만 그 외 지역사회활동이나 문화생활을 거의 하지 않는 것으로 보고되고 있으며 탈출에서 정착단계까지 종교단체(교회)의 도움을 많이 받으므로 절대적으로 의존하는 경향을 보이면서도, 신앙화하는 데 갈등과 동요를 나타내고 있다.

이상에서 논의한 북한이탈주민 가족의 어려움들을 개인과 가족을 둘러싼 환경을 고려하여 제시하면 다음 〈그림 1-1〉과 같다.

3. 북한이탈주민 가족의 강점[2]

앞서 논의한 바와 같이 북한이탈주민 가족의 어려움이 매우 심각함에도 불구하고 남한사회에 정착하기까지 보여주고 있는 북한이탈주민 가족이 가진 강점과 역량도 상당하다. 북한이탈주민들은 전쟁 등으로 인해 삶의 터전을 잃고 피동적으로 고향을 떠나는 난민에 비해, 삼엄한 경계망을 뚫고 북한을 탈출하는 주민들로서 매우 적극적

---

2 본 글에서는 북한이탈주민의 가족의 실제 사례를 통해 강점과 자원들을 발견하기 위해서, 2002년 8월말부터 알고 지내온 6명의 북한이주민 여성(기혼 3, 미혼 3명)을 인터뷰하였고, 장혜경·김영란(2000), 이기영(2002), 이민영(2005)의 연구에서 나타난 인터뷰 자료를 참고하여 내용 분석하였다.

인 삶의 태도를 가진 이들로 추측해 볼 수 있다. 탈북 과정에서 많은 경우 좌절감, 불안감, 소외감, 혐오감, 무력감 등을 경험했고 필사적으로 남한 행을 감행해왔으므로, 자기 삶에 대한 동기부여가 높을 것으로 본다(장혜경·김영란, 2000: 123~124).

본 글에서는 탈북 과정을 살펴보면서 북한이탈주민 가족이 남한 적응과정에서 보여주고 있는 강점들이 어떻게 나타나는지 살펴보고자 한다. 특히 중국 체류시 경험으로 인해 개방하지 못하는 성향, 강하고 선별적인 인간관계를 형성하는 경향, 헤어진 가족원에 대한 그리움과 애착, 죄책감, 나아가 북한으로 돌아가고 싶어 하는 심리를 이해해 보고, 동시에 가족의 협력적 과정, 생존을 위한 자원동원 등의 강점과 자원을 이해해 보고자 한다.

1) 탈북 이전 과정

북한생활에서 나타난 북한이탈주민의 강점은 융통성, 적응력, 원칙과 양심적 태도로 볼 수 있다. 북한의 엄격한 신분제 사회에서 신분으로 인한 차별 경험은 그것을 극복해 나가는 노력을 통해서 북한인의 역량을 강화시키는 측면이 나타났으며, 또한 1994년 이후 식량난으로 주민에게 식량배급이 중단된 이후에 가족의 생계를 위해서 장사를 하면서 융통성 있게 상황에 적응하는 높은 적응력을 보이기도 하였다.

> "문건이 안 좋아서 대학에 갈 수 없었지만 누구보다 열심히 공부하고 선행을 해서 기회를 가지려고 노력했다. 선생님이 학생을 차별하고 돈을 밝히고 하는 모습에 대해 당당히 저항하였다. 선생님이 그렇게 하면 옳지 않은 것 아닌가."(27세, 여성)

"생활총화 때 일부러 한사람을 비판해요. 비판을 위한 비판이에요. 저는 그 거에 반대했어요. 그리고 위에 바치는 시는 안 썼어요. 정말 시다운 시를 쓰고 싶었지요."(37세, 시인)

"굶은 아이들을 위해 염소를 키워서 염소젖을 주었다."(40세, 교사)

"바다에서 나는 해삼 등을 사서 내륙으로 가서 팔아 식구들을 먹여 살렸다" (35세, 주부)

2) 제3국 체류 과정

중국으로 탈북하는 과정에서 가족들이 탈북을 선택하고 협력적으로 도왔던 경험, 생계유지와 더 나은 삶을 위해 자원을 동원하는 과정이 강점으로 볼 수 있었다. 왜 북한이탈주민의 대다수가 남겨진 가족에 대한 죄책감 그리고 그리움으로 심리적 갈등이 있는지 이해할 수 있었는데, 가족들의 협조로 북한이탈이 이뤄졌고 탈북 후에도 자원과 경험을 동원하여 남겨진 가족들의 생계를 돕거나 탈북을 돕고 있는 것으로 밝혀졌다.

"우리 어머니가 모두 준비해주셨다. 난 몸만 빠져나왔다."(31세, 여성)

"동생이 함께 국경까지 동행해주어 감시를 피할 수 있었다. 부모님께 함께 가자고 했는데 아버지가 남은 친척들과 함께 있겠다고 해서 나만 나왔다. 중국에 살면서 계속 고향에 다니면서 연락도 하고 지냈다. 남한에서 돈을 벌어서 (북한의) 가족을 돌보겠다."(27세, 여성)

"중국에서 생활할 때 너무 어려워서 어린 딸을 다른 집에 주었다. 양녀로. 지금은 5살 된 딸을 데려오기 위해 노력하고 있다." (30세, 남성)

3) 남한 입국 및 정착 과정

가족과 동반 입국한 경우에 정착에 있어서 적응스트레스가 덜하다는 점(특히, 자녀의 부모 존중), 북한과 중국에서 역경 극복 후의 자신감, 비판의식, 진실말하기, 자기통제력 등이 강점이 된다. 또한 편견 없이 대해준 친구와 선생님, 보호경찰관과 자원봉사자의 지원, 교회의 지원, 하나원(동료 탈북자 집단) 동기들 등이 주요 자원들로 볼 수 있다.

"경제적으로 없어도 안 되겠지만 부부가 합심하면 어려워도 좋은 길로 나간다. 건강만 하면 의견은 맞아서 합심해서 노력하면 못할 게 없다." (30대 주부)

"출신을 당당히 밝히고 친구들을 대했더니 친구들이 오히려 출신에 별로 의식하지 않았다. 친구들이 놀리거나 소외시키지도 않았다. 학생끼리 모임을 자주 가지면서 교우관계를 어렵지 않게 만들고 있다." (16세, 남자 청소년)

"목사님 말씀이 너무 좋다. 교회에 청년부에 매우 친한 누나가 있어 교회에 성실히 출석한다." (15세, 청소년)

"그래서 선생님 도움이 컸어요. 저희 아이들에게 너흰 영웅이라고 생각해라. 그 담에 너희가 열심히 노력해서 공부 잘하게 되면 한국 애들보다 오히려 훨씬 더 훌륭한 사람이 된다. 그러니까 긍지를 가져라 이렇게 말해줘요." (30대 주부)

"북한여성들이 사회주의에서 교육받은 여성들이 얼마나 자존심이 세고, 독립심이 강한 줄 알아요? 정말 대단해요. 남한 여성들이 못 당할걸요?"(33세, 학생 여성)

이처럼 남한 입국까지의 탈북과정에서 나타나는 성격적 특성의 역동성에 관한 이해를 토대로 북한이탈주민과 가족들의 도전과 강점 및 자원을 분석하였다. 이러한 분석 노력은 그동안의 북한이탈주민에 대한 정신사회적 부정적 측면에 대한 것에서 벗어나 새로운 가능성을 제시하며, 그들의 적응과정의 순기능을 볼 수 있는 가능성을 열어 놓은 것이라 할 수 있다.

북한이탈주민 가족의 강점과 자원들을 요약해보면, 북한생활에서도 개별 가족 성원들이 융통성, 적응력, 원칙과 양심적 태도를 가지고 차별을 극복해 나가는 노력을 통해 역량을 강화시켰음을 알 수 있었다. 북한 월경과 제3국 체류를 결정함에 있어서 가족들의 선택과 협력이 있었으며, 생계유지와 더 나은 삶을 위해 교회 및 친인척 자원을 동원하는 적극적 노력이 나타났다. 남한 입국 후 생활에서는 가족과 동반 입국한 경우에 스트레스가 덜하였고, 북한과 중국에서 역경 극복을 통해 자신감, 비판의식, 자기통제력 등의 강점을 얻었음을 알 수 있었다. 또한 직접적으로 국가의 지원, 편견 없이 대해준 친구와 선생님, 보호경찰관과 자원봉사자의 지원, 교회의 지원, 하나원 동기들 등이 주요 자원으로서 활용되고 있었다. 이러한 북한이탈주민 가족의 강점과 자원들은 〈그림1-2〉를 통해 정리할 수 있다.

최근에 탈북자 적응과 관련한 연구들에서는 북한이탈주민들의 심리사회적 문제를 심각하게 다루고 있음에도 불구하고, 개인 및 가족의 문제들에 대한 전문적인 가족복지 접근에 대한 논의는 부족한 실정이다. 위기를 겪고 있는 개인과 가족이 가지는 강점과 자원에 대한

<그림 1-2> 북한이탈주민 가족의 강점

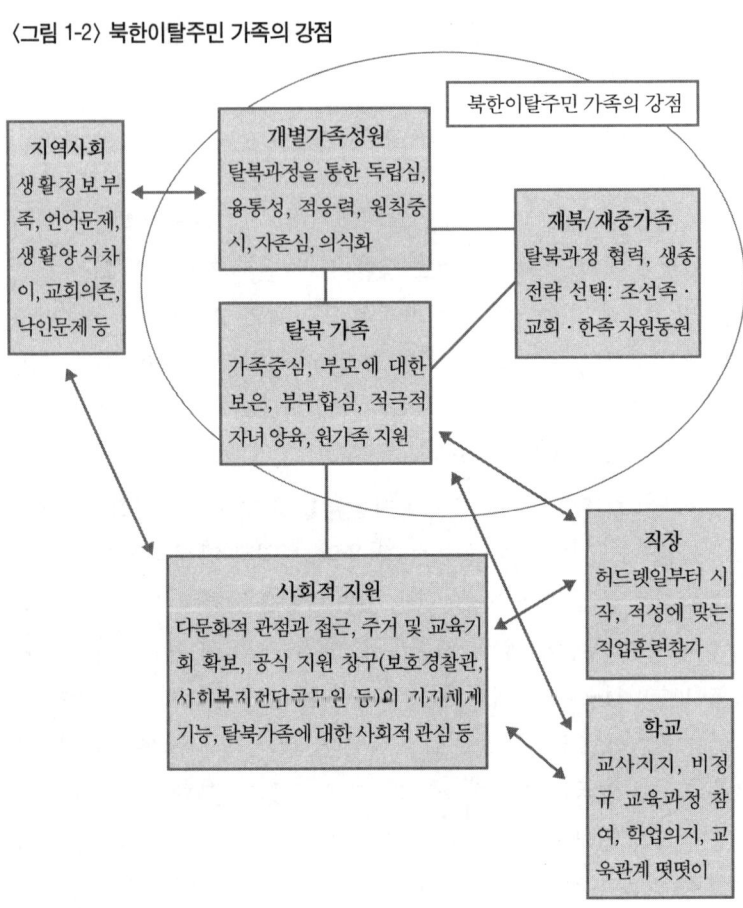

※출처: 이민영, 2007, 2008.

발견 노력 없이 치료 중심, 결점 중심의 분석만 해오고 있어, 북한이탈주민 가족의 입장에서 강점에 초점을 둔 사회복지 접근에 대한 논의는 매우 중요할 것이다.

토론거리

1. 북한이탈주민 가족의 문제는 무엇인가?
2. 북한이탈주민 가족이 가진 강점은 무엇인가?

2 북한가족과 남한가족

이 장에서는 북한가족과 남한가족이 전통적으로 공유해 온 유사점과 분단 이후 교류의 중단으로 인해 발생한 사회, 문화, 경제, 이념 등의 차이점에 대해 살펴보고자 한다.

가족이란 '일체의 가치가 가족집단의 유지와 지속과 기능과 관련을 맺어 결정되는 사회의 조직형태(최재석, 1975: 23; 양옥경, 2000: 72에서 재인용)'를 말한다. 남한과 북한사회가 공유하고 있는 전통적인 가족관은 '가족주의'로 표현되고 있다. 가족주의는 혈연 중심의 가족간의 연대를 강조하는 관념(이재경, 1999: 78)이며, '가족주의 가치관'이란 우선성을 부여하는 가족 중심적 집합주의 규범원리로 인식되는데, 특히 가족 우선성, 부계가문의 영속화, 부모공경의식, 형제자매 및 친척 간 사회경제적 유대의식 등이 총체적인 가족주의 가치관을 의미한다고 한다(최정혜, 1997). 즉, 가족주의 가치관은 가족에게 우선성을 부여하는 가족중심적 집합주의의 규범적 원리를 의미한다는 것이다(한경순, 1999: 13).

한국의 가족주의는 전통적인 가부장제도와 유교주의가 가족에게 적용되는 형태이다. 사회의 구성단위는 집이며, 이 집은 어떠한 사회 단위보다 중시되며, 한 개인은 이 집에서 독립하지 못하고, 집안의 인간관계도 자유롭고 평등한 것이 아니라 언제나 상하의 서열에 의하여 이루어진다. 이와 같은 관계는 비단 가족 내에 있어서 뿐만 아니라 가족 외의 외부사회에까지 확대되어 사회적 이념으로 발전해 왔다(양옥경, 2000: 72 참고).

이처럼 남북한 가족은 효와 가부장 제도를 중심으로 한 가족의 내적인 질서가 가족 외적으로 확대되어 친족 공동체를 강조하는 '가(家) 중심주의'에 있었다. 그러나 식민지 시대와 한국 전쟁을 거쳐 분단국가로서 발전하면서 남북한의 가족주의는 각기 서로 다르게 변형되어 왔다(강진웅, 2001). 남북한 사회 모두 전통적인 대가족을 중심으로 형성된 친족공동체는 급속히 붕괴되었으며, 남한은 성장위주 산업화를 통한 경제적 이해 중심의 핵가족화로 변하였고 북한은 유교적 공산주의 이데올로기 속에서 정치경제적 통합의 가장 작은 단위로서의 가족으로 변화하였다.

1. 북한가족의 특성

사회주의에서 개인은 해방적 인간으로, 가족이나 국가 등의 집단 속에서 자기를 실현하는 존재이며, 가족과 국가는 개인의 권리를 보장한다. 사회주의에서 '개인-가족-국가'는 이른바 '삼위일체적, 유

〈표 2-1〉 사회주의 윤리관

공산주의 생활 윤리	정치생활 관련 윤리	도덕적 자각, 책임성, 조직규범 규율에 대한 양심적 태도
	경제생활 관련 윤리	헌신성, 근면성, 상호협조, 사랑
	문화생활 관련 윤리	예의도덕, 양보, 친절, 봉사, 답례
혁명적 도덕관: 개인보다 집단이익 중시	수령(지도자), 당, 대중에 대한 충실성, 헌신성	
	혁명적 동지간의 혁명적 의리 가족간의 육친적 사랑을 존중하고 이를 동지적 사랑으로 만듦 남녀간의 사랑에서 도덕 지킴 사회공동생활에서 공산주의 도덕을 자각적으로 지킴	
	공산주의적 인간의 도덕품성: 겸손성, 소박성, 인간성, 문화성	

※출처: 박현선, 2003: 51.

기체적 통일체'를 형성하며, 가족의 이익과 사회 및 국가의 이익이 상호결합되는 것으로 인식된다(박현선, 2003: 117).

북한은 사회 전체를 공산주의적 가족, 즉 '사회주의 대가정'으로 변화시키려고 하였다. 북한에서 가족은 혁명의 최소단위이자 사회적 생존의 기본단위이다.

1) 북한 국가와 가족의 관계

한국전쟁 후 북한은 경이적인 경제성장을 하면서 가정의 혁명화 정책을 펼쳤다. 사회주의 제도적 개혁이 이뤄졌지만 이는 전통적 질서와 문화를 따르던 개인과 가족의 문화와 갈등을 빚게 되었다. 이에 북한은 전통문화를 사회주의적인 형태로 개조하는 데 주력했고 효와 미풍양속 등의 전통적 가치를 제한적으로 인정하기 시작하였다. 그러나 1960년대 중반 이후 김일성-김정일의 부자세습 체계의 정당성을 부여하기 위해서 가족의 유교문화를 국가 이데올로기로 받아들였다. 북한체제는 가족집단이 국가로 통합되는 유기체적 가족국가로 발전하였고, 가족의 순응성은 국가에 대한 충성, 즉 애국심이나 조국애로 발전하는 양상을 보이게 되었다.

북한사회는 사회주의 개혁과 주체사상을 중심으로 전면적인 사회동원을 통해 전체 사회구조와 문화를 바꾸었다. 효와 가부장권을 중심으로 한 전통가치를 변화시킬 수 없었지만, 가족은 국가와 당 아래에서 직장, 학교, 대중조직과 행정조직에서 새로운 형태로 응집되었다. 북한에서 가족은 국가주도하에 사회적 연결망에 상호간에 결속되어 유기체적인 국가 세포로서 변화하였다.

북한은 국가와 사회 간 수직적 연결망과 사회조직간 수평적 연결망으로 가족을 지배해 나갔다. 특히 가족단위를 통한 통제와 분배의 전략으로 가족집단에게 사상적 동원과 경제적 유인 정책을 병행하였다. 국가에 대한 충성에 따라서 차별화된 노력 보상이 가족중심으로 이루어졌다. 국가-당-사회조직-가족집단이 동심원적 유기체를 형성하였던 것이다.

이에 따라 김일성에 대한 호칭도 변화하였다. 해방 이후에는 '장군'으로 불리다가 한국전쟁 이후에는 수령 또는 수상으로 불렸고, 1960년대 중반에 들어서면서 '우리의 아버지 김일성 원수님'으로 불리게 되었다. 사회주의를 지향하는 국가가 전통적인 충효와 유교문화를 이데올로기로 채택하여 가족국가를 형성한 것이다. 가정에서 부모에 대한 효도는 이제 국가의 어버이에 대한 효로 바뀌었다. 효가 충으로 확대되는 것이었다. 어린이들도 식사예절에서 '어버이 수령'에 대한 감사표시를 생활화하였다(Cumings, 1993: 408; 강진웅, 2001: 103에서 재인용). 이러한 가족국가 특성을 상징적으로 보여주고 있는 것은 북한사회 내 고아들이다. 이들은 사회주의 혁명의 일꾼으로 개조되어 새로운 인생을 출발하게 되는데, 이들에게 있어

가정과 국가에서의 어버이는 김일성 수령이며, 이름의 성까지 김일성의 성을 따르고 있다.

> "나는 김일성 주석의 성을 따서 김가로 자라났어요. 아버지의 성은 문건이 있어 알았지만, 태아 때부터 고원에 온 아이들은 모두 김씨 성을 가졌어요. 그래서 우리반 아이들은 모두 김씨였지요. 식사시간에는 항상 두 손을 받들어 '아버지 수령님, 고맙습니다' 하고 인사를 하고 나서 밥을 먹죠."(여성한 국사회연구소 편저, 2001: 7~8 참조)

1960년대 후반 '이후 대를 이어 충성하자'와 같은 표현에서 알 수 있듯이 김정일의 권력 장악과 부자세습 체제를 구축하기 위해 북한 사회의 유교문화는 정책적으로 강력하게 활용되었다. 또한 한국 사회의 어머니와 자식의 관계를 중심으로 한 샤머니즘 등의 전통적인 심리문화적 전통이 정치적 담론으로 발전되었다(Amstrong, 1994: 282; 강진웅, 2001: 104에서 재인용).

요컨대 해방 이후 사회주의 개혁으로 친족 공동체를 파괴시킨 북한 정권은 한국전쟁 후 가족집단을 정치경제적으로 동원하는 데 집중하였으나, 전통적인 친족 공동체와 봉건적인 가족제도가 가지고 있는 효와 가부장권의 질서는 쉽게 깨지지 않았다. 이에 북한은 국가-당-사회조직-가족으로 이어지는 국가와 사회 간의 수직적 연결망을 조직하여 가족국가를 형성하였다. 김일성-김정일의 부자세습 과정에서 북한은 효와 미풍양속 등 전통적 유교문화를 적극적으로 활용하여 효를 충으로 확대시키는 정책으로 전환하여 유교주의적 공산국가로서 발전하였다(강진웅, 2001 참조). 그럼에도 불구하고 북한의 가족들은 사적으로는 전통적인 가족관을 전승하고 공적으로는 사회주의 단위 조직으로서 역할을 수행하는 이중적 입장을 유지해 나갔다.

2) 북한가족의 독특성

북한의 국가와 가족 간의 관계에 대한 역사적 고찰을 토대로 북한 가족의 특성을 살펴보면 다음과 같다. 북한에서 가족은 '결혼이나 가장 가까운 핏줄관계에 기초' 하여 '현실적으로 가족생활을 공동으로 영위하는 일정한 범위 내의 친족'을 의미한다. '부부, 친자, 형제자매, 조부' 관계를 의미하며, 경우에 따라 장인장모, 사위, 시부모, 며느리 등을 포함하기도 한다(박현선, 2003). 남한의 가족 정의와 다르지 않은 것 같지만, 그동안의 북한가족의 연구들을 보면 북한가족은 이념적 지향과 현실적인 조건간의 간격으로 인해 양면적인 특성으로 나타나고 있다. 특히 여성에 대한 시각에서 이중성이 드러난다. 사회주의 국가로서 남녀평등의 원칙을 내세우고 있지만 현실적으로는 남녀불평등한 관계(손봉숙, 1993)가 나타나고 있으며, 심지어 가정에서는 조선 600년 동안의 복종 순종을 그대로 강요(김현숙, 1994)하여 희생적 어머니상(여성한국사회연구소, 2001)을 강조한다고 하였다. 이처럼 혁명적 여성관과 복고적 여성관이 병행하는 것이 북한가족 내 여성을 바라보는 시각이라 할 수 있다. 북한의 가족특성은 당연히 남존여비와 가부장적 사회구조가 유지되고 있다는 것을 알 수 있다.

정권의 필요성에 의해 새로운 가부장권(어버이 수령)(김동령 외, 1992)이 출현하면서, 유교주의적 사상과 습관은 나라 전체를 가정으로 비유(문숙재, 1994)하며 북한의 가족생활 속에서 김일성 - 세대주로 이어지는 위계질서를 강조하는 형태로 나타난다. 이처럼 북한의 가족관계는 전통적인 유교적 가족문화와 관습을 재수용하여 보수적 가족주의적 정서가 존재(부남철, 1992)하고, 가족관계의 전통성 부각한 가부장제적 성차별성과 혁명적 평등성을 결합(박현선, 2001)하고 있다.

  세부적으로 북한가족의 부부관계를 살펴보자. 북한의 부부관계는 '남편지배'라고 규정되며, 남편은 '세대주님'으로 불린다. 부부 간 중요한 일에 대한 결정권 중에서 식량구입은 남편이 주로 결정하며 생필품구입과 가사노동은 부인의 비중이 높다. 자녀양육에 있어서는 부인의 의사결정권이 높지만 자녀문제 결정에서는 남편 및 부부 공동의 의사결정권이 높다. 부모나 친척, 국가행사 등의 대외적인 사회연결망 활동의 경우는 남편의 의사결정권이 높아, 중요한 일에 대한 결정권은 남편에게 더 많다. 부부애정관계에서도 남편이 요구함으로써 이뤄진다고 한다(박현선, 2003: 331).

  북한의 부모-자녀관계에서는 자녀문제를 결정하는 주체는 남편이며, 자녀를 돌보고 관심을 기울이는 일은 여성의 역할로 남는다. 자녀의 교육에 대해서는 남편과 부인 모두 많은 관심을 가지고 있다. 그만큼 자녀들도 부모에 대해 절대적으로 순종하는 태도를 보인다. 자녀들은 어머니보다 아버지를 더 공경하고 두려워하는 것으로 나타났다. 자녀의 부모의사존중, 아버지에 대한 어려움 등은 가부장제적 가족관계 핵심을 보여준다. '세대주'로 불리는 남편에게 식사 등 가정일에 최우선권이 있다.

2. 남한가족의 특성

  기능주의 학자들은 가족을 혼인관계로 맺어진 부부와 그들의 자녀들로 구성되고 이들이 거주를 함께 하면서 경제적으로 협동하는 사회적 단위로 정의하지만, 가족은 시대마다 여러 가지 형태로 존재해 왔다. 산업화 이후 가족이 가진 다양한 기능들 - 생산적 기능, 사회적 기능, 교육적 기능, 경제적 기능 등 - 은 상당부분 사회의 공적 기능으로 대체되어 왔다. 현대의 가족은 전통적 가족기능으로 볼 수 있는 자녀출산과 사회화 기능은 여전히 지속되고 있으면서, 우애적 관계유지의 기능이 점차로 강화되고 있다. 민주주의와 평등주의, 다양성을 존중하는 가운데 정서적으로 교류하는 공동체로서의 가족기능(양옥경, 2000: 94)이 중요한 몫이 되었다. 현대 자본주의사회에서도 가족은 가족구성원들의 스트레스와 갈등을 해소할 수 있는 근원적인 곳이라는 인식은 계속 유지되고 있는 것이다. 또한 경제적으로 남성 위주가 아닌 부부 모두가 생산활동에 참여하고, 전통적 이유, 실용적 이유, 감정적 이유 때문에 3세대 가족도 지속적으로 존속될 것으로 전망하고 있다(한남제, 1994).

남한의 경우, 가족관련 법과 제도에서는 양성평등이라는 사회변화에 대응하면서도 가족이라는 울타리를 지키기 위한 형태로, 호주 및 재산의 상속과 부양의 의무를 고수하는 가족주의를 고집하고 있다(양옥경, 2000: 80). 남한의 가족은 외형적으론 핵가족화 되었으나, 부계혈통 중심의 대가족적 요소인 가부장적인 전통이 잔존해 있는 특수성을 가지고 있다(이재경, 1999: 56~58).

1) 남한 국가와 가족의 관계 변화과정

1960년대 이후로 남한의 산업화는 핵가족화와 병행되었고, 도시의 산업화를 중심으로 대규모 저임금 여성들의 경제활동참가율이 증가하면서 가계는 두 사람 이상의 안정된 소득원을 확보할 수 있게 되었다. 가계의 경제상태가 보다 안정되면서 기혼 여성에 대한 출산력을 통제하는 가족계획사업을 펼쳤다. 여성의 경제활동 강화는 가정 영역의 제도적 변화를 이끌었고, 국가는 가부장적 전통을 중심으로 '소자녀 - 핵가족'의 상을 근대적인 가족상으로 세우게 되었다.

기혼여성의 취업 증가, 맞벌이 가족 및 비동거 가족 등 현대적 가족형태가 등장하였고 가족 형태의 변화와 함께 가족의 사회적 역할에 있어 중요한 변화가 나타났다. 산업화를 통해 증가한 맞벌이 가족은 경제적 이해와 가족중심적인 가치를 키워갔다. 대부분의 여성 근로자의 취업이유가 가족생활비를 보태기 위해서이었던 것이다. 또한 경제적 이유로 도시로 이동하는 가족단위(부부가족)의 '이동가족'의 비율이 늘어났다.

산업화는 가족 성원들에게 가족을 다른 가족과 비교되는 경쟁 단위로 만들었다. 가족은 이웃과 친척 간의 협동적 연결망이 약해지면서 가족집단을 우선으로 생각하며 원자화되어갔다. 가족집단의 물질주의적 이해와 가족 중심의 가치규범을 조장하였다. 경제개발계획의 수행에서 개인들을 경제적으로 동원하는 데 가족을 중요한 연결고리로 삼았고, 이에 따라 가족은 국가 경제를 구축하기 위해 동원되는 노동력의 제공처로 인식되었다. 산업화로 인해 전통사회의 협동적인 관습과 규칙이 뿌리 깊게 잔존해 있는 농어촌에서 조차도 가족집단의 우선적 목표 가치는 '경제적인 이해'가 되었다. 경제적 이유로 이동하는 가족의 비율이 증가하였고, 이로 인해 가족구성의 핵가족화 현상이 촉진되었다.

이 시기에 가족들은 먹고살기 위해 열심히 일하는 것을 우선으로 삼았다. 다음 인용문과 같이 국가와 가문, 조상에 대한 중요도는 점차 낮아지고 핵가족 집단을 최우선 가치로 삼는 문화가 되었다(강진웅, 2001: 51).

"저임금에 시달리면서 하루하루를 힘들게 살았습니다. 친족끼리는 서로 어려웠기 때문에 그다지 교류도 없었습니다. 우리가 먹고 살기 힘들잖아요. 이웃들이야 옆집 사람들하고는 잘 지내지만 서로 얼굴보기도 힘들고 먹고 살고 자식들 가르치느라 다른 집 걱정 할 시간이 없었어요."

국가의 성장위주 경제정책으로 인한 산업화와 도시화는 가족집단 간의 경쟁을 높이고 이웃이나 친족 간의 협동적 연결망은 약화시켜 나갔다. 정치적 혼란과 경제적 불안정 속에서 국가의 경제 개입은 가족집단의 물질주의적 이해와 가족 집단 중심적 가치규범을 조장하였다. 이렇게 원자화된 남한가족의 특성은 국가 체제 속에서 가족 이익의 우선성, 전통사회의 가족 공동체 범위의 축소, 가족집단의 실리성 및 배타성으로 집약될 수 있다(Lau Siu-Kai, 1981; 강진웅, 2001: 52).

후반기 산업화에서 경제적 이해를 바탕으로 중산층을 중심으로 한 가부장제와 성별노동분업의 사회구조를 핵가족 이데올로기와 적절히 부합시켰다. "여자라면 직장을 포기하고 좋은 상대를 만나서 결혼하면 그만이지만 남자들은 자식들 먹여 살려야지 직장이 싫어도 있어야 하고 경쟁해야 되고……." 와 같이 가장의 출세와 성공은 가족운명의 주춧돌이었다. 남편과 아내의 성역할 분리는 여성에게 어머니로서 가족을 떠맡은 책임을 부과하였고 이는 가족에 대한 집착 - 남편과 자식의 굴레 - 으로 이어졌다. 혈연 중심의 가부장적인 전통사회의 질서가 산업화와 핵가족화 개인주의와 서로 맞물리면서 남한 특유의 폐쇄적 가족 이기주의를 촉진시켰던 것이다.

남한에서 가족이 가진 최고의 목표이자 과제는 경제적 안정과 성공이었으며, 물질주의적인 가치관이 중요한 관심사가 되었다. 신분상승의 욕구는 자식들에 대한 대리보상으로 이어졌고 '내 자식이 최고여야 하고 남보다 뒤떨어지면 안 된다' 라는 식의 가족 이기주의로 발전하였다. 자식에 대한 과잉교육열은 '자식의 예의범절을 중심으로 한 교육'에서 '학교성적을 중심으로 한 교육'으로 초점이동하였다. 학교는 가정과 비공식적 연계를 형성하여 가족집단 간 경쟁과 승부의 장소 - 치맛바람, 촌지, 과외 등으로 왜곡된 장소 - 로 기여하였다(조혜정, 1985: 93).

그럼에도 불구하고 가족은 자본주의 체제하에서 노동력의 안정적 재생산과 휴식을 제공하며 개인을 감싸주는 보호막으로서의 이중적인 역할을 수행하였다. 박정희 정권에서는 충효 이데올로기로 '제2의 가정화'라는 국민정신 운동을 벌였고, 기업문화도 '대우가족'과 같은 유사가족주의 전략으로 협력적인 효과를 보고자 하였다. 국가가 새롭게 안식처인 가족집단을 환기시키며 가족 이데올로기를 강조한 것은 경제성장으로 인한 인간성 파괴, 복지욕구 증가 등 사회적 비용 부담을 최소화하기 위한 전략이었다.

요컨대 급속한 공업화, 도시화, 핵가족화로 발전된 자본주의 국가인 남한에서 가족은 친족공동체의 연결망을 약화시키고 경제적 이익을 최우선으로 하는 핵가족 문화를 촉진하였다. 경제적 경쟁은 가족집단의 배타성으로 발전하였고, 자식들에 대한 경쟁적인 교육열은 이기적인 모습으로 심화되었다. 국가는 가족이 사회적 폐해를 극복하는 안식처가 되어야 하는 정치적 정당성을 찾기 위해 전통적 충효사상을 변형한 유사 가족 이데올로기를 발전시켰다(강진웅, 2001 참조).

2) 남한가족의 독특성

남한사회에서 가족들이 어떠한 변화과정을 겪어왔는지 살펴본 바에 따르면, 전통적인 가족주의, 집단주의, 귀속주의의 성격이 현대사회에서 평등주의, 개인주의, 성취주의로 대체되어 가고 있으며, 전통과 근대의 결합이 가족생활에서 구체적으로 나타나고 있다. 남한사회의 가족가치관은 개인주의적 가치지향을 둔 근대적 가족가치관으로 변한 것 같으면서도 핵가족 안에서 유교적 가치체계를 특징으로 하는 부모-자녀관계를 새롭게 구성해 나가고 있다고 볼 수 있다. 또한 부계중심의 가부장적 성격이 완화되고 점차 민주화, 평등화 되어가고 있다. 친족관계의 양계화 경향, 즉 부계와 모계 모두 상호연대 구도를 보이며 혈연적 연대를 강화하는 변형된 직계가족 원리가 기능적으로 작동하고 있으며, 가족의 개념과 경계의 유동성, 성인자녀의 분가에 긍정적 태도, 연애혼의 증가, 효관행의 변화 등이 나타나고 있다. 이와 같은 남한사회 가족의 변화에 대하여 많은 학자들은 '신가족주의'로 설명하고 있다(양옥경, 2000).

실제로 남한가족은 이기주의적 가족주의 - 개인중심사고, 경쟁의 윤리, 성취주의, 모성지상주의, 황금만능주의, 배타적 핵가족주의 등 - 와 편의주의적 가족가치관 - 배우자 선택 자유와 부모에의 경제적 의존 - 의 특성을 가지고 있다. 즉, 근대적 가치관과 기존의 전통적 가치관이 불균형상태로 공존하며 부조화 현상 - 남녀불평등 위계질서는 빠르게 해체되지만 세대불평등 위계질서는 위계적 형태로 존재하는 등 - 을 띠는 이중성을 보이고 있다(조미숙·오선주, 1999: 70)는 것이다. 이에 대한 극복이 남한 가족이 가지는 과제라고 할 것이다. 신가족주의는 개인주의와 가족주의의 발전적 통합을 통해 현대사회의 개인주의 욕구충족과 전통가족의 정서적 유대는 유지하는 것을 포함하고 있다. 구체적으로 '전통적 가족윤리의 현대적 변형 - 새로운 직계가족 형태(자식 중 누구나 부모부양)', '공동체적 생활양식의 확대(두레, 품앗이 등 이웃과 사회와의 상호부조 연대)', '효 정신의 계승' 등이 있겠다. 사회복지체제가 강화되면서 가족공동체와 상호보완적 관계를 유지하는 것도 포함하고 있다. 즉, 남한가족은 사회의 구성단위로서 가족구성원 간에 자유롭고 평등하며 독립적인 인간관계를 유지함과 동시에 상호신뢰와 상호지지를 바탕으로 열린 대화와 애정의 교환을 통해 안정된 환경을 보장해주는 유기체(양옥경, 2000: 95)로서 재정립되어 가고 있다.

3. 남북한 가족의 차이점

이상에서 살펴본 남북한 가족의 독특성은 남한사람과 북한사람이 결혼을 통해 이룬 가족생활에서 구체적으로 드러난다. 남북한은 분단이라는 상황 속에서 가족의 유형과 특성을 각기 발전시켜왔으므로 남북한 사람들의 결혼과 가족 구성은 상당한 문화적 이질감과 갈등을 경험하게 한다. 이에 따라 여기에서는 남북한 이문화(異(二)文化)의 문제를 가장 대등하고 밀접한 관계에서 경험하는 남북한 부부들의 가족생활을 들여다보고자 한다. 이를 위해 이민영(2007)의 연구, 『남북한 이문화 부부의 통일이야기』에서 나타난 북한이탈주민과 남한주민 간 결혼으로 이뤄진 부부의 가족생활상의 문화적 차이와 갈등의 경험을 제시하고자 한다.[1]

1) 관점차이: 텃세와 배짱

부부들은 서로가 만나기 전부터 경험해온 사회적 관점들로 인해 부부 갈등을 빚기도 한다. 개인과 개인의 결합은 사회와 사회의 결합을 반영하여 지난 50년간 서로 다른 체제로 발전해온 남북한 사람들이 부부로 만나게 되는 것이다. 남한사회에서 만난 이문화 부부들은

---

[1] 연구참여자는 남한에 거주하는 남한주민과 북한이주민 부부를 대상으로 하였으며, 결혼 기간이 2년 이상으로 현재까지 결혼 생활을 유지하고 있는 부부 다섯 쌍(총 10명)이었다.

남한사람은 텃세를 부리고, 북한사람은 배짱을 가지고 사회적 편견에 도전하는 모습을 경험한다.

주변의 반대에도 불구하고 결혼한 남북한 이문화 부부[2]는 남북한이 분단되어 교류하지 않고 배워온 체제 차이에서 갈등이 시작됨을 인식하며 결혼생활을 시작하게 된다. 지난 50여 년간 두 '국가'는 사회주의와 자본주의라는 매우 다른 지향점을 향해, 서로를 매우 적대적인 관계로 의식한 상태에서 변화해왔다. 금지와 적대의 체제(조한혜정, 2000)에 남북한 이문화 부부들이 영향을 받아 만남에서 결혼에 이르는 과정에서 차이를 만들어 냈다. 부부는 상대에게 자신의 의견을 관철시켜야 할 때는 남북한이 적대적으로 사용했던 말들을 이용했다. 공산주의와 자본주의, 개인주의와 집단주의, 자유주의와 독재 체제로부터 각기 다르게 배웠던 표현들인데, 부부들은 자존심을 걸고 기싸움을 하며 내뱉었다. 빨갱이, 숭미 사대주의자, 공산주의자, 이기주의자, 비판주의자, 이상주의, 물질주의, 권위적, 공격적, 야수적, 온정적, 이중적이라고 서로를 비난하였다.

또한 남북한의 경제적 수준 차이로 인한 편견과 갈등도 함께 하였다. 90년대 이후 북한사회의 실상이 알려지면서, 북한의 기아와 빈곤은 남한 사람들에게 강한 인상을 주었다. 대립하였던 북한보다 남한이 우월하다는 의식도 생겼고, 북한에 대하여 온정적으로 시혜하는 의식도 나타났다. 이러한 '북한이 남한보다 못하다'는 인식은 북한이탈주민에게도 낙인이 되어 무능함과 열등감을 느끼게 하였다. 남북한 이문화 부부가 결혼을 결심하는 과정에서도 이러한 편견이 작용한다. 남한 배우자들은 북한사람을 동정하거나, 남한보다 20~30년

---

[2] 이문화 부부(異(二)文化 夫婦)는 영어의 intercultural couple 을 번역한 것으로 이 용어 외에도 bicultural(cross-cultural) marriage, intermarriage, interfaith marriage/couple 등으로 다양하게 사용되고 있다. 남북한 이문화 부부는 남한사람과 북한사람이 결혼하여 이룬 부부 관계를 의미하며, 여기서는 남한으로 이주한 북한이탈주민과 남한주민 간의 결혼으로 이루어진 부부 관계로 한정한다.

뒤떨어져 보인다며 우월감을 느꼈다. 부부로서 생활하면서도 북한 배우자를 가르쳐야 한다는 의식을 갖기도 하였다. 북한 배우자들은 철저하게 '남한사람화' 되기 위해 노력하거나, 남한 배우자를 통해서 남한사회를 배우거나, 북한의 '자존심'을 지키려고 노력하였다. 그러나 남한 배우자들의 우월의식은 무의식중에도 나타나 북한 배우자들과 갈등을 일으켰다.

2) 화법 차이: 직설과 간설

남북한 이문화 부부는 언어적 차이로 인해 의사소통에 차이를 경험하였다. 부부의 의사소통에 관한 오해 중의 하나는 배우자가 상대의 생각을 읽어내고 무슨 말을 하는 것인지 정확하게 해석할 수 있다는 신념이다. 또한 자신이 가진 언어 습관이 보편적이며 명백하고 확실하다는 가정은 이문화 부부의 의사소통에서 어려움을 가중시킨다(Romano, 2001). 문화에 따라 언어 습관은 상이하며, 동(同)문화 부부도 상대의 표현을 정확하게 해석할 수 없기 때문이다. 더욱이 남북한 간에 언어가 같을 것이라는 가정은 부부간에 서로 다른 단어나 비언어적 표현을 들었을 때 당황하게 하고 오해를 만든다. 그러나 남북한 언어 표현의 차이는 부부간에 큰 문제가 되지 않는 것으로 나타났다. 오히려 화법과 정보전달의 수준의 차이가 부부간 의사소통에서 큰 차이로 다가왔다.

북한 배우자는 처음 남한사회를 경험하면서 언어의 차이를 가장 먼저 실감한다. 단어가 다를 뿐 아니라 상당한 외래어가 섞여있는 남한사람들의 말을 알아듣는 데 어려움을 느낀다. 북한 배우자는 남한의 교회에 갔을 때 1/3도 말을 못 알아들었다고 하였다. 가정 밖에서 사회생활 할 때 모르는 표현에 대해서는 침묵하거나 화제를 돌리기도 하며 당황함과 언짢음을 애써 감추기도 하였다. 그러나 부부간 대화에서 남북한의 서로 다른 표현이 나오게 되면 '그게 뭐냐'고 직접적으로 물어보면서 배워간다. 표현의 차이로 인해 오해가 있기도 하지만 사회의 선입견과 달리 그리 문제가 되지는 않는다.

그런데 화법은 문제가 된다. 북한 배우자들은 직설적으로 말했다. 예의상 동의를 표현해야 할 때에도 자신의 생각과 다르면 동의하지 않았다. 남한 배우자에게 북한식 화법은 매우 거칠고 공격적으로 느껴졌다. 상대의 심정은 별로 고려하지 않은 것 같았다. 남한 남편은 북한 부인 친구들도 상대의 상황은 배려하지 않고 '무조건 하라'는 명령조로 말해서 황당했다. 북한 배우자는 솔직하지 못한 남한식 화법이 받아들여지지 않았다. 앞에서는 이렇게 해야 한다고 하면서, 뒤돌아서는 다른 말을 하는 것이었다. 남한사람들은 싫은 것은 별로 표현하지 않았다. 또 현실성 없는 '달콤한 말'을 너무 많이 하는 것 같았다. 도와주겠다고 해서 기다리면 찾아오지 않았다. 물론 남한 배우자가 쏟아내는 사랑 표현은 '가슴이 찌릿할 정도'로 좋았지만, 말보다는 현실적인 행동이 더 중요한 것이라 생각했다. 하지만 북한 배우자들의 공격적이고 직선적인 말투는 '남의 약점만 잡아 공격'하는 모습으로 나타나기도 해서 남한 배우자들에게 불쾌감을 주기도 하였다. 비판에 익숙한 북한 배우자들이 부부간의 갈등으로 인해 다투게 될 때 비난의 목소리를 높인다는 것이었다. 또한 북한 배우자들은 북한은 정치적 문제에 대해 말조심을 해야 하지만, 남한은 하나하나 재면서 사는 곳이라서 말조심을 해야 한다고 생각이 들었다. 번번이 어디까지 어떻게 말해야 적당한지 기준이 모호했다.

남북한 부부들은 같은 한국어를 쓰지만 사용하는 단어나 표현이 다를 것이라는 예상을 이미 했기 때문인지 단어의 차이로 인한 갈등은 상대적으로 적었다. 북한 배우자들이 남한에 와서 남한식 표현을 익히려는 노력을 최우선으로 하였기 때문이기도 하다. 오히려 북한에서는 좀 더 공격적이고 직접적인 화법을 쓰고 남한에서는 좀 더 배려적이고 간접적인 화법을 쓰는 것으로 인한 갈등을 경험하였다.

3) 재정에 대한 의식 차이: 절대와 상대 가치

남북한 이문화 부부는 '돈'에 대한 가치에서 충돌을 경험하였다. 재정에 관한 불일치는 부부 갈등의 대표적 특징이다. 자본주의 사회에서 돈은 힘과 통제의 상징으로 여겨지기 때문에 부부간 문제를 증폭시키기도 한다. 배우자가 다른 문화의 출신일 때 누가 돈을 벌고 누가 어떤 상황에서 써야 하는지에 대해 다른 신념을 가져 성역할 기대와 함께 작용하기도 한다(Romano, 2001). 남북한 이문화에 있어서 돈의 문제는 그들이 영향을 받은 공산주의와 자본주의의 차이에 기인하고 있으면서, 경제적 수준의 차이로 인해 더욱 심각해지고 있다. 북한 배우자들은 북한에서는 배급제로 인해 '돈'에 대한 실제 가치가 없지만, 남한에서는 실질적인 가치를 가지고 있는 것이 문화적 차이라고 하였다. 돈에 대한 가치를 처음으로 경험하는 북한사람들에게 돈은 절대적 생존의 의미를 함께 가진다고 하였다. 이 때문에 북한 배우자들에게 남한 배우자들의 소비 습관은 낭비이며 사치로 보인다. 남한 배우자들은 북한 배우자들의 절약이 지나치다고 생각한다. 북한 배우자들은 남이 버린 것을 주워오거나, 생존에 필요한 것 이외에 새로 사는 것은 가급적 하지 말아야 하고, 음식을 많이 해서도 안 되고 버려서는 더더욱 안 된다. 반면 남한 배우자들은 돈을 쓸 때는 써야 하며, 필요한 것은 사야 하며, 다양하게 갖춰서 먹을 수도 있고 외식도 할 수 있다. 무엇보다 '돈'을 권위로 받아들이고 절대화하는 북한 배우자의 모습이 가장 이해되지 않았다. 어느 남한 부인은 장롱을 사는 것, 신혼여행을 가는 것, 큰 냉장고를 사는 것 등 돈을 쓰는 모든 것에 북한 남편이 '반대'의 결정을 내렸다. 장롱대신 포단을 치며, 신혼여행도 가지 말고, 냉장고도 작은 것을 사야 한다고 하였다. 이에 반대하는 부인을 '사치 부르조아'라며 비판하였고, 남한 부인은 남이 버린 것을 계속 주워오고, 식후에 과일을 먹는 것도 반대하는 남편에게 '거지근성, 짠돌이'라고 대응하며 대립하였다. 북한과 남한의 화폐가치의 차이로 인해 남한에서의 소비는 상당한 것으로 느껴지기도 했지만, 남북한의 생활수준의 차이로 인해서 남북한 이문화 부부가 소비의 합일점을 찾는 것은 어려웠다.

북한 배우자들은 남한에 와서 '돈이면 다 된다'는 고정관념을 갖게 되면서, 사람보다 돈을 더 우선하는 모습을 보여주었고 남한 배우자들은 이러한 행동을 이해할 수 없어 갈등은 커졌다. 특히 북한남성 배우자들은 공산주의였던 북한에서는 돈이 가장의 권위와 상관이 없었는데, 남한사회에서 '돈은 곧 권위'라는 것을 알게 되었다고 하였다. 무조건 많이 벌고, 쓰는 것을 통제하는 것이 권위의 표현이라고 여겼다. 북한 배우자에 대해 남한 배우자들은 '돈은 도구일 뿐이며 적당히 벌고 쓸 때는 쓰는 것'이며 '사람이 돈보다 중요하다'라고 설득하려는 노력을 하지만, 소비에 대한 문화적 갈등은 계속되고 있다.

4) 남녀역할 차이: 차별과 유별

남북한 이문화 부부는 성역할의 차이로 인해 또 다른 도전을 경험하였다. 모든 문화는 남자와 여자에게 기대하는 성 역할을 갖고 있다. 성역할 문제는 이문화 부부가 각자 적합한 성 역할이 있다고 서로 다른 신념을 가지고 있을 때 복잡해진다. 이미 잘 알려진 부부간

성 역할 갈등은 부인은 평등주의적 시각을 갖고, 남편은 남성 지배적 시각을 가질 때 발생한다. 남북한 이문화 부부도 이러한 시각차로 인한 갈등을 보였다. 남북한의 남성배우자들은 남성과 여성의 역할이 분명히 구분된다는 신념을 가지고, 가장의 권위를 강조하는 가부장적인 태도를 보였다. 반면 여성배우자들은 서로의 역할이 대등하고 상보적이라는 신념을 가지고, 남녀의 협력적 관계를 견지하고 있다.

그러나 남북한에 따라 여성과 남성의 태도에 차이가 나타났는데, 북한남성의 경우는 남자가 다하는 것, 모든 결정권을 갖는 것이라고 믿었으며 여성의 일로 여기는 집안일은 일체 하지 않는 것으로 믿었다. 남한 부인이 남편의 권위를 침해한다고 생각되면 폭력도 용납되었다. 남한 부인들은 집안의 대소사의 일들을 상의해서 결정하는 것이라 하였고, 집안일도 바깥일도 부인이 도울 수 있다고 생각하였다.

반면 남한남성 배우자는 부인의 동의를 얻어 결정하는 것에 대해서 자연스럽게 여겼지만, 순종적인 여성을 원하는 것에서 가부장적 태도를 보여주었다. 북한여성은 남편에게 말대꾸하거나 대들지 않고 다소곳하게 따를 것을 기대하는 것이다. 북한 부인은 순종적인 태도를 가지고 집안일을 당연히 해내지만, 자기 주관을 뚜렷이 견지하고 결단력 있는 태도 - 북한의 혁명적 여성상[3]에서 기인한 - 도 함께 보여주어 남한 남편을 당황하게 하기도 하였다.

남북한 이문화 부부간에 남녀 성역할에 대한 차이는 남녀북남형의 부부에서 상당한 것으로 나타났는데, 남한여성보다 경제력과 자원이 부족한 북한남성의 가부장적 태도가 더욱 완고하게 나타났다. 모든 일은 '세대주가 다 하는 것'이라고 하였지만 일상생활에 필요

---

[3] 여성 노동자에게 강조한 주체적 인간성을 의미하며, 자기부양능력이 있는 독립적 여성, 근면한 여성, 집단주의적 여성으로 구체화할 수 있다(김정미, 1999: 36).

한 일들 - 은행, 관공서 관련 업무 - 은 남한여성 배우자에게 모두 맡기면서, '남자를 돕는 것'은 여성의 역할이라 여겼다. 반면 이러한 일들을 하는 남한 부인들은 '남녀가 같이 필요한 것을 돕는 것'이라 여겼다. 북한 부인들도 점차로 경제력을 갖게 되면서 남녀역할에 대한 인식이 변화됨을 보여주기도 하였다. 그렇지만 북한 배우자들은 남녀의 역할이 차별적으로 다른 것이라고 생각하였고, 남한 배우자들은 남녀역할이 상호보완적인 것이라고 여기는 경향이 강했다.

5) 관습의 차이: 무심과 세심

남북한 이문화 부부는 일상생활의 관습들에 차이를 경험하였다. 모든 문화의 사람들은 일상생활의 요구에 대처하는 데 필요한 의식이나 관습을 가진다. 이문화 부부의 경우에 각자의 문화에서 일상생활의 의미 있는 측면이 다르기 때문에 갈등을 보이게 된다. 남북한 이문화 부부의 경우에는 남한과 북한에서 통용되었던 유머나 상식이 통하지 않는 것을 경험하면서 오해를 사기도 하였다.

또한 당과 조직을 통해 국가에서 정해준 날들을 기념하였던 북한 사람과 개인과 가족들이 개별적인 기념일들을 챙기는 남한사람은 문화적인 차이를 보일 수밖에 없을 것이다. 남한 배우자들은 생일, 기념일 등 무슨 날들에 의미를 부여하고 선물과 행사를 부부간에 혹은 가족들과 함께 하는 것을 좋아했다. 북한 배우자들은 국가가 정한 몇몇의 기념일을 제외하고는 기억할 필요도 없었으며, 또 기념일에는 개인이나 가족이 아니라 조직의 행사를 통해서 보내왔다. 당연히 남한사회의 그 많은 '의미 있는 날'들은 낯설었고 기억하기 어려웠다. 남한 배우자들은 '기억하지 못하는 것'이 관심과 존중을 받지 못하는 것으로 느껴 섭섭해 하였다. 북한 배우자들은 수시로 주고받는 선물과 행사에 의미를 부여하기 어려웠다.[4] 물론 북한여성은 선물, 꽃, 편지를 받으면 낭만적으로 느껴지고 감동을 받기도 하였지만 필요한 것이라고 여기지 않았으며, 월급날마저 외식하자는 남한 남편의 말은 받아들이기 어려웠다. 반면 남한 부인은 남편의 따뜻한 말 한마디도 아쉬워했다. 북한 남편은 무뚝뚝하고 신사적인 매너가 부족해서, '수고했다'는 말이나 가벼운 포옹을 하는 것에도 인색했다. 이에 대해 불평하는 부인에게 북한 남편은 본질적인 것이 아니니 의미를 부여하지 말라고 말하기도 하였다.

식문화에서 데이트할 때나 외식을 할 때 남한사람들은 양식당에 가서 기분을 내고자 하지만, 북한 배우자들은 북한에서 먹어본 적 없는 양식들이 거부감을 들게 할 뿐이었다. 비싸기도 하고 어떻게 먹는 것인지 모르겠고 맛도 별로 없었다. 남북한 부부들은 남북한의 음식에서 큰 차이를 느끼지는 않았지만, 북한남성은 남한처가에서 해주는 김치가 입에 맞지 않는다며 스스로 김치를 담가 먹기도 하였고, 미역국이 입에 맞지 않는다고도 하였다. 남한여성은 북한 남편이 해준 북한식 '국밥'을 도저히 먹지 못하였다고 하였다. 이에 대해 남편은 북한의 배급제와 빈곤으로 인해서 그 정도도 감지덕지라고 하기도 하였지만, 남한의 서구화된 외식 문화에 대한 거부감을 제외하고는 남북한 음식 문화에 대한 차이는 개인의 경험에 따라 다양하게 나타났다.

'말 한마디에 천냥 빚을 갚는다'는데 북한 남편은 애정표현에 비판적인 태도를 보이거나, 오히려 너무 성관계에만 집착하는 모습만 보이는 이기적인 무심함으로 나타나 부부간의 갈등이 되었다. 반대

---

[4] 북한은 김일성의 10대원칙에서 일상생활에서 생일이나 기념일, 명절에 선물을 주고 받지 않는 것으로 규정하였다고 한다. 김정일이 아랫사람에게 주는 선물이외에는 '선물'이라는 말도 거의 쓰지 않는다고 한다(정진경, 2000).

로 남한 남편은 북한 부인에게 세심함으로 서구식 낭만과 매너를 너무 챙기는 허황된 모습으로 비춰졌다. 그밖에 남북한의 일상생활의 식문화와 유머 등의 차이는 이문화 부부들의 감정적인 갈등을 심각하지 않지만 빈번하게 일어나는 문제로 나타났다.

6) 행동양식의 차이: 경쟁과 저돌성

남북한 이문화 부부는 행동양식에서도 차이를 보여주었다. 북한 사람들은 공산주의 사회인 북한에서 경쟁이 없어 사람들이 퇴근 후에는 좀 더 여유롭게 살 수 있었지만 남한의 자본주의 사회는 '경쟁'이 돈과 직결되는 매우 중요한 것이므로, 늘 남들보다 더 많이 일해야 한다고 여겼다. 반면 북한의 배급제로 인해서 많은 사람들이 한 달 동안 엄격하고 알뜰하게 계획적으로 살아가야 했는데, 남한에서는 소비생활이 상대적으로 자유로워 대책 없이 보이기도 하였다.

그런데 남한사람이 볼 때, 북한 배우자들은 하고자 하는 일에 대해서 주변의 상황을 그다지 고려하지 않은 채 일을 해내는 것에만 몰두하는 것처럼 보여 답답해 보였다. 강한 정신력을 강조한 혁명교육 탓인가 하고 추측도 해보지만, 어렵게 살아서 여유가 없는 것으로도 생각되었다. 상대적으로 남한사람들은 너무 주변 상황을 고려한 나머지 자기 일도 제대로 해내지 못해 느긋하고 끈기 없는 모습으로 보이기도 했다. 또 자신과 가족만을 생각하고 나라와 민족에 대해서는 별로 고민하지 않는다는 비판을 받아야 했다. 북한여성은 운전면허를 따기 위해서 학교 공부를 하고 자격증을 따기 위해서 '저돌적 임무완수'를 하는 모습을 보여주었다. 몸이 아파도 그 일을 해내야 한다는 생각만 있어 걱정이 될 지경이었다. 그녀는 북한에서 기회가 주어졌을 때 해내지 않으면 영원히 기회가 오지 않기 때문이라고 이해를 구하였지만, 남한 남편은 '여기는 남한'이라며 '로마에 오면 로마법'을 따를 것을 요구하였다.

또한 남한 배우자들은 북한사람들이 주변에 대해서 험담을 좋아하고, 위계를 만들기 위해서 애쓰며, 맘에 들지 않으면 폭력을 앞세우는 경향이 강하다고 보았다. 같은 북한이탈주민들끼리 뜻이 맞지 않는다고 폭력과 비난을 공개적으로 해서 법정에 가는 일도 있었다. 북한사람들은 자신과 사회가 개선되는 것을 기대하고 비판을 습관처럼 사용하는 것인데, 그것이 남한에서는 그저 뒤에서 하는 험담으로 보이는 것 같아 안타까웠다. 남한 부인은 북한 남편이 직장생활을 하면서 다른 사람들이 권력에 따라 이리저리 움직이며 정치적으로 행동하고, 자신을 인정해주지 않는다는 이유로 무조건 사표를 던지는 모습은 나쁜 버릇이라고 비판하였다. 남편이 남한사회에서 생존과 직결되는 직장생활의 의미와 법보다 자존심을 더 중요시 여기는 것 같아 답답해 했다.

남북한 사람들의 행동양식의 차이는 직접적으로 부부간에 나타나기도 하였고, 간접적으로 직장일을 통해서 나타나기도 하였다. 북한 배우자가 가장 다르다고 느끼는 것은 남한사회에서는 '경쟁' 논리에 따라 돈을 벌기 위해 바쁘게 살아야 한다는 것이었고, 남한 배우자는 북한사회의 '혁명적이고 위계적' 논리에 따라 목표 달성을 위해 저돌적으로 살아가는 것이었다. 이러한 행동 양식의 차이는 사상성의 문제와 연결되기 하고, 상대적으로 서로의 행동을 억압하는 모습으로 나타나기도 하였다.

7) 가치의 차이: 단일과 다양

남북한 이문화 부부는 서로의 의견이 다른 것에 대해서 조율을 할 때 사회적 배경의 차이를 경험하였다. 북한은 1인 독재 폐쇄적 사회이고 남한은 다양한 자유주의 사회이다. 북한사람들은 남한에 와서 처음으로 뉴스를 접하고 불안을 느낀다고 하였다. 북한에서는 매체를 통해 '긍정적' 정보만을 얻을 수 있는데 반해, 남한에서는 '부정적' 정보도 함께 제공되기 때문에 남한사회를 사건 사고가 많은 위험한 사회로 인식하게 되는 것이었다.

  북한 배우자들은 한 가지 생각을 가지면 다른 생각과 믿음에 대해서 수용하기 어려워했고, 남한 배우자들에게 강요를 하는 모습을 보여 당황하게 하였다. 북한여성은 자신이 믿는 종교를 절대 종교로 생각하고 남편이 반드시 믿어야 한다고 강요하였다. 남한남성인 남편은 '종교의 자유'에 대한 남한사회의 가치를 설명하고 설득하려 했지만 부인은 타협하지 않았다. 남한 배우자들은 북한 배우자들이 자기와 다른 가치를 어떻게 받아들여야 하는지 유연성이 떨어진다고 보았다. 북한 배우자가 보이는 종교, 사상, 성역할, 돈에 대한 하나의 가치만을 부여하는 것에 대해 남한 배우자들은 다양성과 융통성을 가질 것을 요구하였다. 남북한 사회의 특성 차이는 부부간의 여가에도 영향을 주었다. 북한에서는 다양한 여가활동이 제약되어 있어서 부부간에 성관계를 통해 거의 모든 욕구를 해소하였다. 남한에서는 다양한 여가활동들이 가능했지만, 북한 남편은 아직도 성관계에 집착하여 남한 부인들은 남편이 성관계가 아닌 다른 욕구해소 창구를 찾기를 바라기도 하였다.

  남북한 이문화 부부들이 경험하는 생각의 차이는 단일한 가치를 고집해온 북한문화와 다양한 가치가 공존하는 남한문화의 차이를 보여주었다. 부부관계에서 결정해야 할 많은 일들에 대해 북한 배우자가 한 가지 잣대만을 제시하고 다른 의견에 대해 귀 기울이지 않을 때 갈등은 증폭되었다.

8) 양육 방식의 차이: 독립과 보호

남북한 이문화 부부의 차이는 양육과정에서 가장 심각해지기도 하였다. 이문화 부부는 아이의 출생과 함께 부부 각자가 가지고 있는 신념, 가치, 철학의 해결되지 않은 차이를 드러내게 된다. 대부분의 개인들은 어릴 적에 받았던 부모의 양육 스타일을 따르므로 부부 각자의 양육 방식들은 매우 다르고 충돌하게 된다(Perel, 2000). 남한사회에 사는 남북한 이문화 부부의 경우 양육에 관한 많은 결정권을 남한 배우자에게 맡기는 경향이 나타나고 있지만, 북한 배우자의 문화적 입장이 뚜렷이 제시되고 있다.

남한 부인이 생후 6개월도 되지 않은 아기에게 비싼 교육교재를 구입해서 가르치는 것에 대해 북한 남편은 이해하지 못하였다. '조기교육'에 대한 이해의 차이였다. 남한 부인은 남편의 어린 시절 이야기에서 자신은 '온실의 화초'처럼 자랐다는 생각이 들었고, 남한보다 북한이 자연에서 창의적으로 교육을 시켰다고 생각이 들기도 하였다. 집단활동을 통해 어릴 때부터 조직생활을 해서 독립심이 강한 것이라고 느끼기도 하였다. 그렇지만 남한사람들이 아이들 교육시키는 것에 뒤지면 안 된다는 생각으로 '책보며 놀기'를 해야 한다고 남편에게 주장했다. 북한남성은 자녀의 교육에 관해서 남한식 교육이 비전 없는 '눈먼 사랑'이라며 비판한다. 어릴 때부터 독립심을 키워야 하므로, 고생과 어려움을 겪어봐야 하는데 엄마가 과잉보호한다는 것이다. 엄격한 규율을 지키도록 해야 하고, 원리를 아는 지식 교육을 직접 시키고자 하였다. 이에 대해 남한 부인은 어린아이에게 가혹한 방법이라며 야수적 행위라고 대응했다. 남한사회에서는 사교육을 통해 다양한 지식을 습득하는 것이 중요하고, 어린아이는 보호받아야 마땅하다는 것이었다.

남북한 이문화 부부에게 자녀양육은 또 다른 문화적 차이를 드러내게 하였다. 북한사회가 지향하는 자연주의적이면서, 사상투철하고 역경을 딛고 일어서는 집단주의적 인간형과 남한사회가 지향하는 도시적이면서, 다양한 지식과 경쟁력을 갖춘 개인주의적 인간형을 부모가 각각의 양육 방식에서 보여주고 있다. 양육에 관한 도전에서 타협하기 어려움을 겪는 부부들은 이혼까지 심각하게 고려하게 된다.

이상에서 논의한 바와 같이 남북한 가족의 특성으로 논의되어 온 남북한의 돈의 가치, 배급제에 대한 시각, 가부장적 특성 등에 관한 기존 개념들은 가족생활 속에서 다양하게 해체되고 재구성되고 있다. 텃새와 배짱 사이, 직설과 간설 사이, 절대와 상대 가치 사이, 차별과 유별 사이, 무심과 세심 사이, 경쟁과 저돌성 사이, 단일과 다양성 사이, 집단 내 독립과 가정 내 보호 사이로 남북한 가족의 특성들은 새롭게 확장되고 있다. 그럼에도 불구하고 남북한 부부들의 삶 속에서 이러한 갈등과 문제들은 남북한 가족의 이질화를 두려워하지 않고, 갈등과 대립을 해결하고자 하는 의지와 노력으로 부부의 성장의 밑거름으로 변환되고 있다. 남북한 간 갈등의 해결까지 많은 시간이 걸리겠지만, 이것이 해결될 수 있다고 믿고 있었다. 남북한 가족들은 그들이 가진 독특성과 차이점이 남한가족만의 강점이며 변화와 성장을 할 수 있는 자원임을 보여주고 있다.

토론거리
1. 남북한 사회와 가족과 관계는 어떻게 변화되어 왔는가?
2. 남북한 가족의 특성의 차이점과 유사점은 무엇인가?

3 가족과 가족복지의 이해

 이 장에서는 가족과 가족복지를 이해하기 위한 틀로서 일반적인 가족과 가족복지뿐만 아니라 북한이탈주민 가족을 이해하기 위한 다양한 관점에서의 가족과 가족복지를 다룬다. 일반적으로 가족을 바라보는 관점은 보수적이다. 정치나 경제 등 타 분야에서 개방적이고 급진적인 의견을 가지고 있는 사람들조차 가족에 대해서는 전통적인 가족의 개념에서 크게 벗어난 의견을 갖고 있는 경우가 많지 않다. 일단은 가족의 중요성을 부정하는 사람은 거의 없다. 현대사회에서 차지하는 가족의 역할은 절대적이며 갈수록 그 역할의 중요성이 커지고 있기 때문이다. 그러나 가족이라는 전통적인 개념과 정의는 이미 해체되고 있다. 남자와 여자의 결혼으로 시작하여 자녀를 출산하면서 확대되는 전통적인 가족의 개념은 동성 간의 결혼을 허용하는 국가가 생기면서 여지없이 무너졌다. 남녀의 혼인에 의해 가족이 구성되는 경우에도 불임과 같은 문제는 가족 구성에 제3자의 개입을 어쩔 수 없이 허용하게 한다. 즉, 부부가 아닌 다른 제3자의 정자나 난자로 자녀가 태어나기도 하고, 타인의 신체에 수정된 난자를 이식하여 자녀를 출산하기도 한다. 이와 같이 전통적인 개념의 가족은 더 이상 유지하기가 어려운 현실이 되었다. 그렇다면 가족의 개념은 어디까지 확장될 수 있으며, 어디까지 인정해야 하는가. 보수적인 입장에서는 전통적인 가족의 개념에 집착할 것이고, 전통적인 입장에서 벗어나기를 시도하는 급진적인 입장에서는 가족이라는 개념 자체를 아예 부인하기도 한다. 사회복지의 측면에서 볼 때에도 가족의 기능과 역할에 많은 의미를 부여하고, 가족기능 강화를 위한 많은 지원정책이 나오고 있지만, 이로 인해 전통적인 가족의 울타리 밖에 있는 사람들에게는 더 큰 소외감을 주는 결과를 가져오기도 한다.[1]

    가족이라는 용어가 사용되기 이전부터 가족의 형태는 존재해 왔으나, 전형이라 할 수 있는 일정한 형태의 가족이 지속적으로 유지되어 온 것은 아니다. 시대적 배경과 문화적 차이, 그리고 지역에 따라 다양한 가족의 형태가 있어왔다. 가족의 개념은 변화해 왔고, 지금 현재에도 다양한 가족의 형태와 개념이 존재하고 있다. 여기에서는 이와 같이 다양한 가족의 형태와 개념을 먼저 살펴보고 가족복지의 개념을 알아보고자 한다.

---

[1] 대부분의 국가정책이 가족 중심으로 이루어지고 있어 일반적인 가족의 형태를 갖지 못하는 개인들이 정책에서 소외되는 경우가 있다. 예를 들어 주택정책의 경우 부부와 자녀로 이루어지는 일반적인 형태의 가족에 대해 우선적으로 주택을 공급하기 때문에 최근에 늘어나고 있는 독신가구의 경우 주택공급에 있어 불이익을 받고 있다. 최근에는 가족의 보호를 받지 못하는 아동과 청소년에 대해 가족적 환경에서의 보호를 위해 입양이나 가정위탁, 그룹홈(공동생활가정) 등으로의 전환이 이루어지고 있는데, 이는 가족이라는 구조에서 보호를 받는 것이 좀 더 건강한 성장과 발전을 이룰 수 있다는 가족중심주의적 정책에 따른 것이라고 할 수 있다.

1. 가족의 정의와 기원

일반적으로 가족이란 남자와 여자의 혼인으로 이루어지며, 자녀를 출산하면서 가족이 확대되게 된다. 사전적 의미로는 '부부, 부모, 자녀, 형제 등 혈연에 의해 맺어지며, 생활을 함께 하는 공동체'로 정의되고(이소희 외, 2005: 16), 전통적인 관점에서는 '혈연, 결혼, 입양 등으로 관련된 둘 이상의 사람들로 구성된 집단으로 동일한 가구에서 함께 거주하는 사람들의 집단'으로 규정될 수 있으며(성정현 외, 2004: 23), 현대적인 가족의 정의는 '둘 이상의 사람들이 친숙한 한 가족이라고 여기고, 밀접한 감정적 유대와 가정이라는 생활공간, 그리고 생물학적, 사회적, 심리적 요구의 충족에 필요한 역할과 과제를 공유할 때' 가족이라고 정의된다(성정현 외, 2004: 24~25에서 재인용). 이러한 관점들은 가족이란 '인간의 생물학적 조건을 기반으로 형성된 가장 원초적인 공동체 단위인 동시에 자녀 출산과 양육, 의식주의 제공, 성과 애정의 욕구를 충족시키는 단위'라는 보편적 관점(이소희 외, 2005: 16)을 담고 있으며, 1982년 미국사회사업가협회 NASW는 '그들 스스로 가족이라고 생각하고, 건강한 가족생활에 필수적인 의무, 기능, 책임을 수행하는 두 명 이상의 사람들'(성정현 외, 2004: 25)이 가족이라고 단순하면서도 포괄적인 개념으로 정의하였다.

가족^{family}이란 단어는 파밀리아^{familia}라는 라틴어에서 비롯되었으며, 이는 파물루스^{famulus}라는 '하인'의 의미를 갖는 단어로부터 파생되었다. 파밀리아는 한 지붕 아래에 거주하는 안주인과 아이들 그리고 노예와 하인들을 지칭하였다. 파밀리아의 의미가 확대되면서 부계친족은 아그나티^{agnati}로, 그리고 모계친족은 코그나티^{cognati}로 지칭하게 되었으며, 이는 씨족^{gens}의 의미를 담고 있었다(정철웅 역, 2002: 21).

언제부터 가족의 형태가 나타났는지, 언제부터 가족이라는 개념이 발생하기 시작했는지는 명확하지 않지만, 19세기의 진화론자들로부터 현대의 가족에 대한 개념의 뿌리를 찾을 수 있다. 그들은 가족을 보편적인 것으로 생각하지는 않았지만, 양육자 역할, 관계의 연결자 역할 그리고 재생산 역할을 여성이 담당한다는 것은 시간이 흘러도 변화하지 않을 것이라고 믿었다. 19세기는 자연과학뿐만 아니라 사회과학 분야에서도 많은 발전이 이루어진 시기였는데, 찰스 다윈의 진화론이 이 시기에 발표되었고, 산업혁명 이후 나타난 도시문제에 대한 연구들이 이루어졌으며, 비서구문명에 대한 연구도 활발히 진행되었다. 19세기의 학자들은 가족의 중요성을 강조하였는데, 그 이유는 자본주의 사회에서 가족은 도덕적으로 기본적인 전제가 되기 때문이었다. 특히 산업화에 따른 변화를 규명하기 위해 많은 학자들이 진화론적인 방법으로 설명하고자 했는데, 가족의 형성과 기원과 관련하여 엥겔스는 역사의 초기단계에는 가족의 형태가 존재하지 않았고, 인류가 원시적 난혼상태로부터 일부일처제를 향한 근친상간 금기, 개인적 성애의 방향으로 이행하면서 가족의 개념이 형성된 것으로 보았다(김대웅 역, 2005). 그러나 19세기의 진화론자들이 가족을 불변의 것이라고 생각한 것은 아니었다. 오히려 가족이란 다양한 사회적 형태의 산물로서 부부관계, 부모 - 자녀관계가 사회질서에 따라 제각기 달라지는 것으로 이해하였으며, 현대적 의미의 가족, 즉 생물학적 · 법적으로 정의되며, 재산, 자기충족과 관련되고 가정 내부의 공간과 애정을 지니는 제한된 단위로서의 가족은 국가가 지배하는 복합적인 사회형태에서 발생한 것이라고 보았다.

2. 마르크스주의적 관점

마르크스주의적 관점에서 광범위하게 수용되는 주장은 "성^{sexuality}은 여성의 경제적 의존상태로부터 자유로워져야 한다"라는 것으로 가사노동의 사회화와 관련되어 있다(김혜경 역, 1994: 30). 마르크스주의 전통은 현대 서구 가족 및 가족과 사회와의 관계에 대해 기능주의 전통[2]과 어느 정도의 유사성은 있으나 근본적으로 다른 설명을 하고 있다. 가족에 대한 마르크스주의적 관점의 특징은, 첫째, 친족으로부터 핵가족의 구조적 고립 및 핵가족 관계의 강화를 가정한다. 둘째, 다른 제도적 영역으로부터 현대 가족의 구조적 분리를 강조하고 가족을 출산, 육아, 개인에 대한 심리적 지원의 제공에 일차적인 관심이 있는 것으로 생각한다. 셋째, 가족 변화가 경제 변화와 관련되어 있는 것으로 보고, 현대 부부 가족과 현재의 질서 간에 밀접한 적합도$^{degree\ of\ fit}$가 있다고 가정한다. 기능주의 전통에서는 자녀를 출산하고 양육하며 성인의 퍼스낼리티를 안정시키는 가족의 역할이 '현대 산업 질서'의 안정과 연속에 공헌하는 것으로 보지만 마르크스주의적 관점에서는 이러한 활동들이 '억압적인 자본주의 체제'를 재생산하는 것으로 기술하는 경향이 있다(안병철·서동인 역, 1993: 91). 프리드리히 엥겔스는 가족에 대한 주요 마르크스주의적 관점을 제공하고 있는데, 그의 주된 주장은 모든 사회생활은 생산력과 생산 관계에 의해 형성된다는 마르크스주의의 전제에 기초하고 있다. 그는 사유 재산의 발달이 단혼제와 현대 핵가족의 출현에 결정적인 요인이었다고 주장한다. 엥겔스는 역사의 초기 단계에는 가족 같은 형태는 존

---
[2] 기능주의이론은 사회는 유기체와 마찬가지로 각기 다른 여러 부분으로 구성되어 있으며, 각 부분은 각각의 기능을 수행하여 전체의 존속에 기여한다고 보는 것으로, 마르크스의 갈등주의 이론과 비교된다.

재하지 않았으며, 생산수단은 공동 소유였고, 성관계는 난잡했으며, 가정생활은 공산주의적이었다고 주장한다. 엥겔스는 일부 사람들이 자신들을 위해 잉여 부$^{surplus\ wealth}$를 가지게 되면서 재산의 사적 소유가 생기게 되었고, 재산 보호를 위한 사회 제도들이 발달하게 되었다고 믿었다. 그의 견해에 따르면 단혼제가 바로 그러한 제도였고, 그것은 인간의 재생산 관계를 규정하는 기제로서 남성들에 의해 발전되었으며, 그렇게 함으로써 그들은 사실상 장래 상속자의 아버지임을 확신할 수 있었다(안병철 · 서동인 역, 1993: 92).

이러한 엥겔스의 주장은 핵가족을 영원하고 자연적인 것이 아니라 변화하는 사회제도로서 이해하려는 최초의 시도였으나, 노동자 계급은 물려줄 재산이 없는데도 오늘날 프롤레타리아가 왜 가족을 굳게 지키는지, 또 자본의 재생산이 기존의 부자관계^{paternity}에 의존하지 않는데도 부르주아 자신들에게 왜 가족이 중요한지를 설명하는 데 한계가 있는 것으로 평가되고 있다(안병철 · 서동인 역, 1993: 93).

좀 더 최근의 가족에 대한 마르크스주의적 관점은 세콤^{Seccombe}에 의해 제시되었는데, 그에 의하면 가족은 양면성을 가진 제도로서 노동력의 재생산과 상품의 소비를 통해서 물질세계를 유지하고, 생산 관계의 재생산을 통해서 사회 세계의 응집성을 지속시킨다. 가족은 노동력을 재생산한다는 점에서 자본주의 내에서 경제적 중요성을 갖는데, 세대적인 면에서의 재생산(출산과 육아)은 미래의 노동자 세대를 보증해 주고, 매일 매일의 생계유지는 현재의 노동자들에게 좋은 신체적, 정서적 상태를 보증해 준다. 더욱이 가족은 소비의 단위로서, 노동자의 임금은 가족 소비를 위한 상품 구입의 수단을 제공하며, 이러한 상품은 주부의 노동에 의해 가족 성원들의 신체적, 심리적 유지에 적합한 형태로 전환된다. 또한 가족 내에서 아동의 일차적 사회화는 자본주의 세계에서 생활하는 데 필요한 태도와 가치를 받아들이게 되고, 계급관계에서 자신들의 위치를 받아들이고, 사회질서에 자발적으로 참여하는 사람들을 양성한다(안병철·서동인 역, 1993: 94~95).

이러한 마르크스주의적 관점들은 자본주의 체제의 유지와 발전을 위해 가족의 역할이 규정되며, 국가는 이러한 가족의 역할을 확대하고 재생산함으로써 자본주의 체제를 공고화하는 것으로 파악한다.

3. 페미니즘(여성주의)적 관점

가족의 역할과 중요성을 다루는 이론과 주장들이 수없이 많으며, 가족은 현대사회를 유지하는 데 있어 기본적이며 핵심적인 요소인 것으로 확실하게 인식되고 있다. 이러한 친가족적인 측면에서 바라보면 페미니스트들의 가족에 대한 인식은 확실히 반가족적이라고 할 수 있다. 많은 페미니스트들이 가족을 여성을 억압하는 핵심적인 요소(김혜경 역, 1994: 32)로 바라보고 있기 때문이다. 페미니스트들은 혈연과 성별분업에 기반을 둔 사회제도로서의 가족-가구 형태는 일반적으로 생각하는 것만큼 보편적인 것이 아니라고 지적해 왔으며(김혜경 역, 1994: 18), 가족에 대한 비판적 분석과 전통적인 형태의 가족형태를 변화시키고자 하는 노력은 여성운동에 있어서 핵심적인 부분이기 때문이다. 페미니스트들이 제기한 쟁점들 중에서 가족과 관련된 것, 즉 낙태권의 요구, 가구와 성관계sexual arrangement의 다양한 형태를 가족으로 인정하라는 요구, 남성의 권위와 여성의 경제적 의존성 그리고 여성의 전적인 양육책임에 대한 도전 등은 페미니스트들이 지속적으로 논쟁해온 주제들이다(권오주 외 역, 2006: 10).

페미니즘적 관점이 중시하는 것은 가정생활에서 여성이 받는 억압으로서, 남성 중심의 가부장적 가족제도로부터 부부, 자녀관계가 모두 동등하고 민주주의적인 가족제도를 추구한다. 페미니즘적 관점에서는 결혼과 가족이 인간의 본성에 기초한 자연스러운 현상이 아니라 시간과 공간의 제약을 받는 사회적 산물로 간주한다. 페미니즘적 관점을 구체적으로 살펴보면 다음과 같다.

먼저 가사노동과 관련하여 가족은 직접적인 이윤을 남기지는 않으나 경제활동단위로 보아야 하고 여성의 가사노동도 경제활동으로 보아야 한다고 주장한다. 페미니스트들은 가사노동의 해방 없이는 여성취업의 어려움을 극복하기 어렵기 때문에 가사노동의 사회화를 주장한다. 일상적인 가사노동과 자녀양육, 노부모 봉양 등 일정 부분의 몫을 사회적으로 해결하지 못하면 여성의 억압은 완화되지 못하고 동등권은 성취될 수 없다고 보는 것이다.

둘째, 남녀 간의 성역할 분리가 사회적 불평등을 초래하고 심화시킨다고 본다. 여성이 가사노동을 담당하고 정서적이고 감정적인 면을 가진 데 반하여, 남성은 경제활동에 참여하고 이성적이고 합리적인 성향을 더욱 많이 가지고 있다는 일반적 생각에 반대하는 것이다. 또한 남녀 간의 성역할 분리적 사고가 여성억압의 원인이 되고 남성우월을 조장하게 된다고 보며, 인간의 양성성과 사회화 과정에 관심을 갖고 여성과 남성의 특징에 관한 많은 젠더^{gender} 연구를 내놓고 있다.

셋째, 가족 속에서 나타나는 여성억압과 가정폭력에 관심을 갖는다. 가족은 사적인 영역으로서 합리적으로 운영되기보다는 감정적이고 정서적으로 운영되고 있어 기존의 선입관과 가치관이 그대로 존속, 유지되고 있는 곳이기도 하다. 특히 남녀 성역할의 사회화가 이루어지는 곳이며, 가부장제도가 전수되는 곳이 가정이기도 하며, 여성의 정체성은 1차적으로 가정에서 왜곡되고 있다고 보는 것이다. 따라서 페미니즘적 관점에서 본 가족의 근본적인 과제는 가족에 대한 올바른 관점을 제시하는 것이다. 가정을 탈신비화하고, 여성의 경험과 문제의식을 제대로 파악하고 발굴하여 재조명하며, 여성이 가족의 봉사자나 희생자가 아니라 여성 개인으로서의 주체적 위치도 함께 부각되어야 함을 강조한다. 이러한 여성억압적 가족제도는 가부장제도와도 밀접히 관련이 있으며, 가부장제도는 여성뿐만 아니라 남성의 삶까지도 왜곡하고 억압하게 된다. 가부장제도는 아내와 자녀를 소유물로 보게 하고 권위주의적인 가족의 분위기를 형성하며, 비민주적인 인간관계와 보수적인 성향을 지속하게 만들기 때문이다. 페미니즘적 관점은 가족을 공적 영역과 별개의 사적 영역으로 보는 이분법적 사고를 거부하며, 가족과 사회 간의 상호작용을 중시하고, 가족은 자연발생적이고 생물학적이며, 초역사적인 보편적 제도가 아니라, 사회적이며 역사적인 현상으로 파악하는 것이다(김영화 외, 2002: 20~22).

모두는 아닐지라도 많은 페미니스트들은 가족이 여성을 억압하는 핵심적인 역할을 하고 있다고 보고 가족제도의 폐지를 주장한다. 가족제도는 정치·경제적인 측면에서 볼 때 여성을 소외시키고 국가의 책임을 떠넘기는 측면이 분명히 있다. 여성을 가족의 울타리에 묶어놓음으로써 남성의 사회지배구조를 공고히 할 수 있다는 점에서 여성 억압적이며, 미래의 국가동력이 되는 인력자원의 성장과 발달에 대한 책임과 보호를 가족의 기능으로 규정함으로써 국가의 책임으로부터 분리시키는 것이기 때문이다. 부나 모가 혼자서 자녀를 양육해야 하는 한부모의 경우를 생각해 보자. 이는 흔히 아버지 없이 어머니 혼자 아이를 키우는 경우를 가리키며, 결국 여성의, 그것도 아이가 딸린 나이든 여성의 구직과 경제문제로 초점이 모아지고 원조방안도 이러한 차원에서 마련된다. 즉, 한부모 문제는 아버지 또는 어머니가 혼자서 자녀를 양육하는 데서 발생할 수 있는 다양한 어려움에 관심이 주어지기보다는 어머니 혼자서 가족을 꾸려가야 하는 경제문제에 초점이 맞춰진다는 것인데, 이는 가족 내에서 여성이 사회·경제적으로 얼마나 종속적인지를 보여주는 증거이다.

　가족에 대한 페미니스트들의 입장은 다음과 같이 5가지로 요약될 수 있다(권오주 외 역, 2006: 10~11). 첫째, 페미니스트들은 가족에 대한 지배적인 가정들에 대해 도전해 왔다. 그들은 가족의 부양자인 남편과 전업주부이자 어머니로 구성되는 현대 핵가족만을 자연스럽고 합법적인 가족 형태로 부추기는 '전형적 가족'이라는 이데올로기에 반대하고, 어떤 특정한 가족 형태가 통시적으로 자연스럽고 생물학적이며 기능적이라는 신념에 반대한다. 둘째, 페미니스트들은 성별 노동분업, 이성간의 성관계, 남성지배, 모성 등의 주제를 포함하여 가족을 사회적, 역사적으로 재분석하고자 한다. 이 분석은 가족을 생물학적인 성^{sex}과 사회적인 성^{gender} 및 세대라는 기본구조로 분석하고 재구성한다. 이는 사회적 성을 분석의 기본범주로 봄으로써 가족 이론과 관련한 중요한 공헌이었다. 셋째, 페미니스트들은 모성과 사랑으로 미화되고 천국 같은 가정이라는 가족의 이미지로 신비화되어 온 가족경험의 실상을 파헤쳐왔다. 페미니스트들은 이러한 이데올로기가 부정하는 경험들, 즉 가족 안팎에서의 남성지배와 여성종속, '천국 같은 가정' 안에 존재하는 갈등, 폭력, 일의 불평등한 분배 등을 지적해왔다. 넷째, 페미니스트들은 가족의 경계에 대해 의문을 제기하였다. 그들은 사적인 현대가족이 여성과 아동을 외부와의 접촉 및 외적 자원으로부터 차단시키는 결과를 초래했음을 지적하였고, 몇몇 페미니스트들은 가족의 내적 생활과 경제조직, 국가, 여타 제도들 간에는 밀접한 연관이 있기 때문에 가족의 소외란 어느 정도 허구적이라고 주장하기도 하였다. 이러한 분석은 그동안 당연하게 생각되었던 사적 영역/공적 영역, 가족/사회라는 일련의 이분법에

도전하는 것이었다. 다섯째, 린다 고든이 말한 '개인주의와 그에 대한 비판' 간의 양면성과 관련된 것으로, 이러한 양면성은 19세기 이래 페미니즘 기저에 깔려 있었고 오늘날 매우 분명히 드러나고 있다. 그 양면성은 개인주의와 평등 그리고 애정적 보살핌과 집합성 사이에 존재하는데, 개인주의와 평등이라는 가치는 자본주의 시장경제에서 도출되어 역사적으로 여성을 부정하였으나 이제는 여성들이 요구하고 있는 것이며, 애정적 보살핌과 집합성이라는 가치는 여성, 가족과 밀접하게 연결되어 있는 것이다.

4. 북한 사회체제의 이해[3]

북한의 사회체제가 경제난을 겪으면서도 유지되고 있는 것에 대해 여러 가지 주장들이 있으나, 국가의 물적 토대가 사실상 와해된 상황에서 체제가 유지되고, 북한주민들의 생존이 보장되는 것은 국가라는 공적영역이 담당했던 사회주의의 제도적 공백을 사적영역인 가족이 채우고 있기 때문이라고 할 수 있다(박현선, 2003: 20~21). 가족을 둘러싼 내외적 환경에 어려움이 발생하면 가족은 위기에 대처하기 위해 환경에 대응을 하게 되는데, 이념적, 경제적 변화의 소용돌이 속에서 북한의 사회체제가 어떤 변화를 거쳐 왔고, 이러한 변화가 북한주민의 가족에 어떤 영향을 주었는지를 이해하는 것은 북한의 가족을 이해하는 데 있어서 매우 중요하다. 여기에서는 북한의 가족구조가 형성되는 배경이라고 할 수 있는 북한사회의 체제를 설명한다.

---

[3] 권용혁 외(2004: 267-292)를 참고하여 정리하였음.

북한에 사회주의 체제가 들어선 이래, 사회 구성의 일차적 단위세포로서 가족은 '사회주의혁명 이론의 학습장'으로서의 기능이 우선시 되었다. 이와 맞물려 가정의 정치화를 통한 '부엌으로부터의 여성해방'이라는 가족 내의 구조적 혁신이 지속적으로 단행되어 왔는데, 이는 사회주의 건설을 위해 낡은 사상과 관습을 뿌리째 뽑아버려야 한다는 취지에서 비롯된 것이었다.

　남한사회와 달리 북한의 경우에는 가족혁명이 사회주의혁명을 오히려 선도해 왔는데, 예를 들면, 호적 제도의 말살, 가정의 혁명화 사업 등이 그 예이다. 이는 가장을 중심으로 한 가족 간의 서열 구조와 조상숭배 풍습 등 전통적인 가족주의 요소를 사회주의 건설의 장애 요인으로 판단했기 때문이었다.

　이러한 가족 구조의 혁신을 통해, 그 중에서도 가족의 혁명 이론 학습장화를 통해 북한가족 내 구성원들 사이에서는 '이념적 사상 논쟁'이 활성화되었으며 비판/반 비판의 토론 문화가 구축되었다. 심지어 부모에 대한 자식의 무차별적 비판까지도 허용되는 이념적 토론은 비록 그것이 지배 집단에 의해 외부로부터 특정 목적의 달성을 위해 강요된 정치적 성격이 짙었지만 그럼에도 그러한 사상 토론은 상당한 정도까지 가족 성원들 각자를 대등하고 주체적인 존재로서 인정하는 결과를 낳기도 하였다.

　1960년대 말 부자간 권력 세습의 정당화와 1인 지배 체제의 강화를 위해 가부장제 전통이 다시금 부활되고 사회체제 자체를 하나의 '거대 가족 체제'로 봄으로써, 소위 사회주의 가족 형태 및 구조와는 동떨어진 '전근대적인 봉건제 가족 형태와 가족 관계로의 복귀'가 이루어지게 되었다.

　이후 오늘에 이르기까지 북한의 가족구조 및 가족관계는 사회주의의 성립 및 건설기와는 달리 혈연과 가족주의, 남성 중심적 가부장제 전통이 강화된 양태를 취하고 있다.

1) 북한의 사회구조

북한은 집단주의적 색채가 강하지만 집단 내 개인의 존재나 권리를 전적으로 무시한 것은 아니다. 사회체제의 기본 형태로서 집단주의를 지향하면서도 집단에 속한 구성원들의 주체성과 자주성을 존중하는 양태를 취하고 있는 것이다. 1967년 5·25교시를 전후하여 전개된 통치권력의 부자 세습 과정을 거쳐 확립된 '1인 수령 지배 체제'의 등장과 함께 북한 체제는 집단주의적 민주주의 체제를 지향하기보다는 전인민대중이 수령 1인을 위해 존재하는 '전체는 하나를 위한' 비민주적인 집단주의체제, 즉 전체주의 사회로 변질되었다.

'대가족 체제'로서의 사회 - 어버이 수령이 온 나라 백성을 자식처럼 다스리는 - 로 이행되면서 이를 정당화하기 위해 전통주의적 가부장제와 가부장적 권위주의가 부활하게 되었다.

2) 북한의 가족구조

'북한식 삶의 논리체계'로서의 주체사상은 자주성, 창조성, 의식성, 사회적 협조성으로 요약할 수 있으며, 이에 따라 집단 내부에서의 개인적 존재의 자주성 또한 인정되며, 이는 가족에도 해당된다. 하지만 본질적으로 북한 사회는 집단주의 체제이며, 가족 구조 역시 집단주의적 성격에서 완전히 벗어날 수 없다. 집안 내 중요한 문제들에 있어서는 예외 없이 '전체와 부분의 논리'에 의거하여 개별 가족 성원의 이익보다 가족 전체의 이익이 우선시되는 구조를 가지고 있다.

3) 북한의 사회적 관계

북한사회는 '정통 사회주의 체제' 이념이 표방하는 바와 같이 '무계급 사회'를 지향코자 시도하는 사회주의 체제에서 출발하였다. 이는 '근본적인 수평적 관계'를 북한체제 내 사회관계의 기본 골격으로 함을 의미한다. 그러나 실제의 현실사회에서는 당원과 비당원 간 수직적 상하 관계가 자리하고 있으며, 당원들 사이에서도 위계적 주종 관계가 뿌리내리고 있다. 그러나 사회 전체의 수준에서는 이전에 비해 월등하게 상호 평등적인 수평적 인간관계 중심의 사회로 빠르게 확산되어갔다.

1960년대 말 이후 수평적 사회관계로의 전환과 확산이 일시에 단절되면서, 가부장제 유습이 다시 도입되고, 수직적 사회관계가 정착되기 시작하였다. 현재의 북한체제는 그 자체로 하나의 거대한 가족주의적 사회체제로 고착되었다고 할 수 있다.

4) 북한의 가족관계

사회주의 사회 건설 과정 초기에는 전통적인 수직적 주종관계에서 탈피하여 상호 협력적인 동지적 관계, 상호 존중하는 인격적으로 대등한 수평적 관계로 전환되어 부부관계, 부모와 자식 관계, 형제 관계에서 모두 수평적 관계를 이룰 수 있었다. 특히, 부부관계 측면에서 비약적으로 발전하여 '부엌으로부터의 여성해방'이 이루어지면서 여성의 사회적 지위와 역할이 급속도로 상승하였다. 또한 아내와 딸의 지위와 역할이 상승되고, 가족 내에서 아내의 지위가 높아졌으며, 부부간의 관계가 상호 동지적 협력관계로 변화되어 가족 간 자유로운 의사소통이 가능해졌다. 그러나 아버지로부터 아들로 정권이 이양되고 수령절대주의 체제를 확립하는 과정에서 전근대적 유교적 전통이 되살아나게 되었다. 그리하여 남성 중심적, 가부장적 위계질서가 다시 자리를 잡게 되었다. 가족 내 성원들 간의 관계도 상하 수직적 관계로 환원되어 일방적 지시와 통제, 복종의 관계로 재편되게 되었다.

5) 북한의 가족관[4]

사회주의 국가의 경우에 일반적으로 가족법이 독자적인 법으로 제정되어 있다. 북한에는 가족법이 따로 성문화되어 있지 않고 헌법에서 가족에 대한 규정으로 명시하고 있으며, 1972년 12월 공포된 '조선민주주의인민공화국 사회주의 헌법' 제63조는 다음과 같이 규정하고 있다.

"결혼 및 가정은 국가의 보호를 받는다. 국가는 사회의 세포인 가정을 공고히 하는 데 깊은 배려를 돌린다."

여기에서 '가정'이란 "부모와 처자, 형제자매를 비롯한 육친적으로 가장 가까운 사람들이 모여서 생활을 같이하는" 사회의 세포를 지칭한다. 북한에서는 가정을 결혼과 육친적 관계에 기초하여 생활을 함께 해나가는 생활단위라는 점에서 다른 집단과 구분하며, '가족'을 "결혼과 가장 가까운 혈연적 관계에 기초하여 일정한 사회적 관계를 맺고 있는 사람들의 집단"으로 규정하고 있다. 유물사관적 가족이론에서 가족을 인간 자신의 생산에 관한 제도로 파악하여 가족

---

4 이기춘 외, 2001: 57-58.

을 유기적이고 사회적인 제도로 본 것과 같이 북한도 그러한 맥락에서 가족을 파악하고 있음을 알 수 있다. 또한 여타의 사회주의 국가와 마찬가지로 북한도 가족을 사회구성의 기초단위, 사회의 '세포'로 파악하고 가족의 중요성을 강조하고 있다는 것을 알 수 있다.

북한은 결혼을 가족구성의 '출발적 계기'로 보고 혈연을 가족조직의 '확대계기'로 보고 있으며, 가족의 범위는 가족 상호간의 부양권리 의무의 유무에 따라 달라지는데, 그 범위는 다음과 같다. 가족의 첫째 범위는 부부이다. 부부는 가족을 이루는 기본단위로서 부부관계는 반드시 부양의무가 있어야 하지만 이혼한 부부 사이에 일시적으로 부양의무가 있다고 하더라도 이들을 가족관계로 보지는 않는다. 또한 실제로 부부생활을 하면서 혼인신고를 하지 않았을 경우에 부부관계가 성립될 수 없다고 본다. 가족의 둘째 범위는 부모와 자녀 사이이다. 혼인신고를 했든 안 했든 모자관계에 있어서는 당연히 가족이라 할 수 있다. 그밖에 양자의 경우, 양부모와의 관계는 물론이고 양친의 친자녀와도 똑같이 가족성원이 된다. 세 번째로 처부모와 손자녀 사이는 부양의무 여하에 따라 가족성원이 되며 기타 관계에 있어서도 부양문제를 중심으로 가족성원이 된다.

북한은 가족의 경제적 소유를 사회적 소유로, 사적인 가사를 사회적 산업(가사의 사회화)으로, 자녀양육과 교육을 사회적 공무(자녀양육의 사회화)로 한다는 유물사관적 가족이론의 영향을 받아 가족의 기능을 다음과 같이 보고 있다. 첫째, 자녀를 출산해 양육하고 교육시켜 그 노동력을 사회에 공급하는 기능이다. 둘째, 경제적 공동생활의 기능으로 가족의 경제적 소유를 사회적 소유로 전환하는 것을 이념으로 하는 한편 경제적 공동생활을 가족관계의 중요한 기반으로 인정하고 있다. 이러한 가족의 기능은 곧 북한이 사회주의 건설과정에서 일정하게 유지하고 있는 것이다. 셋째, 가족성원들 간에 의무와 권리가 존재하는데, 이는 가족의 유지와 발전을 위한 개별적 측면과 국가와 사회의 발전을 위한 사회적 측면을 공히 지니고 있다고 볼 수 있다.

5. 가족복지의 개념

현대사회에서 가족은 매우 중요한 위치를 차지한다. 가족을 단위로 사회가 구성되어 있어 한 사람이 태어나 양육을 받고 교육을 받으며 취업을 하는 생의 과정이 대부분 가족을 중심으로 진행되기 때문이다. 안정적인 어린 시절을 통해 성숙한 청장년기로 성장하여 독립된 하나의 인격체가 되기 위해서는 가족을 단위로 하는 부모의 양육의 질이 매우 중요하게 작용한다. 부부관계나 부모-자녀관계는 가족이라는 단위로 형성되고 구성되며[5], 가족 안에서의 역동에 따라 성공적인 사회화의 여부가 결정되기 때문이다. 정부의 정책 또한 가족이라는 단위에 따라 개발되고 집행된다. 따라서 현대사회에서는 가족을 중심으로 이루어지는 가족복지가 사회복지의 주요 맥락이라고 할 수 있다.

가족복지란 가족이 갖는 어려움을 해결하거나 가족이 갖는 욕구를 충족시키기 위한 사회적 지원체계를 말한다. 즉, 가족이 갖는 어려움과 욕구를 충족하기 위해 가족의 잠재력을 개발하고 가족의 역할과 기능을 활성화시키며, 생활의 질적 향상을 위해 여러 가지 형태로 사회가 개입하는 것을 뜻한다(김영화 외, 2006: 49).

---

[5] 최근에는 동성으로 이루어지는 가족이나 1인으로 구성되는 독신가족 등을 가족의 맥락에서 보는 등 관점의 변화가 일어나고 있다. 전통적인 가족의 범주에서 벗어난 이러한 가족은 사회적 편견과 정부정책에서의 배제 등 아직은 소외되고 있는 형편이다.

가족이 가질 수 있는 어려움이나 욕구는 매우 다양하다. 문제나 욕구는 시대상황에 따라 함께 변화하는 것으로 가족의 문제와 욕구 또한 시대에 따라 변해 왔다. 일반적으로 가족문제의 성격은 다음과 같이 4가지로 구분할 수 있다. 첫째, 가족의 경제적 부양의 문제로서 가정의 빈곤문제, 가족 간의 빈부의 차이에 의한 상대적 박탈감의 문제 및 가족구조상 취업여성의 증가 등의 문제, 둘째, 가족의 보호기능과 가족공동체로서의 사회화와 정서적 지지의 기능 수행이 약화되는 데서 오는 문제, 셋째, 가족의 통제기능의 약화 및 상실로 인한 가족관계와 가치관의 문제인 부부불화, 고부관계, 배우자 부정, 아내학대와 자녀학대 등의 가정폭력 문제, 넷째, 결손가정의 문제로서 가족구성원의 심리적·경제적 소외문제와 아동과 청소년의 정서적 장애, 가출, 비행 등의 문제이다(조홍식, 1994, 이소희 외, 2005: 48~49에서 재인용). 북한이탈주민 가족은 일반적으로 가족이 겪게 되는 4가지 문제의 영역에서 남한의 가족과는 다른 차원의 어려움을 겪게 되는데 하나는 경제적 적응의 문제이고, 또 하나는 사회문화적인 적응의 문제이다. 먼저 경제적 적응과 관련하여 대부분의 북한이탈주민들은 남한사회의 경제제도나 개념에 대한 이해가 부족하고 남한사회의 경쟁적인 문화에 대한 이해가 부족하기 때문에 구직이나 직장생활에 있어 불리할 뿐만 아니라 취업을 하여도 직장생활에 익숙하기까지는 많은 시간이 걸리고, 많은 경우는 직장생활에 적응하지 못하여 중도 탈락하는 경우가 있다. 이러한 경제적 적응의 문제는 북한이탈주민 가족의 빈곤문제로 이어지게 되고, 빈곤문제는 또 다른 가족갈등으로 이어질 가능성이 높다. 이러한 북한이탈주민 가족의 경제적 적응의 문제는 북한이탈주민 개개인의 문제라기보다는 북한이탈주민이 전반적으로 겪는 어려움으로, 남북한의 근본적인 이질적 경제체제로 인한 것이라고 할 수 있다. 두 번째는 사회문화적인 적응과 관련된 것으로, 북한이탈주민 가족이 남한사회에서 살아갈 때에 부부 또는 부모와 자녀 간에 발생하는 적응상의 차이 때문에 발생한다. 보통 부모보다 아동이나 청소년 자녀들은 남한사회에 적응하는 속도가 매우 빠르기 때문에 남한의 문화에 쉽게 익숙해지는데 반해 부모는 원래 가지고 있던 문화를 여전히 고수하며 남한문화에 쉽게 동화되지 못하는 경우가 많다. 적응과 관련된 이러한 복잡성은 가족이라는 맥락에서 기하급수적으로 증가하게 되는데, 그 이유는 적응에 대한 반응이 가족마다 매우 다르기 때문이며, 결국 적응상의 갈등으로 인해 가족결집력이 위협받게 된다(Chun, Organista & Marin Ed., 2003: 123).

북한이탈주민 중에 성인은 확고한 가족정체감을 지니고(조정아 외, 2006: 45) 있으나, 높은 가족의식이 가족구성원 개개인에게 어떻게 받아들여지는가에 따라 적응에 미치는 영향은 다를 수 있으며(김형태, 2008: 53), 가족의 기능이 역기능적일 때는 가족의 존재가 오히려 적응에 어려움을 초래(김형태, 2004: 91~92; 이기영·성향숙, 2001:243~244)할 수도 있기 때문에 사회문화적인 관점에서 볼 때, 가족이 정서적 지지원으로 작용하기보다는 오히려 갈등을 빚으며 가족의 통제기능이 약화되고, 자녀에 대한 학대나 폭력, 부부 간의 불화 등으로 나타나 가족공동체에 위기가 올 수도 있는 것이다.

이와 같이 북한이탈주민 가족복지는 북한이탈주민 가족이 겪을 수 있는 어려움이나 욕구를 해결하거나 충족시키기 위하여 지원정책이나 실천적 서비스를 체계적으로 개발하고 실행하는 영역이라고 할 수 있다.

 # 북한이탈주민 가족의 의사소통과 가족역동

　의사소통이란 서로의 생각이나 정보를 교환하고, 감정을 교류하는 사회적 교류의 수단으로서 의사소통의 주체는 개인이며, 두 사람 이상이 의사소통의 단위가 된다. 한 개인이나 가족은 독특한 의사소통 방식을 발전시키며, 의사소통 방식에 따라 한 가족의 구성원으로서의 정체감을 형성하게 된다. 가족구성원들은 부부 간, 부모와 자녀 간, 그리고 자녀와 자녀 간에 개인적 또는 집단적인 관계를 형성하게 되며, 이때 상호작용과 상호조정을 거쳐 가족의 공통된 의미를 형성하고 타협하게 된다(김미숙 외, 2002: 143~145). 상호조정을 위해 구성원들 간에 교환되는 의사소통의 수단은 언어와 같은 것도 있지만 표정이나 억양, 손짓과 같은 비언어적인 상징을 통해 전달되기도 한다(김미숙 외, 2002: 146). 이러한 언어나 비언어에 부착된 상징적 의미는 가족이나 개인에 따라 차이를 보이고, 의사소통이 진행되는 과

정과 맥락에 대한 가족 나름대로의 규칙이 형성되고 이를 기초로 가족관계의 의사소통 유형이 결정된다(김미숙 외, 200: 146). 따라서 개인과 가족의 독특한 상호작용 방식에 의해 의사소통이 이루어지기 때문에 일정한 틀로 의사소통의 방식을 규정하기는 어려우나 한 개인이나 가족의 의사소통방식은 사회·문화적인 배경에 영향을 받으며 소속된 국가나 사회에 따라 일정한 방식의 의사소통유형으로 구분해 볼 수 있다.

의사소통은 상호반향적 transactional 이라는 특징을 갖는다. 의사소통에 참여하고 있는 관련자들이 의사소통을 진행하는 동안 개개인들은 상대방에게 영향을 미치고 자신들도 영향을 받기 때문이다. 의사소통관계에서 개인은 상대방에게 하나의 맥락을 제공하고, 또한 메시지를 창조하고 해석하고, 상대방에게 영향을 주고 동시에 상대방으로부터 영향을 받게 된다. 또한 의사소통은 고정되어 있지 않고 변화할 가능성 내포한다. 메시지의 수용자는 전달자가 의도한 메시지와 다른 해석을 할 수 있으며 이에 기초한 반응을 하는 것이 가능하다. 이때 최초의 전달자는 자신의 의도대로 반응을 할 수 없고, 변화된 맥락 안에서 새로운 해석과 반응을 해야만 의사소통이 진행된다. 그러나 의사소통이 항상 예측 불가능한 것은 아니다. 왜냐하면 이전의 가족이 의사소통의 과정을 통해 이미 형성된 가족의 발달적 측면을 기초로 의사소통이 이루어지며, 가족이 근거로 하는 사회문화적 맥락을 공유하고 있고 가족이 구성하는 가족체계적인 구조적 측면은 고정되어 있기 때문이다. 그러므로 체계적 속성에 따른 의사소통은 상당히 안정적인 맥락을 제공하고 따라서 이에 기초한 예측 가능한 해석과 반응을 기대 할 수 있게 된다(김미숙 외, 2002: 143~146).

북한이탈주민 가족의 경우 익숙했던 원래의 사회를 떠나 새로운 사회적 환경에 놓이게 되기 때문에 가족의 의사소통은 좀 더 어려울 수 있다. 한 가족이 새로운 사회로 이주를 하게 되면 새로운 환경의 조건에 익숙해 져야 하는 적응의 과정을 거치게 된다. 남한과 북한은 정치, 경제, 사회, 문화 등 거의 모든 영역에서 상당히 이질적이기 때문에 북한이탈주민 가족이 남한사회에 편입되면서 느끼는 생소함이나 생활에서 겪는 어려움은 매우 크다. 성공적으로 적응을 한다고 하는 것은 개인적인 정체감과 새로운 문화에 대한 정체감을 확보하고 건강한 정신상태를 유지하며, 높은 자아존중감을 갖게 되고, 문화적, 사회적 능력을 획득하는 것이라고 할 수 있다(Castro, 2003: 9). 북한이탈주민 가족은 모든 가족구성원들이 개인적, 사회적 적응이라는 과제를 각자가 수행해야 하기 때문에 가족의 의사소통이나 역동 속에서 긴장감이 존재하게 된다. 이러한 긴장감은 가족의 역동에 따라서는 새로운 사회에 대한 적응의 노력으로 이어질 수 있지만 긴장이 적절하게 표현되지 않고 역기능적으로 작용을 하게 되면 가족 간의 갈등을 야기하기도 한다.

미국에 이주한 아시아 국가 출신의 이주자들에 대한 연구에 따르면, 아시아 국가 출신의 이주자들은 새로운 사회환경을 접하면서 전통적인 가족의 가치를 유지하고자 하는 경향이 있고, 부모의 권위에 복종적이며, 연장자에 대한 존경심을 갖고, 가족의 서열구조와 아버지를 중심으로 하는 가족구조를 따르는 경향이 있다. 또한 부모는 자녀의 생활에 깊숙이 개입하고 자녀들의 행동에 대해 엄격한 규율로 통제한다. 따라서 아시아 출신의 이주자 자녀는 부모와의 관계에서 갈등을 겪을 가능성이 더 높은데, 부모들이 자녀를 통제하고 의사결정에 더 많이 간여하려 하기 때문이다(Chun, Organista & Marin ed., 2003: 100~101). 그러나 자녀에 대한 부모의 통제 정도가 더 크다고 해서 갈등이 더 큰 것은 아니다. 오히려 자녀를 충분히 통제하는 경우 자녀와의 사이에 문제가 줄어들기도 한다. 새로 이주를 한 자녀의 경우에는 부모의 통제를 호의적으로 받아들이기도 한다. 이 경우 부모의 통제는 자녀에 대한 관심으로 받아들여지기도 한다(Chun, Organista & Marin ed., 2003: 103).

북한의 소설과 신문 등 출판자료와 북한이탈주민의 증언을 토대로 북한여성의 가족 내 지위를 살펴보면 북한의 부모는 남한의 부모와 마찬가지로 태어날 때부터 남아를 선호하는 경향이 뚜렷한 것으로 나타난다. 북한에는 남녀평등에 관한 법률이 있어서 여자들의 사회적 차별을 없애려고 노력을 하지만 가정에서 여성을 차별하는 것은 물론 사회에서도 여성을 차별하는 것으로 나타난다. 학교에서 여학생을 사로청위원장이나 분단위원장과 같은 간부로 선출하는 경우는 거의 없으며, 심지어 학교에서 남학생이 여학생을 때려도 여학생이 감히 항의하지 못하는 분위기가 있다고 한다. 이는 제도와 현실 사이의 괴리가 존재함을 시사한다(북한연구학회, 2006: 273~305).

다음에는 북한의 가족구성원 간의 관계에 대해 알아본다.[1]

1. 부부관계

부부 간의 권력관계는 의사결정권으로 파악될 수가 있는데 의사결정권이란 중요한 일에 대한 결정권이 누구에게 있는가에 관한 것이다.

남한에 살고 있는 북한이탈주민 부부 165명을 대상으로 북한에서의 생활에 대해 조사한 연구결과에 따르면, 〈표 4-1〉에서 보는 바와 같이 식량구입은 주로 남편이 결정하고, 생활필수품은 주로 부인이

---

[1] 남한에 거주하는 20세 이상의 성인 북한이탈주민 165명을 대상으로 북한가족을 연구한 박현선(2003)의 연구에서 발췌함.

〈표 4-1〉 북한이탈주민 부부의 의사결정권 비교 (단위: %)

구분	항목	의사결정권자		
		남편	부인	부부공동
노동력 재생산	식량구입	40.7	29.3	30.0
	생활필수품 구입	21.0	57.5	21.6
	협의의 가사노동	1.4	92.4	6.2
세대 재생산	자녀양육	5.5	57.3	37.2
	자녀문제	23.2	17.7	59.2
사회연결망활동	부모를 모시거나 방문	38.9	9.3	51.8
	친척 경조사 참석	38.3	10.4	51.3
	사상교육/국가행사 참여	50.0	8.8	41.2

※출처: 박현선(2003: 330)에서 재정리.

결정하며, 식사준비, 청소, 빨래와 같은 협의의 가사노동은 거의 전적으로 부인이 하는 것으로 나타났다. 자녀양육은 주로 부인이 맡아서 하지만 자녀문제에 관해서는 주로 부부가 함께 의논하여 결정하였다. 부모를 모시거나 방문하는 일과 친척의 경조사에 참석하는 일은 부부가 함께 하는 경우가 많았으며, 사상교육이나 국가행사에 참여하는 일은 주로 남편이 하는 것으로 나타났다. 의사결정권이 많다고 해서 더 많은 권력을 가졌다는 것을 의미하는 것은 아니며, '중요한 일'에 대한 의사결정권이 누구에게 있는가 하는 것이 중요하다. 북한의 식량난이라는 상황과 자녀교육에 대한 높은 관심을 고려한다면, 식량구입의 의사결정권과 자녀문제 결정이 '중요한 일'이 될 것이다. 이 두 문제에 관해서, 부인보다 남편의 의사결정권이 높다는 것을 알 수 있다. 또한 두 문제에서 부부공동으로 결정하는 비중이 높은데, 북한과 같은 가부장제적인 부부관계에서 부부 공동이란 대부분 남편의 우위를 의미한다. 사회연결망 활동에서도 남편 및 부부 공동의 의사결정 비중이 높은 것은 '가정 안의 일은 여성, 가정 밖의 일은 남성'이라는 성역할 고정성의 반영이라고 볼 수 있다. 따라서 북한에서 주요문제에 대한 의사결정권은 남편에게 있다고 할 수 있다.

2. 부모와 자녀의 관계

북한의 가족관계는 전형적으로 가부장적 관계인데 자녀는 특히 아버지에 대해 어려워하는 경향이 뚜렷하다. 부모가 자녀와의 관계를 중요하게 여기는 만큼 자녀들도 부모에 대해 절대적으로 순종하는 편이다.

남한에 거주하고 있는 북한이탈주민 부부를 심층면접한 자료에 따르면 나이가 젊을수록 부모와 자녀 간의 관계를 중요하게 생각하고, 나이가 들수록 부부관계를 중요하게 생각하는 것으로 나타났다. 이러한 경향은 젊은 세대일수록 부부관계를 우선적으로 생각하는 경향과 비교되는 것이다. 자녀의 진로나 혼인문제와 같이 중요한 문제를 결정할 때는 남편이 주로 하고, 자녀의 양육과 같은 일상적인 문제는 주로 부인들이 결정하는 것으로 나타났다. 그러나 자녀를 돌보고 관심을 기울이는 일은 여성의 역할로 남으며, 자녀에 관심을 주는 주체가 여성이라고 생각하는 경우가 많았고, 자녀양육은 부인의 몫이고, 자녀문제의 주요 결정은 남편의 몫이라고 생각하는 경우가 많았다.

식량이 부족한 북한에서 식사와 관련된 가족구조를 파악하는 것은 가족의 서열을 파악하는 방법이 될 수 있는데, 남한에 거주하는 북한이탈주민을 통해 분석한 결과에 따르면 가족 중에 식사를 하는 순서는 남편이 가장 먼저이고, 부인이 가장 마지막이며, 그 중간에 시부모님이나 자녀들이 식사를 하게 된다. 이러한 식사순서는 남편의 중요성이 강조되는 가부장적인 분위기를 반영하는 것이며, 남편의 중요성은 시부모님보다 우선시 되고 있다. 이러한 배경에는 남편이 식량을 공급받는 데 있어서 가장 중요한 역할을 하고 있는 사회적 환경이 반영된 것으로 보인다.

북한의 가족에서는 전형적인 가부장제적 가족관계가 나타나고 있으며 대부분의 자녀들은 어머니보다는 아버지를 어려워하고 아버지의 의사를 존중한다. 북한이탈주민 가족에 대한 연구(이순형 외, 2007: 246~251)에 따르면 북한이탈주민의 자녀들은 부모에 대해 엄부자모형으로 인식을 하고 대체적으로 부모에 대해 온화하게 여기는 것으로 나타났다. 의사소통에 있어서는 대부분 부모와 원활하게 의사소통을 잘하는 편이며, 아버지보다는 어머니와 의사소통을 더 잘하고, 특히 북한을 떠나는 과정에서 가족의 중요성과 협력을 중요하게 생각하게 되었으므로 부모에 대해 각별한 정을 가지고 있는 것으로 나타났다. 허용성과 관련해서는 아버지보다 어머니가 자녀에게 좀 더 허용적이라고 느끼고 있었으며, 부모와 자녀 사이에 상호신뢰관계에 대한 인식이 높은 것으로 나타났다. 자녀가 느끼는 부모의 과잉기대는 그다지 크다고 인식하지 않았고, 부모에 대한 거부감도 거의 없는 것으로 나타났다.

부모 각각에 대한 자녀의 생각으로는 먼저 북한가족의 아버지는 대개 엄하고 무서우며, 아버지가 아이들과 어울려 함께 노는 일은 드물고 자녀교육에 자상한 관심을 보이지 않으며, 대체로 자식을 엄격하게 다룬다. 아버지는 주로 정치적 상황에 대해 조심하고 경계하는 일에 신경을 많이 쓰며, 자녀가 출세를 하거나 좋은 대학 - 김일성 종합대학 - 에 가는 것을 원하지만 교육열이 남한만큼 강하지는 않다. 도덕성을 중시하여 학업적인 가르침보다 도덕성에 대한 가르침을 우선으로 여긴다. 전반적으로 북한에서 부모는 존경받고, 의논의 대상이 되어 주는 것으로 기대된다. 북한가족의 어머니는 집에서 가사를 하는 경우가 많은데, 대개 우리나라의 전통적인 모습에 가까운 가정적인 모습을 보인다. 자식에 대한 깊은 애정과 기대를 가지고 있으며 잘해주고자 애쓰지만, 어머니 자신들의 힘이 부족한 것을 안타깝게 여기고 자식들도 이런 안타까움을 이해하는 것으로 나타났다(민

〈표 4-2〉 남 · 북한청소년의 부모-자녀 관계 비교

	북한청소년	남한청소년
아버지	· 아버지는 대개 엄하고 무서움. · 아이들과 어울려 노는 일은 드물며 자녀교육에 자상한 관심을 보이지 않고 대체로 자식을 엄격히 다룸. · 정치적 상황에서 조심하고 경계하는 일에 신경을 많이 씀. · 교육열이 남한만큼 강하지는 않음. · 도덕성에 관한 가르침을 학업적 가르침보다 우선으로 여김. · 전반적으로 북한에서 부모는 존경받아야 하고 의논의 대상이 되어 주는 것으로 기대되고 있음.	· 남한의 아버지는 대개 2가지 모습으로 대별됨. - 전형적으로 가부장적이며 남성중심주의 사고에 젖어 있는 모습 - 경제적으로는 성공했으나 가정에는 소홀해지거나 자신의 건강을 해친 상태에 이른 모습 · 대체로 청소년 눈에 비친 아버지는 회사 일에 매여 술 마시고 늦게 귀가하며, 피곤해 하고, 여가에는 잠자거나 TV를 보는 모습 · 청소년인 자식들과의 관계는 별 대화 없이 소원하고 무심한 아버지의 모습 *북한의 엄격하고 훈계를 많이 하는 아버지 모습에 비해 대조적임.
어머니	· 표면상으로는 북한이 여성을 가사, 육아로부터 해방시키고 남자와 같이 산업현장에서 일을 하도록 한다고 이야기하지만 실제로는 집에서 가사 일을 하는 경우가 많음. · 대개 가정적임(우리나라의 전통적인 모습에 가까움). · 자식에 대한 깊은 애정과 기대를 가지고 있으며 잘해주고자 애씀. · 그러나 어머니 자신들의 힘이 부족한 것을 안타깝게 여기고 자식들도 이런 안타까움을 이해함.	· 대개 가정주부로 남편을 뒷바라지하면서 동시에 자녀의 양육, 학업뿐 아니라 생활상의 모든 훈육과 감독을 책임지고 있음. · 어머니는 사회 일로 바쁜 아버지의 도움을 받기 어렵기 때문에 아버지보다 더 무섭게 아이들을 훈육하게 됨. · 최근에는 어머니들도 직장을 가져야 할 경우가 증가하고 있으며, 직장이 아니더라도 경제적 부유함에 따라 가정 일을 다소 희생하더라도 자신의 생활이나 사회활동을 즐기는 모습이 증가하는 추세임. 이로 인해 자녀와의 관계가 소원해 지기도 함. · 전통적인 자기희생적 어머니의 모습은 많이 퇴색하고 있음.

성길, 2000: 47~58). 북한을 떠나 한국으로 온 북한이탈주민 가족의 부모는 남한의 부모가 갖는 자녀에 대한 높은 기대수준과 교육열을 따라 자신의 자녀에 대해서도 기대를 갖지만 현실적으로 북한이탈주민 부모들이 남한의 실정에 어둡고, 경제적으로 여유가 되지 않기 때문에 남한의 부모만큼 자녀를 지원하지는 못한다. 이러한 자녀에 대한 기대와 지원은 현실과 소망 사이의 격차로 인해 가족스트레스로 작용하기도 한다.

〈표 4-2〉는 부모와 자녀의 관계를 남한청소년과 북한청소년 간에 비교한 것이다.

3. 북한의 가족생활

가정 내에서 가장 중요한 통합메커니즘으로서의 역할을 해왔던 전통적인 효의 개념은 공산주의 체제와 함께 새로운 생활조건에 적응하는 과정에서 크게 변모되었고 부모의 권위도 많이 약화되었다. 그러나 '효'의 관념은 변용된 채로 아직도 어느 정도 남아있는 것으로 보이는데, 도덕교과서에서는 자식이 부모를 공경하지 않고, 노후를 돌보지 않는 등 부양의 의무를 잘 수행하지 않는 것을 '배은망덕'이라고 부르고 있다. 사회적으로 보면 '남녀평등'을 강조하는 캠페인이 벌어지지만, 남녀평등을 강조하는 강력한 캠페인에도 불구하고 '남편은 부인을 사랑하고, 부인은 남편을 존경하는 것이 이상적'이라고 하여 부부관계는 평등관계라기보다는 전통적인 남편의 상대적인 우월성이 약화된 형태로 잔존하고 있음을 알 수 있다.

전통적인 한국가족에서 며느리는 밖으로부터 남편의 가계에 들어온 성원으로 간주하지만, 오늘날의 북한사회에서는 며느리도 완전한 한 성원으로서 가정 밖의 생산활동에 참여하기 때문에 며느리와 시부모 사이의 전통적인 갈등관계는 상당히 약화된 것으로 보인다. 시어머니가 며느리를 심하게 다루는 경우에는 여맹같은 조직에서 압력을 넣고 그런 시어머니는 비판의 대상이 되기 때문이다. 따라서 고부간의 새로운 관계가 강조되고 있으며, 며느리가 생산활동에 노력동원함으로써 가정생활에서 며느리가 맡던 일 중 많은 부분을 시어머니가 맡게 되었다. 며느리와 시누이의 관계도 대립과 갈등보다는 상호협조의 관계를 갖는 경우가 많다(이문웅, 1996).

북한의 가족생활을 남한과 비교하여 유사점과 차이점을 알아보면[2], 먼저 남북한 가족생활의 유사점은 다음과 같다. 첫째, 남북한 모두 남녀간 양성의 평등이나 모성보호를 명시하고 있다는 점이다. 둘째, 핵가족이 지배적인 형태로 자리 잡고 있다. 셋째, 남과 북 모두 직계가족의 원리에 기반하는데, 이는 전통적 유교사상의 영향을 받고 있다는 점과 관련이 있다. 넷째, 자유연애와 배우자 선택을 인정하고 있다. 다섯째, 부부관계에 있어서는 정도의 차이는 있지만 남북한 모두 남성 우위의 양상을 보이고 있다. 여섯째, 대체적으로 아들을 선호한다. 일곱째, 친족관계에서도 남북한 가족은 공통적으로 남성중심의 경향을 보인다. 마지막으로 가정 내에서의 성별분업이라는 고정관념이 지배하여 가사노동이 여전히 여성의 일로 인식된다.

남한과 북한의 가족생활에 있어서의 차이점은 〈표 4-3〉과 같이 정리될 수 있다.

---

[2] 이기춘 외(2001: 229-237)에서 발췌함.

〈표 4-3〉 가족생활에 있어서 남·북한의 차이점

	북한	남한
각 사회에서 강조되는 가치	· 사회주의사상, 주체사상, 폐쇄성, 획일성, 집합주의 등의 영향을 받음.	· 자유평등사상, 개방성, 다양성, 물질주의 등 서구의 자유민주주의로부터 영향 받음.
헌법상에 나타나는 이념적 차이	· 가정의 사회조직체로서의 성격을 강조함. * 헌법 제77조 "결혼과 가정은 국가의 보호를 받는다" "국가는 사회의 기층생활단위인 가정을 공고히 하는 데 깊은 배려를 돌린다." * 북한 백과사전 "사회주의 사회에서 가정은 당과 수령, 사회와 집단을 위하여 서로 돕고 이끌며 사는 하나의 혁명적 집단으로 된다. 그러므로 사회주의 제도를 공고히 하고 혁명과 건설을 수행하기 위해서는 가정을 혁명화하고 공고히 하여야 한다."	· 가정에 대한 국가의 보장을 명백히 함. 즉, 인간의 존엄이나 개인의 자유를 인정함. * 헌법 제17조 "모든 국민은 사생활의 비밀과 자유를 침해받지 않으며..." * 헌법 제16조 "모든 국민은 주거의 자유를 침해받지 아니한다." * 헌법 제36조 "혼인과 가족생활은 개인의 존엄과 양성의 평등을 기초로 성립되고 유지되어야 하며 국가는 이를 보장한다."
부부관계	· 공식적으로는 남녀평등을 지향함. · 내면적으로는 가부장제의 성격이 짙고 남존여비의 관행에 변화가 없음.	· 전통적 가치관에 입각한 가부장적 남성중심의 부부관계를 보이나, 교육수준, 부인의 직업 유무, 계층에 따라 다양하게 나타남.
가정 내일에 대한 의식과 실제	· 가사노동을 사회화 시키는 방향으로 해결하려고 시도하면서 가정 내에서의 일은 전적으로 여성이 담당해야 할 것으로 인식함. 따라서 성별분업 고정관념이 강하게 유지되고 있음.	· 가사 역할의 성별분업 현상이 지배적이나 부인의 직업 유무에 따라 융통성이 있음. · 남한의 가족에서는 여성이 가사노동을 주로 담당하고 있으나, 여성 취업의 증가로 부부가 공동으로 가사노동에 참여하는 경우가 점차 늘어나는 등 다소 변화하는 추세임.

□ I부 참고문헌 □

〈1장 참고문헌〉

고경화(2006), 『국내외 북한이탈주민 지원사업의 문제와 개선방향』, 국정감사 정책자료집, 국회 고경화의원실.
김영수(2002), 「탈북동포: 정착의 어려움, 그리고 '함께하는' 지원정책으로」, 미래전략연구원 홈페이지.
박선영(2008), 『새터민 대부분이 경제활동 정착 못해』, 국정감사자료, 박선영국회의원실.
박요셉(2000), 「주체사상에 대한 기독교 교육적인 제언」, 『교육교회』, 283.
박종철·김영윤·이우영(1996), 「북한이탈주민의 사회적응에 관한 연구: 실태조사 및 개선방안」, 민족통일연구원 연구보고서.
북한인권시민연합(1999), 『자원봉사활동보고서(내부자료)』.
북한인권정보센터(2005), 『새터민 정착상황 종합실태조사』, 통일부 연구용역보고서.
양무목(2004), 「북한이탈주민에 관한 연구」, 『통일논총』 제3집, 대진대학교.
윤여상(2001), 『북한이탈주민의 적응과 부적응』, 세명.
이기영(2000), 「탈북자 가족의 남한사회적응 과정」, 『한국가족사회복지학회 추계학술대회 발표문』.
이기영(2002), 「탈북청소년의 남한사회 적응에 관한 질적분석」, 『한국청소년연구』, 13(1): 175-224.
이민영(2008), 「새터민을 위한 가족적 접근」, 『새터민 서비스 전문인력 양성교육-심화과정 자료집』, 한국사회복지사협회.
_____(2007), 「새터민의 가족탄력성 증진을 위한 개입모형 개발」, 『남서울대학교 논문집』, 13(2), 남서울대학교.
_____(2005), 「남북한 이문화 부부의 가족과정 경험에 관한 질적 연구-내러티브탐구방법을 활용하여」, 이화여자대학교 박사학위논문.
이세롭(2002), 『북한이주여성을 둘러싼 사회적 통념과 선택적 협상에 관한 연구』, 이화여자대학교 석사학위논문.
장혜경·김영란(2000), 『북한이탈주민가족의 가족 안정성 및 사회적응과 여성의 역할』, 한국여성개발원.
전우택(1997), 「탈북자들의 주요 사회배경에 따른 적응과 자아 정체성에 관한 연구」, 『통일연구』, 1(2): 109-167.
정주신(2007), 「북한이주민 가족의 적응과 문제」, 『한국가족복지학회 춘계학술대회 자료집, 북한이주민 가족을 위한 가족복지 지원방안』.
한인영(2001), 「북한이탈주민의 우울성향에 관한 연구」, 『정신보건과 사회사업』, 11.
통일부(2006, 2007), 북한이탈주민 입국 통계자료.
통일신문(2002.7.31), 「기획-재외탈북자들의 생활」.

〈2장 참고문헌〉

강진웅(2001), 『남북한 체제 변화와 가족조의 변형에 관한 비교연구: 원자화된 가족주의와 세포화된 가족주의』, 연세대학교 석사학위논문.
김동령·김선욱·김원홍·김영혜(1992), 『북한여성의 지위에 관한 연구-북한 여성관련법과 주요 여성관련법제의 통합방안 연구 -여성관련 법 및 정책을 중심으로-』, 한국여성개발원.
김정미(1999), 『탈북여성의 정체성 변화에 관한 연구』, 이화여자대학교 석사학위논문.
김현숙(1994), 「북한소설에 나타난 여성인물 형상화의 의미」, 『제2차 통일문제 학술 세미나 자료집, 북한문화와 여성생활』, 이화여자대학교 한국여성연구원 주최, 1994.12.9.

문숙재(1994), 「북한여성과 가정생활」, 『제2차 통일문제 학술 세미나 자료집, 북한문화와 여성생활』, 이화여자대학교 한국여성연구원 주최, 1994.12.9.
박현선(2003), 『현대 북한사회와 가족』, 한울.
_____(2001), 「성별 사회화 및 재사회화」, 『통일과 여성: 북한 여성의 삶』, 이화여자대학교 출판부.
부남철(1992), 『북한의 유교적 전통윤리 정책: 가족윤리, 법을 중심으로』, 통일 및 북한문제 연구보고서, 통일연구원.
손봉숙(1993), 「여성의 의식주 생활: 여성과 정치 참여」, 김애실 외 공저, 『북한의 여성생활』, 서울:나남.
양옥경(2000), 「한국 가족개념에 관한 질적 연구」, 『한국가족복지학』, 6: 69-99.
여성한국사회연구소(2001), 『북한 여성들의 삶과 꿈』, 사회문화연구소출판사.
이민영(2007), 『남북한 이문화 부부의 통일이야기』, 한국학술정보.
이재경(1999), 「여성의 경험을 통해서 본 한국가족의 근대적 변형」, 『한국여성학』, 15(2).
정진경(2000), 「남북한간 문화이해지」, 조한혜정·이우영 편, 『탈분단 시대를 열며: 남과 북, 문화 공존을 위한 모색』, 삼인.
조미숙·오선주(1999), 「청소년기 자녀가 지각한 가족관계의 변인과 청소년의 가족가치관」, 『한국가족관계학회지』, 4(1): 70.
조한혜정(2000), 「분단과 공존」, 조한혜정·이우영 편, 『탈분단 시대를 열며: 남과 북, 문화 공존을 위한 모색』, 삼인.
조혜정(1985), 「한국사회변동과 가족주의」, 『한국문화인류학』, 18: 79-96.
최재석(1975), 「도시 중류아파트 가족의 친족관계」, 『고대인문논집』, 20: 155-178.
최정혜(1997), 「대학생의 효 의식과 가족주의 가치관 및 부모부양의식」, 『대한가정학회지』, 35(6): 55-69.
한경순(1999), 「남녀 대학생의 가족주의 가치관과 부모부양의식」, 『대한가정학회지』, 37(9): 13-24.
한남제(1994), 『한국 가족관계의 문제』, 다산출판사.
Amstrong, C.(1994), State and Social Transformation in North Korea, 1945-50, Chicago: Chicago University Press.
Cumings, B.(1993), 'The Corporate State in North Korea', Koo Ha-gen ed., State and Society in Contemporary Korea, Corness University Press.
Lau Siu-Kai(1981), 'Chinese familism in an Urban-Industrial Setting: The Case of Hong Kong', Journal of Marriage and Family, 43(4): 977-992.
Romano, D.(2001), Intercultural marriage / promises and pitfalls, 2nd ed., NBI.

〈3장 참고문헌〉

권오주·김선영·노영주·이승미·이진숙 역(2006), 『페미니즘의 시각에서 본 가족』, 한울아카데미.
권용혁·김원식·이우관·이유선·한승완·나종석·박해용·선우현·김영진·윤경우·이민호·김준섭·이진원·주창렬(2004), 『한·중·일 3국 가족의 의사소통 구조비교』, 이학사.
김대웅 역(2005), 『가족 사유재산 국가의 기원』, 도서출판 아침.
김영화 외(2002), 『성인지적 가족복지론』, 양서원.
김영화·이진숙·이옥희(2006), 『성인지적 가족복지론』, 양서원.
김형태(2008), 「새터민 청소년의 심리적응에 영향을 미치는 가족관련 요인」, 『한국가족관계학회지』, 13(1): 49-73.
_____(2004), 『북한이탈청소년의 남한사회 적응유형에 관한 통합적 비교연구』, 숭실대학교 박사학위논문.

김혜경 역(1994), 『가족은 반사회적인가』, 여성사.
박현선(2003), 『현대 북한사회와 가족』, 한울아카데미.
성정현・여지영・우국희・최승희(2004), 『가족복지론』, 양서원.
안병철・서동인 역(1993), 『가족사회학』, 을유문화사.
이기영・성향숙(2001), 「탈북자 가족구성원의 가족관계 인식에 관한 조사연구: 탈북자 가구주 및 그 배우자의 인식을 중심으로」, 『한국사회복지학』, 47(가을): 243-271.
이기춘・이기영・이은영・이순형・김대년・박영숙・최연실(2001), 『통일에 앞서 보는 북한의 가정생활문화』, 서울대학교출판부.
이소희・정민자・김경희・박인전・손지미・김영란・홍계옥・도미향・김민정(2005), 『현대가족복지론』, 양서원.
정철웅 역(2002), 『가족의 역사1』, 이학사.
조정아・임순희・정진경(2006), 『새터민의 문화갈등과 문화적 통합방안』, 한국여성개발원?통일연구원.
Chun, K. M., Organista, P. B. & Marin, G. ed.(2003), *Acculturation - Advances in Theory, Measurement, and Applied Research*, Washington, DC: American Psychological Association.

〈4장 참고문헌〉

경남대 극동문제연구소 편(1996), 『분단 반세기 남북한의 사회와 문화』, 경남대 극동문제연구소.
김미숙 외(2002), 『가족의 사회학적 이해』, 학지사.
김석향(2006), 「일상생활에서 본 북한의 성평등 실태와 여성인권의 문제」, 『북한의 여성과 가족』, 경인문화사.
민성길(2000), 『통일과 남북청소년』, 연세대학교출판부.
박현선(2003), 『현대북한사회와 가족』, 한울.
북한연구학회(2006), 『북한의 여성과 가족』, 경인문화사.
이기춘・이기영・이은영・이순형・김대년・박영숙・최연실(2001), 『통일에 앞서 보는 북한의 가정생활문화』, 서울대학교출판부.
이문웅(1996), 「남북한 사회의 변화와 전통유교문화: 가족과 친족을 중심으로」, 『분단 반세기 남북한의 사회와 문화』, 경남대 극동문제연구소.
이순형 외(2007), 『탈북가족의 적응과 심리적 통합』, 서울대학교출판부.
Chun, K. M., Organista, P. B. & Marin, G. ed.(2003), *Acculturation - Advances in Theory, Measurement, and Applied Research*, Washington, DC: American Psychological Association.

II

북한이탈주민 가족의 이슈

5장 이주의 상실과 정신적 외상경험 _ 이민영
6장 이주와 문화적응 문제 _ 박영희

5 이주의 상실과 정신적 외상경험[1]

1. 이주민이 경험하는 이주의 상실과 외상경험

 최근 이주민의 성공적 적응을 위해 중요시 다루어야 하는 개념으로 떠오르는 것이 '이주의 상실과 외상경험'이다. 이주자로서 새로운 사회에서 살아가는 데 가장 중요한 것은 과거 자신과 나라의 '상실과 외상에 대한 다루기$^{grieving\ a\ loss}$ 과정'을 겪으면서 이민자로서의 능력과 성공적으로 일하고자 하는 의지를 갖는 것이라는 연구들이 소개되고 있다(Marlin, 1997; Ahn, 2005: 40 참조). 안준희(2007)는 그녀의 연구에서 '이주의 상실'$^{migratory\ grief}$을 모국에서 자라면서 익숙하게

---

[1] 본 장의 내용은 이민영·김현경(2007), 「새터민 여성의 이주로 인한 상실의 극복 체험-남한남성과 결혼한 새터민 여성들을 중심으로」, 『사회복지연구』, 35호에서 일부 요약한 부분이 있음을 밝혀둔다.

체화된 민족문화, 가치, 정체성 및 중요한 사회적 관계의 상실 과정에서 경험되는 행동적·정서적 반응(Casado & Leung, 2001 참조)이라고 개념화하고 있다. 외상^{trauma}은 갑작스럽고 저항하기 어려운 위협적인 사건에서 비롯되기 때문에, 이러한 외상사건이 발생했을 때 개인은 내적 혼란과 불안으로 인해 심리적 안정이 파괴되는 경험을 하게 된다(김현경, 2007: 28).

좀 더 구체적으로 이주의 상실은 심리정서적 측면으로 나타난다. 에스핀(Espin, 1992)은 이주자들이 경험하는 상실은 '기대할 수 있는 환경$^{expectable\ environment}$의 상실'이라고 하였다. 나라, 생활양식, 가족의 상실뿐 아니라 일상에서 친숙한 냄새, 음식, 습관들의 상실까지 포함한다. 이 때문에 결국 이주자들은 친숙했던 모든 것들을 상실하는 깊은 슬픔의 과정을 겪게 된다는 것이다. 이주로 인해 사랑했던, 자신의 일부분이었던 사물 혹은 사람의 상실을 다루는 과정에서 나타나는 정서적 충격은 해야 할 역할을 포기하고 부정하는 등의 '발달적 상실'을 일으키기도 한다. 이주의 과정에서 가족, 친구 등 의미 있는 사람과의 관계 단절은 결혼과 같은 생애 발달 단계의 변화와 새로운 지역에 정착해야 하는 주변 상황의 변화에 적응할 때 겪는 어려움들을 확장시킨다. 이 과정에서 이주자들은 심리적으로 강한 충동, 잃은 것을 회복하고자 하는 갈망, 해체, 혼란, 정체성 위협, 어린 시절의 상실에 대한 재연, 과거 관계에 대한 강한 의존성 등의 모습을 보이게 된다(Grinberg & Grinberg, 1989).

또한 이주의 상실은 '정체성 상실'로 이어지는데, 쿠오(Kuo, 1976)는 이주로 인한 고향^{homeland}의 상실은 자신의 정체성 형성에 영향을 주었던 국가의 상징들, 예컨대 국기, 제도, 애국가 등과의 단절을 포함한다고 하였다(Ahn, 2005: 36 참조). 또한 이주난민들의 외상경험은 정신적 고통으로 다가온다. 비정상적인 상황에서 현실의 고통스런 경험은 외상으로 인한 악몽으로 나타나기도 한다. 이주난민들의 외상경험은 과거, 현재, 그리고 미래로 이어지는 시간에 따른 경험적 특성도 있다.

2. 비자발적 이민의 상실과 외상 후 경험

1) 유럽의 비자발적 이주민의 경험

이주의 상실은 비자발적 이민의 경우에는 그 정도가 매우 심하게 나타난다. 2차 세계대전 독일의 침공으로 이주한 폴란드 이주자들은 이주로 인해 나타날 상실을 전혀 준비할 수 없었고, 이주의 과정에 앞서 억압과 폭력에 의한 피해자로서 외상을 가지고 재정착하는 경험을 겪게 되었다(Aroian, 1990). 이들에게는 상실을 다루는 과정뿐 아니라, 과거의 외상에 대한 접근까지 요구되는 것이라 할 수 있다. 비자발적으로 공산주의 사회에서 자본주의 사회로 이주하거나 체제가 재편된 동독주민의 경우에도 이주의 상실 과정이 나타난다. 동독주민은 사회주의 사회에서 자본주의 사회로 이행하는 과정에서 총체적 생활세계의 변화와 함께 가치관의 혼란을 경험해야 했다. 동독은 '불법국가' 로서 역사적으로 사라졌으며, 동독주민의 특유의 집단적이고 긍정적인 정신세계는 그들의 자긍심의 원천이었으나, 서독 중심의 개별화되고 경쟁적인 문화로 전환을 요구받으며 평가 절하되면서 정신적 박탈감-상실-을 심화시켰다(이영란, 2005: 156~157). 마쯔(Mazz, 2007)는 통일과 함께 동독인들을 지탱해 주던 '사회적 보호' 라는 버팀목이 사라짐으로써 동독인들은 무수한 선택의 가능성 속에서 스스로 결정을 내려야만 했고, 생존 불안과 대상 상실에서 오는 불안, 개별화 불안과 같은 발달장애가 생겨났다고 지적하고 있다(한독 학술심포지엄, 2007).

2) 북한 및 아시아의 비자발적 이주민 경험

이와 같은 이주민의 상실과 외상경험 다루기, 구체적으로 통일과정에서 나타난 동독주민의 상실과 외상 경험은 일반적으로 남한에 이주한 북한이탈주민들의 경험과 유사성을 가질 것으로 예측된다. 북한과 같이 정치적으로 공산주의라는 공통된 유사성을 가졌던 동독에서 발생된 정신적인 이주의 상실 경험들은 북한이탈주민들에게도 나타날 수 있을 것이다. 나아가 생존을 위해 어쩔 수 없는 상태에서의 이주forced-migration는 정신건강상의 문제를 초래하게 되는데, 특히 자녀와의 이별과 같은 관계단절, 언어의 상이함, 주류국에서의 우호적이지 않은 분위기, 실업, 새로운 이주국에서 낯설고 미처 알지 못했던 문화적 전통들처럼 재적응을 요구하는 생활환경 등은 자살 및 자살시도로 연계되기 쉽다. 아시아계 여성 이주민들의 경우 문화적 갈등의 결과로 자살을 시도하는 경우가 증가하고 있음이 보고된 바 있다(Merrill & Owens, 1988). 이렇게 개인과 자신의 사회 간에 익숙한 관계가 깨졌을 때, 개인은 자살에 더욱 높은 위험상태에 노출될 뿐만 아니라(Hovey & King, 1997에서 재인용), 파괴된 결혼관계 역시 전형적으로 자살 생각과 자살시도와 더욱 높은 상관을 보인다고 제시되고 있다(Palmer, 2007에서 재인용).

3. 이주민의 상실과 외상경험 다루기

이주민의 상실을 다루는 과정은 배우자나 문화의 상실을 다루는 이론을 적용한다. 이주민들은 관계의 상실로 인한 애착의 단절을 극복하는 과정을 겪게 된다는 것인데, 초기에는 '저항' 하며 울고 화를 내는 즉각적인 감정 반응을 보인다. 다음으로 상실이 어떻게 나타나는지 알게 되면서 해체와 좌절을 겪게 된다. 사람에 대해 불안, 집착, 혼란의 모습을 보이기도 한다. 마지막으로 이제 이주민들은 새로운 현실에 맞지 않는 감정, 생각, 행동들을 정리할 필요를 느끼면서 자신의 정체성을 재조직화하는 과정을 겪게 된다(Schneller, 1981). 새로운 정체성의 재조직화는 정체성의 변화^{transformation}와 확장을 의미하며, 이를 위해서 내재화된 과거의 관계를 통합하고, 새로운 적절한 관계를 맺어가는 것을 전문가들은 제안하고 있다(Marlin, 1997).

이러한 과정에 보완적으로 위니코트(Winnicott, 1971)는 이주의 상실의 중간 단계로서 '과도기적 현상'$^{transitional\ phenomena}$이 나타난다고 하였다. 이주민들은 종종 그들이 원래 가지고 있던 문화적 상징들 - 음식, 음악, 언어, 같은 나라에서 온 이주민들과 관계 - 에 과도한 가치를 부여하면서 자신의 정체성을 위협하는 새로운 환경에 대한 대응 방안으로 삼는 것이다. 그런데 이러한 과도기적 현상은 이주민들의 정서적 충격 - 깊은 슬픔, 우울 등 - 을 완화해주는 효과가 있지만, 새로운 환경에 적응하는 데에는 부정적인 효과가 있다고 하였다(Casado & Leung, 2001; Ahn, 2005: 45~46 참조).

킨지(Kinzie, 2001)는 난민의 외상 회복에 이르는 4단계를 설명하였다. 외상경험을 극복하는 첫 단계는 외상 경험을 털어놓는 것이다. 심리적으로 더 악화되지 않으면서 자신의 외상경험을 이야기하는 과정에서 사회의 안전감을 느낄 수 있다. 두 번째 단계는 고통스러웠던 외상경험을 의식적으로 다시 이야기함으로써 이야기 안에서 상황적 맥락, 사실, 정서, 그리고 의미를 구축하는 것이다. 이는 외상기억을 전환하는 것을 말한다. 많은 이주민들은 과거 외상경험으로 인한 고통 증상이 재발되기도 하고 고요하고 안정된 시기를 보내기도 하면서 호전과 악화를 반복하게 된다. 이때 심리사회적으로 존엄성과 자기통제, 이주국에서의 삶에 대한 조망을 좀 더 확대 적용하는 것이 정신건강에 효과적인 접근이 된다. 셋째 단계는 외상에 대한 영향력에 대처하고, 외상의 의미를 통합하고 대인관계에 적극적으로 연계함으로써 외상을 해결하고자 하는 것이다. 난민과 이주민에 관한 많은 연구들에서 외상 후 증후군^{PTSD}을 약화시키는 데 사회적 지지가 가장 효과적인 요인이었음을 지적하고 있다. 이러한 경험은 개인의 심리적 성장과 공통된 인간애의 끈으로 발전되고 나아가 자신과 같은 경험을 하고 있는 이주민을 위해 자신의 경험을 개방함으로써 타인의 삶에 기여하고자 하는 이타심으로 발전된다(김현경, 2007: 31 참조).

4. 북한이탈주민이 경험한 이주의 상실

북한을 탈출하여 남한에 들어와 살고 있는 북한이탈주민의 숫자가 2007년 2월 드디어 1만 명을 넘어 섰다(국가인권위원회, 2007). 지금까지의 추세로 보아 이 숫자는 더욱 빠른 속도로 증가해 나갈 것으로 예상된다. 이러한 변화에 맞물려 또 하나의 변화는 국내에 입국한 북한이탈주민 여성이 증가하고 있다는 점이다. 국내 북한이탈주민 입국자의 성별을 비교해 보면, 남성과 여성의 수 비율이 2000년에는 180명 대 132명, 2001년에는 294명 대 289명로 그 차이가 좁혀지다가 2002년에는 역전되어 2006년에는 510명 대 1,509명에 이르게 되었다. 2003년과 2004년에는 여성이 남성에 2배로 증가하게 되면서 2006년에는 3배에 이르는 현상을 보이고 있다(통일부, 2007). 북한이주민 여성의 입국 증가 이유는 1994년 식량난 이후 남성 보다는 여성이 시장 활동 및 국경이동을 통한 중국인과의 사실혼 관계 등으로 가족생계책임을 떠맡게 되어 국경이동이 좀 더 수월했던 것에서 찾을 수 있다(강차연, 2004).

난민으로서 북한이주민이 경험한 외상경험은 생존의 사투를 견디며 자의적 그리고 비자의적으로 신세계에 들어온 경험, 예상하지 않았던 충격과 혼란으로 결국 탈북의 의미를 상실하게 된다고 한다(김현경, 2007: 206). 구체적으로 북한이주민들은 식량난으로 대파란이 일어나 가족생활이 붕괴되는 북한을 경험한다. 기회의 땅인 인접국 - 중국 - 을 경험하게 되면서 가족해체를 딛고 중국으로 건너가는 월경을 하게 된다. 그러나 중국에서 불법체류자가 되어 정체성 없이 떠돌게 되고 보호 받을 수 없는 무국적자의 불안하고 위험한 삶을 살게 된다. 공안에 붙잡혀 북송되거나 고통스런 수용소 생활을 경험하면서, 선택의 여지가 없이 남한행을 단행하게 된다. 제3국을 거쳐 자발적이든 비자발적이든 남한으로 입국하게 되는 험난한 과정을 거쳐 입국한 남한에서의 삶에서도 충격과 혼란을 경험하게 한다. 하나원이라는 보호된 세계에서 충격과 희망이 엇갈리게 되며, 사회로 나온 후에는 감당하기 버거운 현실을 직면하게 된다. 남한사람의 차별적 태도는 북한이주민이라는 출신배경을 숨기게 하고 언어와 문화적 차이는 스스로를 이방인으로 위치 짓는다. 정신적 속박을 주는 문화적응스트레스와 경쟁의식을 느끼지만 본질적으로 남한사람과 공감대 형성이 어려워 외상 후 스트레스를 경험하게 된다(김현경, 2007 참조).

특히 북한여성들은 탈북과정에서 그리고 국경 넘어 제3국에 체류하면서 성폭력, 인신매매로 인한 성매매강요, 무국적자로서 중국남성과의 사실혼관계로 2세의 사생아 문제 등은 이미 여러 문헌들을 통해 지적되었다(김현경, 2007; 박명희, 2005; 강차연, 2004). 이렇게 북한이주민 여성들의 경우 남한 입국 전 사회 구조적으로 남성에 비해 더욱 취약하고 고통스러운 경험을 하는 것으로 나타났다(박명희, 2005; 자유총연맹, 2006). 이러한 제3국에서의 경험은 남한에서 적응해 나가는 과정에서도 끊임없이 영향을 미친다. 불법체류자로서 숨어서 살아왔던 삶, 가족의 흩어짐, 절망감, 체포의 공포, 중국 친지들의 배척, 폭력의 경험 등 수많은 정신적 외상으로 인해 이들은 남한에 와서 불안, 우울, 소외감, 정체감 혼란 등의 '이주의 상실과 외상 경험'을 상당히 겪을 수밖에 없다.

이러한 북한이탈주민의 심리적인 이주의 상실은 남한주민과 결혼 후에 구체적이며 복합적인 문제로 나타난다. 언어, 관습, 사상, 가치 등 일상생활의 많은 부분에서 부부는 서로 다름을 경험하면서 놀라면서, 배우자가 자신을 무시하는 것을 경험한다. 비록 남한과 북한이 같은 언어를 사용한다고 해도 '정보'의 차이는 의사소통의 불확실성을 경험하게 하며, 서로에 대한 정보의 부족은 과도하게 상대를 의심하고 폭력과 가출의 행동으로 이어지는 모습으로 나타난다. 타인에 대한 불신과 의존성, 영웅심리와 열등감, 순진성과 공격성 등과 같은 서로 모순된 감정들도 공존하는 심리적 특성을 보인다.

5. 북한이탈주민의 이주로 인한 상실 극복 과정

심리적 이주의 상실을 극복하는 과정을 북한이주민 여성을 중심으로 설명해 보고자 한다. 이주 상실의 극복 과정은 남한남성과 결혼한 북한이탈주민 부인이 서로를 이해해 나가면서 이뤄지는데, 남한 사회가 가진 북한여성에 대한 편견과 낙인이 또 다른 장애로 작용하게 된다. 북한이탈주민을 '2등 국민'으로 바라보는 낙인과 북한여성은 순종적이고 얼굴도 미인이라는 식의 편견은 가족 내에서 북한이탈주민 여성을 열등한 존재로 위치 짓는 것이다(이민영, 2005). 남한에 입국과 동시에 결혼을 선택한 북한이탈주민 여성은 북한이라는 '국가 정체성'을 상실한 채 사회와 가족, 특히 남한 남편을 통해 새로운 사회에 대한 이해와 적응을 해나가게 된다. 그러나 서로가 가진 불충분한 지식과 부당한 행동은 오해로 이어져 문제의 원인을 이주의 상실로 바라보기보다는 개인적인 문제로 귀결시켜 부부간 갈등 해결을 방해하게 된다.

〈표 5-1〉에서와 같이 북한이탈주민 여성이 남한남성과 이룬 가족에서 나타난 상실 다루기는 3가지 구조를 가지고 있는 것으로 나타났다(이민영·김현경, 2007). 남한남성과 결혼한 북한이탈주민 여성의 이주의 상실 극복 과정은 수월한 정착목적을 위해 남한 남편을 만

〈표 5-1〉 북한이탈주민 가족의 '상실' 극복 경험 - 여성의 체험을 중심으로

구조 1.	과거에 대한 심정(후회, 그리움, 죄책감, 분노, 고통 등)을 남편에게 감추면서 과도한 감정표현(투사)과 의존성을 갖게 되고 북한사람들과 관계망을 확대하면서 북한의 가족과 남한의 가족 모두에 경제활동을 통해 책임감을 보여주며 자신의 역할에 몰입하고 있다.
구조 2.	누적된 고통으로 신체화 증상을 느끼고, 수월한 정착을 목적으로 한 남한남성과 결혼했으나 오히려 생계를 위해 일을 해야 하며, 남편과의 갈등으로 후회가 되나 주변에 도와줄 사람이 없어 신앙생활과 어머니의 가르침을 상기하며 결혼생활의 현실을 받아들이고 있다.
구조 3.	북한가족을 위해 자신을 죽은 존재로 알게 하였고, 중국에서의 고생을 교훈삼아 남한남성과 결혼하여 마음의 중심으로 삼고, 주변의 도움과 강인한 정신과 신앙, 어머니의 가르침으로 남한에서 새로운 미래를 발전시켜나가며 남한 가족과 조화로운 관계 만들어가고 있다.

※출처: 이민영·김현경, 2007.

나면서 드러난다. 남한 남편에게 과거에 대한 심정(후회, 그리움, 죄책감, 분노, 고통 등)을 감춰야 하며, 북한에 있는 가족에게도 남한에 있는 자신의 존재를 제대로 알릴 수 없는 경험을 한다. 그로 인해 남편에게 왜곡된 감정을 표현하면서도 심리·사회적인 의존을 할 수밖에 없어 부부갈등을 일으키게 된다. 그러나 북한이탈주민 여성이 가진 강인함, 북한어머니의 가르침, 그리고 신앙을 통해 자신의 능력을 새롭게 계발하고자 하며 주변도움을 활용하면서 남편과 남한가족에게 인정받고자 노력하는 과정으로 나타나고 있다.

6. 북한이탈주민의 외상경험 극복 과정

김현경(2007)의 논문에 나타난 북한이탈주민들의 외상 극복 경험은 다음과 같다. 첫째, 북한이탈주민들은 남한에서 단절된 애착 대상에 대한 그리움과 죄책감을 느끼며 탈북을 후회하면서 외상 후 스트레스를 극단적으로 경험하게 된다. 그러나 북한이탈주민들은 이를 극복하기 위하여 동료 북한이탈주민들과 단절을 시도하고 도움이 될 만한 남한사람을 찾아 나선다. 삶의 의미를 새롭게 구축하고 술과 약물로 고통을 해결하거나 홀로 삭히는 과정을 겪는다. 이를 위해 종교적 선택을 하며 자기 성찰과 강인성 및 정신적 강화를 위한 노력을 한다. 고통경험을 심리적 에너지로 전환시키고 자기에 대한 기준을 낮추는 태도를 갖는다. 또한 가족기능을 고려하여 북한가족에 대한 도리를 다하고자 한다. 남한사람들에게 지지를 받으면서 단절한 북한이탈주민과의 관계를 회복시킨다. 이러한 과정을 겪은 후 남한생활에 대한 긍정적 관점을 갖게 되고 남한과 북한의 통합적 태도를 형성하게 된다. 외상의 고통을 딛고 성장한 북한이탈주민들은 생존자로서 스스로의 성장을 받아들인다. 북한의 부모형제보다 자신의 삶을 자녀를 통해 확장시킨다. 관계를 통한 주변의 혜택을 인식하고 영성을 통한 새로운 관점을 형성시킨다. 희망으로 내면의 고통을 넘어 현실을 지탱해 나가는 경험을 하게 된다.

7. 북한이탈주민의 상실과 외상경험의 독특성

이러한 북한이탈주민의 상실과 외상 극복의 경험에는 일반적으로 이주민들이 겪는 경험과 도망자, 난민으로서의 경험 등이 복합적으로 영향을 주는 것으로 볼 수 있다. 이주자들이 겪는 익숙한 문화, 가치, 정체성, 중요한 관계의 상실로 인한 정서적 행동적 반응이라고 개념화되는 '이주의 상실'(안준희, 2007)과 마찬가지로 북한이탈주민들도 북한의 가치, 문화, 정체성을 감추고, 북한과 중국의 가족들과 관계를 단절해야 하는 어려움을 겪고 있음을 보여주고 있다. 특히 중국에 가족을 형성했던 경험이 있었던 여성의 경우 남한에 입국하게 되면서 북한가족과의 해체와 더불어 중국가족의 해체라는 이중고통을 겪게 된다. 나아가 중국에서의 상실과 분노의 경험을 남한 남편과 공유하여 해소할 수 없음으로 인해 초래되는 과도한 감정적 투사는 부부간의 불화로 드러나게 된다. 자신을 학대하였던 중국남편에 대한 분노를 최소한이라도 돌봄을 주는 남한 남편에게 투사하는 동시에 이국땅에서 남한 남편이 자신에게 멀어질까 두려워 분리되지 못하는 이중적인 모습을 보이는데, 자살시도라는 극단적인 선택을 통해 새로운 이국땅에서 삶의 끈인 남한 남편의 돌봄을 애써 구하고 있다. 이는 이방인으로 살았던 중국생활에서 중국남편에게 분리될 수 없었던 생활양식의 일부인 것으로 해석된다. 이렇게 의존적 대상과의 갈등으로 관계 단절의 위기에 직면하게 되면 자살시도라는 의존적 투사적 동일시를 통해 자신의 취약성을 유지함으로써 배우자의 돌봄과 애착을 확인하고자 하는 미숙한 모습을 보이기도 한다. 일반적으로 이주자의 자살시도는 결혼관계의 파괴 및 의미 있는 대상과의 관계단절 등이 원인이 된다는 점에서 본 연구의 결과는 Merrill & Owens(1986)의 연구와 일치한다고 볼 수 있다.

북한이탈주민의 이주상실 체험은 독특한 문화적·정치적 특성을 보여주었다. 사회가 갖고 있는 남북한의 적대적 관계 - 공산주의와 자본주의, 독재와 민주주의 등 - 의 영향으로 완전히 반대되는 가치를 가진 사회에서 새롭게 시작해야 한다는 것에서 어려움이 나타났다. 자기 정체성을 주는 모국과의 단절로, 서로 연락도 할 수 없고 만날 수도 만나서도 안 되는 정치적 상황은 우울감을 강화시키고 극심한 신체적인 고통을 겪게 만든다. 이를 수용해야한다는 것은 북한이탈주민에게 상당히 충격적인 현실로 나타나고 있다.

그럼에도 불구하고 북한이탈주민들은 복합적인 감정과 태도를 보이면서도 남한에서의 새로운 삶을 구성해나가기 위한 적극적인 모습을 통해서 이주의 상실을 어떻게 다뤄가는지를 보여주고 있다. 상당수의 북한탈이주민들은 남한에서의 수월한 정착을 위해 남한주민들과 결혼을 선택하고 있다. 이러한 현상은 주류국의 소수이주자들이 새로운 사회 집단 구성원과 혼인을 형성함으로써 적응하고자 하는 결혼을 통한 동화marital assimilation 또는 결혼을 통한 병합marital amalgamation이라 할 수 있다(Gordon, 1964). 하지만, 남한남성과 결혼한 북한이탈주민 여성들의 경우 남한 남편과의 사고방식과 의사소통 방식의 차이로 인해 오해와 다툼이 잦아지면서, 남한 남편과의 갈등적인 문화적 차이를 경험하고 있다. 북한여성에 대한 남한사회의 환상은 순종을 기대하는 남편과 충돌을 일으켰다. 또한 기대했던 것과 달리 남한 남편이 무책임하거나 무심하여서 실망과 좌절감을 느끼기도 하였다. 남한 남편의 가족들(시댁식구들)이 결혼을 반대하거나 가정생활에 간섭하고 자신을 믿지 못하는 것을 알게 되면서, 동독주민들이 서독과 통일과정에서 경험하였던 것과 같이 북한이탈주민들은 자신이 자라온 나라 - 북한 - 가 남한보다 열등하고 사람들도 열등하다는 편견에 맞서 정신적 박탈감(이영란, 2005)과 정체성 혼란을 경험하고 있다.

이주로 인한 상실은 이주 후 새롭게 구성하는 삶에서 '발달적 상실'로 이어진다는 연구(Grinberg & Grinberg, 1989)에서와 같이, 북한이탈주민 여성의 이주를 통한 상실 체험은 남한에서 결혼을 통해 구성한 가족생활을 유지해 나가고 '아내'로서 '엄마'로서의 새로운 발달단계로 이전하는 데 어려움이 있는 것으로 나타났다. 또한 충분한 교제기간 없이 결혼한 남한 남편에 대한 과도한 집착과 기대를 보이면서 불안하고 혼란스런 모습도 나타났다. '과도기적 현상(Casado & Leung, 2001)'으로 북한이탈주민 여성들은 북한가족들을 찾거나, 북한 사람들과의 관계를 더욱 강화하려는 모습을 보이기도 하였다. 이런 모습이 강화될수록 남한 남편과 가족들도 거부감이 커졌다.

그러나 이주로 인한 '사회적 지지'의 상실을 보완하는 것은 이주민의 적응에 중요하다(Ahn, 2005: 43). 북한이탈주민도 이주의 상실을 다루는 과정에서 '관계'를 회복하고 새롭게 구성하고자 하는 노력을 보이고 있다. 남한에 온 북한사람들과 관계를 맺거나, 남한 남편을 통해 연결된 시댁식구들과 가족이 되기 위한 노력을 하는 것이다. 그리고 자신의 정체성을 새롭게 세우기 위하여 자신의 가치를 찾아가는 과정이 나타났다. 자신만이 가진 고유한 가치를 북한에서 배운 강인성과 어머니의 가르침으로 연결하여 현재의 심리·정서적 어려움을 극복하려하였다. 또한 남한에서 자신의 미래를 설계하며 일과 공부(학교생활)에 새로운 의미를 부여하였다. 과거 부정적인 영향을 미쳤던 북한가족과 중국가족과의 관계를 북한가족에게 도움을 주거나 중국 가족을 만나러 가기도 하면서 재정립하였다. 이러한 과정을 통해서 북한이탈주민 여성들은 말린(Marlin, 1997)이 말한 정체성의 변화와 확장을 삶의 의미, 역할변화 수용, 자기계발을 통한 미래를 구성해나가는 모습으로 보여주었다.

이상에서 다룬 북한이탈주민의 이주상실과 외상경험은 남한 정착을 위해 선택한 새로운 삶에서 요구받는 역할과 과거의 삶과 감정을 살고 있는 자신의 모습을 동시에 살아가며 심리사회적 어려움을 상당히 겪었으나, 시간이 흐르면서 현재의 상황을 수용하고 미래의 자신의 모습을 새롭게 만들어가는 과정으로 정리할 수 있겠다.

토론거리

1. 북한이탈주민이 경험하는 상실과 외상경험은 무엇인가?
2. 북한이탈주민들은 상실과 외상을 어떻게 극복하고 있는가?

6 이주와 문화적응 문제[1]

1. 이주의 문제

　난민경험의 가장 핵심 특징은 이주이다. 익숙한 곳, 즉 고향에서 다른 곳, 보통은 외국이면서 동시에 이질문화권으로 이동하는 것이다. 이주 자체는 도전적이고 스트레스가 많은 경험이다. 이 과정에는 이주 전 경험, 이주 과정 중의 경험, 이주 후 과정 속에 외상적이고 폭력적인 경험들이 공존하게 되므로 일반적으로 스트레스가 개인이나 가족의 원래 대응능력을 능가하게 된다. 이러한 이주의 문제는 이동^{displacement}과 문화적응^{acculturation}이 핵심이다.

---

[1] Hamilton & Moore, 2004: 64-82.

1) 이동 displacement

먼저 이동의 이슈는 많은 이론들로 설명할 수 있지만 여기서는 이동이 사람들의 심리적 안녕에 주는 영향에 초점을 둔 '장소의 심리학' 과 '스트레스 이론' 의 측면으로 간략히 언급하고자 한다.

'장소의 심리학' 은 심리적 건강에 있어서 신체적으로 위치해 있는 곳의 중요성을 생각하는 것이다. 장소의 심리학에 의하면 모든 인간은 세 가지 심리적 과정, 즉 '익숙함', '애착', '정체감' 의 측면에서 특정한 한 장소에 대하여 소속감을 가지려고 노력한다. 고향은 정서적 안정감을 주는 장소 emotional security 로서, 그것은 정체감의 일부이며 우리가 소속되어 있는 곳이다. 따라서 고향의 상실은 노스텔지어와 향수 homesickness 등 익숙한 곳에 대한 갈망 때문에 슬픔을 가져오며 (Fullilove, 1996; Vantilburg et al., 1996), 이러한 슬픔은 일반적인 기능에도 영향을 미칠 뿐 아니라 새로운 곳에 적응하는 난민의 능력에 장애를 가져오게 된다. 이러한 점에서 볼 때 이주 이후에는 소속감을 격려하는 것이 회복노력의 중요한 목표가 된다(Fullilove, 1996).

난민들은 준비도 없이, 때로는 고국으로 돌아갈 수 있다는 희망도 없이 상상할 수 있는 최악의 환경 하에서의 물리적 붕괴로 인한 스트레스에 대응하여야 한다. 이동 displacement 으로 인하여 일상생활은 심각하게 붕괴되고 문화적, 언어적 이슈들과, 소수인구집단으로서의 이슈가 발생된다. 이동이란 애착을 가지고 있던 특정 물리적 장소를 상실하고, 익숙하지 않은 곳에 자신이 있을 수밖에 없는 상황으로 인하여 요구들이 증가함으로써 개인들이 스트레스를 추가적으로 받게 되는 것으로 개념화된다. 구체적으로 애착, 일상과 익숙함에 따른 편안함을 상실하게 됨으로써, 새로운 곳에서의 자신의 위치를 찾아야하고, 새로운 일상을 구축하고 새로운 곳과 연관된 긍정적 정체감을 개발시켜야 하는 상황에 처하게 된다.

'스트레스 이론'에서는 이전^{relocation}에 따른 스트레스에 초점을 둔다. 새로운 곳에서 그들은 적응과정을 돕거나 방해하는 많은 요인들에 부딪치게 된다. 난민들은 그들이 상황에 가지고 가는 요인들, 새로운 곳에서 부딪치게 되는 요인들과, 적응 자체의 과제와, 긍정적 적응 결과를 촉진시키기 위하여 무엇을 하였는가에 대하여 관심이 있다.

난민들이 새로운 장소에 어느 정도로 성공적으로 적응하는가 하는 것은 이주 전 경험, 개인적 자원들, 사회망, 상황 및 문화적 요소들, 계속되는 스트레스 등 다양한 요인들에 따라 다르다. 난민들은 이주 전, 이주 과정 동안의 경험에 대한 기억과 결과를 가지고 새로운 곳으로 가게 되며, 가족 등 원래 가지고 있던 사회망들을 손상 없이 온전히 가져오기도 하는데 이러한 요소들은 난민들이 새로운 상황에 어떻게 적응하는가하는 능력에 영향을 미치게 된다.

(1) 이주 전 요인들

외상과 상실, 애도의 경험은 모든 난민들의 경험의 일부로서 그것들은 개인, 그들의 대응자원에 영향을 줌으로써 적응 능력에도 영향을 미친다. 또 유연성, 건강함, 의사결정전략, 적응성, 사회 기술, 내적통제력 등 개인적 대응 자원들은 새로운 곳에 적응하는 능력에 직접적인 영향을 미친다. 또 난민들은 그들이 성공적으로 정착할 수 있도록 돕는 사회적 지원 구조와 상황적 요인들을 가져오기도 한다. 함께 같은 과정을 거쳐 오면서 손상되지 않은 온전한 가족전체나 친한 친구들과 이웃들이 여기에 속한다. 새로운 곳에 적응하는 능력에 부정적인 영향을 미치는 요인들은 고국과 새로 이주해온 나라 사이의 문화적 차이, 직접적 폭력 경험, 부모의 정신건강 상태와 관련된 요인으로 특히 무감동하거나 불안정한 모, 부의 높은 교육수준, 부모로부터의 분리, 도주에 대한 정보부족(Ekblad, 1993) 등이다. 반면 완충 역할을 하는 요인들로서는 낙관적인 모의 존재와 사회적 지지가 존재하는 것 등이다. 그러나 일반적인 경우와는 달리 부모의 높은 교육수준은 별로 도움이 되지 못하는데 그 이유는 부모의 높은 교육 수준이 새로운 나라에서 좋은 직업을 구할 수 있는 것과 직결되지 않기 때문이다.

(2) 이주 후 과제

난민이 직면하는 또 다른 과제는 새로운 곳에의 적응, 새로운 곳에서의 자신의 위치를 찾는 것이다. 난민들은 상황과 협상할 필요가 있으며 거기에는 고향의 상실, 익숙한 삶의 방식의 상실에 대처하는 것이 포함된다(Vantilburg et al., 1996). 새로운 곳에 그리고 새로운 삶의 양식에 적응하는 과정에는 지리적인 측면에서 자신의 위치를 찾고 다양한 일처리 방식들에 익숙해지는 것 등이 포함된다. 새로운 곳에 적응한다는 것은 새로운 사회망 구축, 친구사귀기, 새로운 애착형성 과정과, 새로운 곳에 건강한 소속감을 형성하는 과정들이 포함된다(Fullilove, 1996). 이러한 것들은 상황의 요구들이 개인 난민이 가진 대응자원들을 능가하지 않을 때에 성취될 수 있다. 반면 난민들이 새로운 나라에의 적응을 도와주거나 저해하는 촉진 요인과 장애 요인들이 새로운 지리적, 사회적 환경에 내재되어 있기도 하다. 이들의 새로운 나라에서의 적응을 도와주는 촉진요인으로는 새로운 나라 혹은 학교에 있어서의 오리엔테이션 프로그램, 신입자들을 환영하는 기존의 절차, 다양성에 대한 수용성, 포용성과 온정과 우정 등 지역사람들의 태도 등이 있다. 반대로 지역구조와 태도가 장애요인이 될 수도 있다. 또 원래의 나라와 이주국 사이의 지리적·문화적 차이나 이주의 자발성도 난민들이 이주국에서의 적응에 영향을 미치는 중요한 요인이다. 특히 강요된 이주는 취약성, 빈곤, 의존성과 무력감을 일으킨다.

  Fullilove(1996)는 적응을 돕기 위해서는 난민들이 건강을 증진시키는 습관을 재수립하고, 소속감을 갖도록 도와주는 것이 필요하다고 제안한다. 그러기 위해서는 사람들이 좋은 장소에 살고 가정과 이웃에 안착했다고 느끼도록 해주고 주변을 보살피는 역할에 기여하도록 하고, 이웃과 알고 상호작용하여 공통된 문제를 해결하도록 도울 필요가 있다. 이를 위하여 난민들의 예전 활동을 다시 구축하도록 하기 위하여 함께 노력하고, 잃어버린 곳을 애도하고 예전 의식을 유지하고 새로운 곳의 의식에 참여하는 등의 공통된 정서적 욕구에 관심을 기울이는 등의 단계들을 통하여 성취된다.
  난민들의 성공적 통합을 위해서는 그들이 활동에 적극 참여하고, 경제적으로 독립하며 소속감을 가질 수 있도록 하는 것이 필요하다. 아동들의 경우에는 새로운 곳의 언어 습득을 통하여 학교생활에 성공적으로 참여함으로써 새로운 곳에서 의미 있는 일부가 되는 것이다. 학교는 난민과 새로운 나라의 접촉지점으로 그들의 사회화에 주요한 곳이다. 학교는 난민아동들이 새로운 나라를 이해하고, 사회적 지원을 찾아내도록 돕고, 신뢰할 만한 사람과 접촉할 수 있으며, 수용을 경험하도록 돕는 중요한 역할을 한다. 이러한 것들은 그들이 새로운 곳의 의미 있는 한 부분이 될 수 있게 한다(Vantilburg et al., 1996). 이렇게 되기 위하여 정상적이고 적응적인 기능패턴을 유지하고 수립하기 위한 모든 노력들이 이루어져야 한다. 이것은 분명히 가족과 아동의 생태 안에 복합적 수준의 개입이 요구된다.

2. 문화적응 acculturation

문화적응은 처음 문화인류학에서 연구되었는데 집단수준의 과정에 일차적 초점(Mickelson, 1993)이 있다가 최근에 와서는 문화적응의 심리적 측면에 초점을 두게 됨으로써 문화적응 과정 동안 개인의 적응에 초점을 두는 이론적 틀이 발달하게 되었다. 심리적 문화적응이란 자신의 문화 속에서 진행되고 있는 일반적인 문화적응 변화에 참여하거나 다른 문화와의 접촉에 의하여 영향을 받음으로써 개인들이 변화하는 과정을 의미한다(Berry, 1995: 460). 이주난민들의 경우 원래의 전통, 가치, 언어, 신념 등이 이주국의 새로운 주류 문화와 접하게 됨에 따라 어떤 형태로든 변화하는 과정에 직면하게 되는데 이것을 문화적응 과정이라고 한다. 이에 대하여 초기 이론들은 문화적응을 한쪽 끝은 원래 문화를 전적으로 유지하는 것이며 다른 한 끝은 새로운 문화를 전적으로 채택하는 것으로 하되, 그 중간은 두 개의 문화가 다양한 정도로 혼합되는 1차원적 연속선으로 보았다. 그러나 현재는 이보다는 훨씬 복잡하고 다차원적인 것으로 본다. 다차원적 모델에서 개인들은 자녀 양육, 원래 음식, 음악적 기초와 같은 일부 속성과의 관계에서는 원래의 문화를 유지하되, 의상 등 다른 부분에서는 새로운 문화의 규범을 따르는 등 선택적으로 문화에 적응하는 이중문화 biculturality 현상으로 본다.

1) 문화적응 스트레스

일반적으로 이주난민집단이 소수집단이 되고, 수용국이 지배 혹은 주류문화가 되므로 북한이탈주민의 경우도 북한이탈주민의 문화가 소수집단이 되고 한국의 문화가 주류문화가 된다. 소수문화 집단은 주류문화에서 성공하는 데에 필요한 도구를 습득하기가 어려우므로 두 문화 집단 간에 힘의 불균형이 자주 존재하게 된다. 이러한 상황 속에서 소수문화 집단은 문화적응 과정에 따르는 스트레스를 경험하게 되는데, 이는 지금까지 익숙해있던 대응방법과는 다른 새로운 곳에서의 변화를 요구받고, 새로운 나라에서의 주변적 입장으로 그들은 무력하고 이방인적 상황에 처하게 될 뿐 아니라, 원래의 문화적 지향의 가치가 새로운 가치에 의하여 도전받고 심지어는 평가절하된다(Ben-Sira, 1997)는 점 때문이다.

주류문화와 소수문화 속에서의 문화적응 과정에 영향을 주는 요인들로는 교류 목적(경제적 이유로 인한 이주인가 혹은 식민지 목적의 침범인가), 교류 기간, 교류의 영속성, 인구의 규모, 정책이 다원화를 표방하는지 혹은 동화 전략을 취하는지, 문화적 속성이 전통을 지향하는지 혹은 융통성이 있는지(Berry, 1995; Ogbu, 1995a, 1995b)와 이주의 자발성(Berry, 1995; Ogbu, 1995a, 1995b), 관련된 두 집단 간 문화적 혹은 지리학적 거리감, 사회적 역동성(Ben-Sira, 1997) 등의 요인들이 있다. 북한이탈주민의 경우, 특히 한국사회와 지리적으로는 가까우나 정치·사회·문화적으로는 거리감이 크다. 또 한국사회가 다문화를 표방하기보다는 단일민족 의식이 강하다는 점, 또 한국과 북한은 단순히 문화가 다르다는 측면보다는 서로 다른 정치사회적 배경을 가지고 오랫동안 대치해왔다는 점 때문에 다문화적 시각에서 두 문화가 똑같이 공존하는 것을 받아들이기는 어려운 사회적 분위기였고, 이러한 사회적 분위기는 현재도 강하게 유지되고 있다. 따라서 정치체제 측면에서 체제 우위를 주장함으로써 국가적 정체성과 평화가 유지될 수밖에 없는 현실적인 측면이 있었기 때문에 현재 한국사회에 거주하고 있는 북한이탈주민들은 자신들의 정체성과 문화를 그대로 유지하고 있기가 상대적으로 어려운 상태였다고 보겠다. 이러한 사실은 많은 북한이탈주민들이 자신의 정체성을 밝히려 하지 않으며, 특히 학교에 다니는 아동이나 청소년들도 자신들이 북한이탈주민임을 밝히지 않고 학교를 다니는 경우가 많아 일상생활과 학교생활에 있어서 어려움을 경험하고 있다는 사실을 통하여 잘 알 수 있다. 북한이탈주민들은 많은 가능한 대안들 중 선택을 해서 오게 된 것이 아니라 다른 방안이 없는 상태(Ben-Sira, 1997)에서 한국사회로 올 수밖에 없었기 때문에 비자발적인 것이라는 점에서 그들은 더 큰 어려움을 경청한다. Ogbu(1995b)에 의하면, 비자발적 이주자들은 지배문화의 말하는 방식, 태도, 행동을 거부함으로써 개인이나 지역사회에 바람직하지 않은 생활로 변화되어 문화적응 스트레스를 가져오고, 지배집단이 스티그마화하는 태도, 행동과 말하는 방식 등을 형성하게 되고 주류문화에서 성공하는 데에 필요한 도구를 습득하지 못함으로써 두 문화 집단 간에 힘의 불균형이 자주 존재하게 된다.

  이러한 불균형 상황 속에서 소수집단들에 대한 보호요인들로서 개인적 자원, 대응행동, 사회자원들이 있다. 개인적 자원이란 개인이 장애를 극복할 수 있는 개인적 특징으로 내적 통제감, 개인적 통제감과 자존심, 강경함, 학습된 자원, 풍부함 등이며, 대응반응이란 개인이 스트레스원에 대응하는 데에 있어서 사용하는 인지, 정의, 행동과정을 의미한다. 또 사회적 자원이란 위기 시 개인에게 도움을 주는 사회적 지원, 사회망, 사회서비스 프로그램 등 사회환경의 특징을 뜻한다.

2) 문화적응의 과제에 영향을 미치는 요인들

문화적응 시 개인들의 주요과제는 이주국 안에서 성공적으로 기능하는 데에 필요한 그 나라의 도구들을 습득하는 것이다(Ben-Sira, 1997: 71). 구체적으로 개인들은 생산적 일을 할 수 있고 가치 있는 목적을 달성하기 위하여 사람들과 효과적으로 상호작용하는 '문화적 역량' cultural competence 을 습득해야 한다. 아동들은 문화적으로 가치 있는 지식과 전문성에의 접근성을 얻기 위하여 학교 같은 문화적 제도 안에서 충분히 기능하고 적응할 수 있는 지식을 필요로 한다(Berry, 1987, 1995).

(1) 이주 전 요인들

문화적응의 과제에 중요한 영향을 끼치는 주요 요인은 '이주의 자발성'이다. 그러나 실제로 자발적 이주와 강요된 이주 Forced Migration 를 구분하기는 간단하지 않으며 복잡하다. 갑작스러운 도주 acute flight 와 예측된 난민 anticipatory refugee 은 자발적인 것으로 볼 것인가 혹은 비자발적인 것으로 볼 것인가. 실제로 난민 지위는 이주자들에 의하여 결정된다기보다는 이데올로기적 혹은 정치적 이유로 인하여 수용국 정부에 의하여 결정되기 때문이다(Ben-Sira, 1997: 12). 이러한 점에서 볼 때 자기나라를 벗어나는 것 외에는 합리적인 대안이 없는 경우, 본인이 스스로 자신의 나라를 떠나는 결정을 한다고 하더라도 비자발적인 것으로 보는 것이 타당하다.

문화교류가 이주집단에 의하여 어떻게 해석될 것인가는 접촉의

자발성에 따라 다르다. 비자발적 문화적 소수집단은 그들이 주류문화에 비해 취약하고 종속적이어서 주류문화의 도구습득능력이 취약하다. 대신 자신들의 문제에 대하여 집단적 해결책을 찾고자 할 것이며, 그로 인하여 집단 내에 강력한 정체감이 형성될 것이다. 따라서 주류문화의 도구, 태도와 가치 습득은 그들 자신의 문화적 정체감 상실을 의미한다. 이로 인하여 주류문화를 습득하는 개인들은 불안을 경험하게 되고, 그들 소수집단성원들로부터 적의를 경험하게 됨으로써 집단성원의 자격과 그들 자신의 문화적 정체감을 상실하게 되므로 적대적 준거틀을 형성하게 된다(Ogbu, 1995a, 1995b).

반면, 자발적으로 교차문화 교류 상황에 온 경우는 다른 태도를 가지게 된다. 그들은 '집단 간 차이'를 극복해야 하는 장애로 인식한다. 주류문화 안에서의 상향이동과 성공을 위한 주류문화의 도구, 규범과 가치의 습득은 문화적 정체감 혹은 집단 성원으로서의 자격을 위협하지는 않는다. 그러한 집단성원들은 자유롭게 원래 집단 구성원 자격이나 자신의 문화적 정체감 상실에 대한 두려움 없이 주류문화의 방법들을 습득한다.

(2) 이주 후 요인들

난민들이 새로운 곳에 도착했을 때 어떤 요인들에 직면하게 되는가 하는 것이 집단과 개인들 안에서의 문화적응이 일어나는 방식에 영향을 미친다. 여기에는 수용국의 이주민들에 대한 태도, 이주자들이 지배문화의 활동에 참여할 수 있는 정도, 그들이 자신들의 문화를 유지할 수 있도록 고무되는 정도 등이 포함된다.(Hamilton & Moore, 2004) 다양성과 공정성을 가치 있게 여기고 관용을 실천하는 다원적 사회는 이주자들이 원래의 문화에 대한 긍정적 태도를 유지할 수 있다. 이주자들이 자신의 문화적 정체성을 어느 정도 유지할 수 있는가 하는 것은 그들이 자신의 문화적 실천과 또 자신들의 민족[ethnic]집단성원들과 조직체를 형성할 수 있도록 허용되고 고무되는 정도에 달려 있다.

이주자들이 지배문화와의 교류를 어느 정도 추구하는가 하는 것은 이주한 나라에서 부딪치는 많은 요인에 따라 다르다. 그들이 적개심과 편견에 부딪치면 이주자들이 관용과 수용국에서의 삶에 충분히 참여하도록 환대받을 때보다 부정적으로 수용국의 문화를 보게 될 것이다. 수용국 입장에서 볼 때에 다른 문화에 대하여 얼마나 관용적인가하는 것은 어느 정도 그들이 자신의 집단의 문화적 정체감에 대하여 얼마나 안정되어있는가에 따라 다르다(Berry, 2001).

(3) 문화적응 전략

문화적응 결과 개인들은 나름대로 새로운 문화에 대한 적응 전략을 가지게 된다. 이에 대하여 Berry는 두 가지 문제, 즉 문화유지[cultural maintenance][1]와 교류참여[contact participation][2]에 따라 문화적응 전략이 달라진다고 하였다(Berry, 1987, 1995, 2001). 이 두 가지 이슈를 상호작용하는 독립된 차원으로 생각함으로써 문화적응 전략을 몇 가지로 구분하였다.

〈그림 6-1〉은 유산의 유지와 문화적 정체감, 다른 한편으로는 집단들 사이에서 추구되는 관계가 어떻게 집단과 주류사회 안에서 문화적응 전략 유형을 발전시키는가를 예측할 수 있게 해준다.

---

[1] 문화유지란 집단이나 개인이 자신의 문화적 정체감과, 관련 행동을 가치 있게 생각하고 유지하기를 원하는 정도를 말한다.
[2] 교류참여란 집단이나 개인이 다른 문화집단성원들과 만나려하고 주류 사회의 일상 활동에 참여하고자 하는 정도를 의미한다.

⟨그림 6-1⟩ Berry의 문화적응 전략

원래 문화와의 동일시 정도	새로운 문화와의 동일시 정도	
	고	저
고	통합 Integration, Biculturalism	분리 Separation
저	동화 Assimilation	주변화 Marginalization

  제시된 모델에는 원래의 문화와 새로운 문화의 두 개 차원이 혼합되어 있다. 그 결과 Berry는 4개의 가능한 결과로 문화적응 형태를 구분하였다.

  즉, 한 개인이 원래 문화와는 동일시 정도가 높고 새로운 문화와의 동일시 정도가 낮을 때에 그 결과는 '분리' 라는 적응 형태로 일컫는다. 그들은 그들 자신의 원래 문화적 전통, 가치 등을 완전히 유지하고 새로운 문화에는 참여하지 않는다. 혹은 그들은 구성원들에 의하여 주류문화에 대한 접근성이 허용되지 않는다. 한 개인이 원래 문화와는 동일시 정도가 낮고 새로운 문화와의 동일시가 높게 나타날 때, 그 결과는 '동화' 라고 한다. '동화' 는 개인이 자신의 원래문화를 유지하기를 원하지 않고 수용국의 문화와 빈번하게 상호작용하는 상황에서의 문화적응의 방법이다. 이 경우 그 개인은 원래의 방식은 완전히 포기하고 새로운 것을 채택한 것이다. 한 개인이 두 문화 모두와 동일시 정도가 높을 때에는 '통합' 이나 '이중문화' 현상으로 나타난다. 이때 개인은 두 문화 모두에서 편안함을 느낀다. 마지막으로 한 개인이 두 문화와 동일시 정도가 모두 낮을 경우 그 결과는 주변화로 나타나고 어떤 쪽의 문화에서도 편안함을 느끼지 못하고 이방인으로 느낀다.

(4) 긍정적 문화적응 활성화 방안

북한이탈주민들의 한국사회에 대한 문화적응에 있어서 긍정적 결과를 가져오기 위해서는 앞에서 이미 언급된 한국사회에서의 북한이탈주민들에 대한 태도, 그들이 한국사회의 문화활동에 참여할 수 있는 정도, 북한이탈주민들이 자신들의 문화를 유지할 수 있도록 활성화하는 방안 등이 마련되어야 한다. 특히 다양성과 공정성을 가치 있게 여기고 관용을 실천하는 다원적 사회에서는 이주자들이 원래의 문화에 대한 긍정적 태도를 유지할 수 있다(Hamilton & Moore, 2004: 78)는 점에 비추어 볼 때 한국사회 속에서의 북한이탈주민들은 긍정적 문화적응을 실현하기가 쉽지 않은 상황에 있다. 아직 한국사회는 단일 민족임을 강조하는 사회이며 다원화된 사회가 아니다. 실제로 학령기 아동이나 청소년들이 학교에서 자신이 북한이탈주민임을 숨겨야 할 만큼 한국의 교육환경은 북한이탈주민들을 받아들일 만한 준비가 되어있지 않기 때문에 이러한 사회적 분위기 속에서 북한이탈주민들이 자신의 정체감을 유지하기는 대단히 어렵다.

어떤 경우든 이주 과정이 성공적으로 완성되려면 이주자와 수용사회가 동시에 적응하여야 한다(Ben-Sira, 1997)는 점에서 볼 때 북한이탈주민들의 한국사회 적응이 성공적으로 이루어지려면 한국사회 주민들도 마찬가지로 변화되어야 한다. 한국사회가 변화를 거부하면 북한이탈주민들의 이주는 성공하지 못할 것이며 그들이 성공하지 못하면 한국사회 역시 성공하지 못할 것이라는 것을 암시한다. 주류집단에 요구되는 문화적응은 소수집단의 유입규모, 갑작스러움, 지속성에 따라 다르다(Ben-Sira, 1997). 따라서 최근 지역사회복지관에서 남북한 주민 조직 사업(박영희, 2008) 등을 통하여 한국사회 주민들과 북한이탈주민들이 함께 공동 지역사업을 통하여 상호

교류를 활성화하도록 하는 것은 최근의 북한이탈주민들의 한국사회 유입의 규모가 지속적으로 증가하고 있다는 사실과 맥을 같이 한다고 볼 수 있다. 이처럼 북한이탈주민의 수가 증가할수록 한국사회도 준비되어야 하는데 특히 북한이탈주민 밀집지역에서부터 한국 주민들의 북한이탈주민들에 대한 문화 적응이 함께 시도되어야 한다.

토론거리

1. '이동'과 '문화적응' 개념으로 북한이탈주민들의 경험을 간략히 정리하라.

2. 북한이탈주민들의 한국사회 통합을 위하여 동화가 적절하다고 생각하는가? 이중문화가 적절하다고 생각하는가?

□ II부 참고문헌 □

〈5장 참고문헌〉

강차연(2004), 「재중탈북여성들의 생활실태」, 『여성연구』, 19: 59-78.
국가인권위원회(2007), 『새터민 정착과정 실태조사』.
김현경(2007), 「난민으로서의 새터민의 외상회복 경험에 대한 현상학 연구」, 이화여자대학교 박사학위논문.
박명희(2005), 「중국내 탈북여성의 생존실태와 난민지위 문제」, 『신아세아』, 12(2): 115-144.
안준희(2007), 「A Path Analysis of the Relationship between Migratory Grief and Depression among Older Korean Immigrants in the U.S.」, 『정신보건사회복지』, 26: 223-225.
이민영(2005), 『남북한 이문화 부부의 가족과정 경험에 관한 질적 연구-내러티브탐구방법을 활용하여』, 이화여자대학교 박사학위논문.
이민영·김현경(2007), 「새터민 여성의 이주로 인한 상실의 극복 체험-남한 남성과 결혼한 새터민 여성들을 중심으로」, 『사회복지연구』, 35, 한국사회복지연구회.
이영란(2005), 「통일이후 동독지역 주민의 상대적 박탈감-포커스 인터뷰 분석을 중심으로-」, 『한국사회학』, 39(1): 137-165.
자유총연맹(2006), 『離散과 재회(5), 탈북여성』.
통일부(2007), 『통일부 새터민 입국 통계자료』
한독 학술심포지엄(2007.4.18), 『독일통일 과정에서 나타난 정신사회적 적응』, 연세대학교 알렌관.
Ahn J.(2005), Risk Factors for Depressive symptoms among Korean Elderly Immigrants, doctoral dissertation, New York University.
Espin, O. M.(1992), 'Psychological impact of immigration on Latinos: Implication for psychotherapeutic practice', Psychology of Women Quarterly, 11(4): 489-503.
Gordon, M. M.(1964), Assimilation in American life: the role of race, religion, and national origins, US: Oxford University Press.
Grinberg, L. & Grinberg, R.(1989), Psychoanalytic perspectives on migration and exile, New Heaven, CT: Yale University Press.
Hovey, J. D. & King, C. A.(1997), 'Suicidality among acculturating Mexican Americans: Current', Suicide & Life-Threatening Behavior, Spring, 27(1): 92-104.
Kinzie, J. D.(2001), 'Psychotherapy for Massively Traumatized Refugees', American Journal of Psychotherapy, fall, 55(4): 475-491.
Kuo, W. H.(1976), 'Theories of migration and mental health: An empirical testing on Chinese Americans', Social Science and Medicine, 10(6): 297-306.
Marlin, O. (1997), 'Feeling toward the new and yearning for th old', In P.H. Elovits & C. Kahn(Eds.), Immigrant experiences: Personal narrative and psychological analysis, Cranbury, NJ: Associated University Press, pp. 241-254.
Maaz, H. J.(2007). 「독일통일과정에서 나타난 공모적 갈등의 근거로서 동독과 서독의 사회화」, 『독일통일 과정에서 나타난 정신사회적 적응, 한독 학술심포지엄 자료집』.
Schneller, D. P.(1981), 'The immigrants' challenge: mourning the loss of homeland and adapting to the new world', Smith College Studies in Social Work, 51(2): 95-125.
Winnicott, D. W.(1953, 1971), 'Transitional objects and transitional phenomena: A study of the first not-me oppression', International journal of Psychoanalysis, 34: 89-97.
Aroian, K. L.(1990), 'A model of psychological adaptation to migration and resettlement', Nursing Research, 39(1): 5-10.
Casado, B. L. & Leung, P.(2001), 'Migratory grief and depression among elderly Chinese American immigrants', Journal of Gerontological Social Work, 36(1/2): 5-26.

Merrill, J. & Owens, J.(1988), *Self-poisoning among four immigrant groups*, Acta Psychiatrica Scandinavica, pp.77-80.
Palmer, D.(2007), 'An exploration into the impact of the resettlement experience, traditional health beliefs and customs on mental ill-health and suicide rates in the ethiopian community in London', *International Journal of Migration, Health and Social Care*, 3(1): 44-55.

〈6장 참고문헌〉

Ben-Sira(1997), *Immigration, Stress and Readjustment*, Westport, Connecticut: London.
Berry, J. W.(2001), 'A psychology of immigration', *Journal of Social Issues*, 57: 615-31.
_____(2000), 'Cross-Cultural Psychology: a symbiosis of cultural and comparative approaches', *Asian Journal of Social Psychology*, 3: 197-205.
_____(1999), 'Intercultural relations in piural societies', *Canadian Psychology*, 40:12-21.
_____(1995), 'Psychology of acculturation', In N.R. Goldberger & J. B. Veroff (eds), *The Culture and Psychology Reade*, New York: New York University Press, pp.457-88.
Ekblad, S.(1993), 'Psychosocial adaptation of children while housed in a Swedish refugee camp: aftermath of the collapse of Yugoslavia', *Stress Medicine*, 9: 159-66.
Fullilove, M. T.(1996), 'Psychiatric implications of displacement: contributions from the psychology of place', *American Journal of Psychiatry*, 153: 1516-23.
Hamilton, Richard & Moore, Dennis.(2004), *Educational Interventions for Refugee Children*, Routledge Falmer.
Ogbu, J. U.(1995a), 'Cultural problems in minority education: their interpretations and consequences-part two: case studies', *The Urban Review*, 27: 271-97.
Ogbu, J. U.(1995b), 'Cultural problems in minority education: their interpretation and consequences-part one: theoretical background', *The Urban Review*, 27: 189-205.

III

북한이탈주민 가족 문제의 이해

7장 가족관계의 문제__이기영
8장 북한이탈주민 아동·청소년의 문제__강경미
9장 북한이탈주민 여성의 문제__김선화
10장 북한이탈주민 남성의 문제__김현경

7 가족관계의 문제

1. 북한이탈주민 가족구성의 특수성

1) 잔류가족 존재와 가족구성의 결손

북한이탈주민의 가족문제에 대한 이해는 가족구성 자체에 대한 고려가 우선되어야 함을 언급한다. 이들의 많은 경우는 현재 가족원을 상실하거나 이별하고 있는 채 살고 있는 상황이기 때문에 가족관계에 대한 인식은 이들의 특수한 가족분리 상황을 기초로 이루어져 함이 요구되고 있다.

탈북 후 제3국에 체류하던 탈북 가족은 같은 시점에 남한에 입국하는 경우도 있고, 가족구성원들 사이에 탈북시기와 남한 입국시기를 달리하는 경우도 있다. 예를 들어, 가족원 중의 일부가 먼저 한국에 들어오고 나머지 남은 가족원들은 나중에 입국하여 한국에서 함께 합류하게 되는 경우도 있는데, 최근 들어 이러한 한국 내에서의 원가족 결합의 경향이 증가되고 있다. 이러한 현상은 이미 국내에 정착한 북한이탈주민들이 잔여 가족들을 입국시키기 위해 노력한 결과로 볼 수 있다. 정착금의 일부를 사례비로 받고 잔여 가족들을 입국시키는 전문 브로커들도 가족단위 입국자들이 증가하는 데 기여하고 있다. 해외에 있던 가족구성원들은 같은 시점에 남한에 입국하기도 하고 또는 시기를 달리하여 입국하기도 한다(이기영, 2006). 실제 선행연구의 결과를 참조하면 남한에서 가족을 이루는 북한이주민은 가족원들이 입국을 동시에 한 경우(21.0%)에 비해 남한에 온 후 가족이 재결합된 경우(26.8%)가 조금 많은 것으로 나타난다(이금순 외, 2003).

이렇듯 탈북과정에서의 불가피한 상황으로 말미암아, 남한에 거주하는 북한이탈주민 가족의 많은 경우는 북한과 중국 등지에 잔류 가족 및 친척을 두고 있는 것이다. 지금까지 선행된 연구들의 내용에서 구체적으로 살펴보면, 장혜경·김영란(2000)의 연구에서 조사대상의 76.1%가 가족원을, 52.7%가 직계가족을 북한에 두고 왔다고 응답했으며, 2003년의 이금순 외의 연구에서는 63.2%가, 2004년 윤인진 외의 조사에서는 응답자의 73%가 형제자매를, 47.8%가 친부모를, 28.4%가 자녀를 북한에 두고 왔다고 응답하였다. 최근의 실태조사인 북한인권정보센터(2005)의 조사에서도 가정생활의 어려움으로 약 30%가 북한과 중국에 떨어져 있는 가족의 문제를 언급하고 있었다.

한편, 북한이탈주민 가족 내의 부모-자녀관계를 파악함에 있어서도 현재 남한에 와서 살고 있는 청소년들의 가족구조 및 구성 상황이 전제되어야 한다. 북한인권정보센터(2005)의 실태조사 시 청소년만을 대상으로 한 설문에서 아버지와 어머니가 사망하거나 중국이나 북한에 있는 경우는 약 20~30% 정도로 보고되었다. 조사시점을 기준으로 가족전부 함께 사는 경우가 45%에 불과하고 가족 중 일부만 함께 살고 있는 경우가 39%를 차지하고 나머지 16% 정도는 탈북청소년 교육보호시설이나 친구와 함께 생활하고 있다고 응답하였다. 따라서 북한이탈주민의 가족관계에 대한 분석 그리고 이를 기반으로 한 가족복지적인 접근은 분리된 가족 그리고 결손된 가족구성이라는 이들의 특수한 상황과 배경을 기본적으로 고려하는 것이 되어야 함을 말해주고 있다.

북한이나 중국 등지에 있는 잔류가족의 존재는 현재 남한에 거주하는 가족구성원들에게 빈 공간을 남겨 물리적 구성과 정서적 공백이란 측면에서 가족관계에 직접적으로 영향을 미치기도 하고, 또한 남겨진 가족들에 대한 죄책감으로 인한 심리적 고통을 안겨주고 있다. 이러한 잔류가족으로 인한 물리적 정서적 파장으로 북한이탈주민 가족의 정착에 부정적인 영향을 미친다. 특히, 남한에 와서 새로운 가족을 형성한 경우, 북한 및 제3국 잔류가족에 대한 걱정과 경제적 지원은 남한에 형성하는 새 가족의 관계에 부정적 영향을 미칠 수 있을 것이다. 그리고 잔류가족의 존재는 정착지원금의 일부를 잠식하는 요소로서 북한이탈주민 가족의 경제적 자립에 부정적인 영향을 미치는 것으로 보인다. 이금순 외(2003)의 연구에서 응답자의 90%이상이 북한이나 중국 등지에 있는 잔류가족을 입국을 돕기 위해 정착금 및 수입의 일부를 사용할 의사가 있는 것으로 나타났다. 그러나 한편으로 잔류가족의 존재는 남한에서 반드시 성공해야 한다는 삶의 긍정적 동기화를 불러일으켜 가족단위의 적응에 순기능으로 작용하는 양면성을 보이기도 한다.

2) 한국 내 가족의 재구성 상황

또 하나의 북한이탈주민 가족구성의 특수성은 북한에서의 결혼지위, 즉 미혼 혹은 기혼에 관계없이 한국사회에 편입된 후 이루어지는 결혼, 동거, 혼인신고 없는 결혼 등의 비율이 높아 가족구성의 불안정성이 상존하고 있다는 점이다. 그리고 많은 수의 결혼 유경험자들은 사별(약 20%가 경험) 혹은 이혼(약 25%가 경험) 등으로 독신으로 생활하고 있다는 점이다. 2005년도의 실태조사에 따르면, 20대 이상 성인들 중 미혼 및 독신이 42.2%, 혼인 신고된 결혼이 43.1%, 혼인신고 않은 결혼과 동거의 경우가 약 15%에 이르고 있다. 혼인신고 없는 결혼과 동거의 비율은 30~40대에서 더 많은 수치, 20%에 가까운 수치를 보이고 있어 자녀들을 포함되는 가족의 불안정성이 높다는 것을 의미한다(북한인권정보센터, 2005: 188).

이 실태조사에서 전체응답자의 약 35%는 한국에 와서 결혼을 한 경우인데, 이들의 배우자선택에 따라서 부부가 서로 다른 출신지역 배경을 갖는 경우에도 그 특수성을 찾을 수 있다. 즉, 북한이탈주민이 한국에 온 후 초혼이나 재혼을 하게 되는 경우, 북한이탈주민과 결혼한 경우에 비하여 문화적 배경차이에서 비롯되는 또 다른 가족관계의 특성을 보일 수 있음을 간과해서는 안 될 것이다. 이 실태조사에서는 배우자가 북한출신인 경우가 72.5%가 압도적으로 많았지만 조선족인 경우가 16.3%, 한국인 경우도 7.7%를 차지하고 있었다.

2. 가족 관계 문제

1) 전반적인 가족관계

지금까지 선행된 연구들에서는 북한이탈주민의 가족관계는 대체적으로 양호한 것으로 보고되고 있다(장혜경·김영란, 2000; 이기영·성향숙, 2001; 윤인진 외, 2004; 북한인권정보센터, 2005). 먼저, 장혜경·김영란(2000)의 연구에서는 가족결속력과 가족적응력이 9-45점 척도값 범위에서 36.6을 기록하여 매우 높은 값을 보였으며, 이기영·성향숙(2001)의 연구에서도 가족결속, 가족의사소통, 가족권력관계, 가족갈등 등 네 가지 변수군의 평균점은 5점 척도기준에서 모두 3.0의 수준을 넘는 것으로 평가되어 대체로 양호한 가족관계를 유지하고 있는 것으로 해석될 수 있었다. 윤인진 외(2004)에서도 북한이주민의 가족관계는 큰 차이 없이 양호한 것으로 나타난다. 가족응집력에서 5점 만점에 평균 4.32를 기록하고, 가족 적응력에서도 평균 3.79를 기록하고 있다. 대규모 표본을 조사한 가장 최근의 실증적 자료인 2005년도 북한인권정보센터의 조사에서는 여성표본만을 따로 떼어 설문한 결과, 생활만족도에서 부부관계, 부모-자녀관계 등은 다른 영역(가족소득, 여가, 환경, 이웃관계, 정신건강 등)에 비하여 양호한 편으로 나타났다.

이러한 선행연구에 의하면, 북한이탈주민 가족관계의 양호성은 북한에서의 혹은 탈북과정에서의 불확실하고 절박한 생활여건 하에서 가족원들 간의 생존을 위한 보살핌과 결속하는 힘이 남한사회의 정착이라는 힘든 상황에서 가족의 대처하는 능력이 유지되고 있다는 것으로 해석된다(윤인진 외, 2004: 100). 북한가족을 연구하는 과정의 일부로 북한이탈주민 가족을 조사한 박현선(1999)의 연구에서도 80%가 넘는 북한이탈주민 가족들이 북한의 경제난 이후의 가족을 더 소중함을 느꼈다고 보고하고 있는 것으로 보아, 위기적 상황에서 가족결속과 응집력이 증가하는 것으로 보인다.

좀 더 명확한 분석은 향후에 이루어지는 연구들에 의해서 정밀히 이루어져야 하겠지만 현재로서는 북한이탈주민들의 가족관계의 평균적 경향은 부정적이라기보다는 긍정적으로 평가될 수 있다고 하겠다. 다만, 주의해야 할 점은 북한이탈주민들의 사회조사과정에서 자신들의 적응상황이 양호함을 호도하려는 사회적 바람직성과 같은 조사과정의 반응성의 가능성을 추후 연구에서는 더욱 체계적으로 고려해야 한다는 점이며, 사회복지실무자들은 북한이탈주민의 평균적이거나 일반화될 수 있는 가족관계수준에 대한 정보라기보다는 실제로 심각한 수준의 부정적 가족관계나 갈등의 문제를 경험하고 있는 개별 사례들에 대한 존재와 그에 대한 지식이라는 점을 인식해야 한다는 점이다. 그러므로 북한이탈주민 전체에서 어느 정도의 비율이 가족의 관계에서 어려운지, 구체적으로 어떤 유형의 문제들이 빈번한 것이지 등에 대한 논의가 향후에 보다 심도 깊게 이루어져야 할 것이다.

2) 부부관계적 차원

북한이탈주민 가족의 부부관계는 위에서 살펴본 가족 전반적인 관계에서처럼 평균적으로 볼 때 대체로 양호한 것으로 보고되고 있다(장혜경·김영란, 2000; 이기영·성향숙, 2001; 윤인진 외, 2004). 가장 최근의 조사연구에서 입국 후 부부관계변화를 살펴본 결과 응답한 여성의 73.3%가 좋아졌다라고 답했으며, 8.0%만이 나빠졌다라고 답한 것으로 보고되었다(북한인권정보센터, 2005: 238).

이러한 최근 조사결과들을 살펴볼 때, 1990년대 말 북한이탈주민을 위해 활동한 민간지원단체 실무자 혹은 자원봉사자들의 사례경험담에 따라 예상되었던 잦은 부부갈등 및 가정폭력의 현상은 적어도 양적 조사결과에서는 북한이탈주민 가족 전체에게 일반화되기는 어렵다고 보인다(이기영, 2006). 그리고 북한이탈주민관련 초기연구(박종철·김영윤·이우영, 1996; 김엘리, 1999; 이기영, 2000)에서 언급된 북한이탈주민 부부 사이의 문제 혹은 갈등의 소지는 많은 경우 북한과 비교되는 남한에서의 부부의 경제적 역할변화에 따른 부분적 설명이었거나, 남한에서의 변화된 부부권력구도에서 예상될 수 있는 갈등이었다. 구체적으로 김엘리(1999)는 '안정된 직장이 없고 취직이 잘 안 되는 남편의 입지로 인한 경제적인 갈등'을 경험한 북한이주민 여성이 전체 조사대상자 17명 중 8명이었고 이는 남편과의 성격차이로 인하거나 건강문제로 인한 남편과의 갈등경험보다 훨씬 더 많은 빈도를 차지하는 것이었다. 비교적 초기연구 중 하나인 1996년 『북한이주민의 사회적응에 관한 실태조사』에서는 남한 생활을 하면서 겪는 대표적인 사회생활적응의 문제로서 남편과 아내의 관계를 지적하였는데, 구체적으로 서술하면 "북한에서는 가부장적 성향이 강하여 남성우위의 가정생활이 이루어지고 있으나 남한의 경우 상대적으로 여성의 지위가 높아서"(박종철 외, 1996: 87) 부부관계에 갈등의 소지가 많다는 것이었다.

따라서 북한이탈주민 부부의 관계에서의 문제발생 가능성은 여전히 존재한다고 볼 수 있다. 그러한 가능성은 앞서 간략히 언급하였듯이 남북한의 성역할 이데올로기에서의 차이를 북한이탈주민 부부가 직접적으로 경험하게 된다는 상황에 따른다. 즉, 한국사회로 편입되면서 북한이탈주민 부부가 문화적으로 체득한 북한사회의 성역할 이데올로기의 전환이 성별로 차별화되기 때문에 나타난다고 해석한다(윤인진 외, 2004). 남존여비, 강한 부권전통 등 유교적 사상이 강하게 잔존한 북한사회의 문화가 북한이탈주민 남성들에게 강하게 작용하고 있는 반면 남한 입국 후 성역할 태도와 상대적인 지위향상으로 인한 성별권력의 변화에 여성들이 더욱 민감하게 수용되기 때문에(전우택, 1997) 가족 내 부부권력 및 역할분담에 있어서 갈등유발의 소지가 있다는 것이다.

  실제로 최근 조사(윤인진 외, 2004) 결과에 따르면 정착생활 전반에서 북한이탈주민 여성의 역할이 가족 내에서 더욱 중요하게 되어 자녀들의 건강문제, 남편에 대한 조언역할, 경제적 역할 등 기혼여성의 조력도가 높아졌음을 보고하고 있다. 그리고 북한이탈주민 부부사이의 성역할에 대한 태도 변화의 한 예로, '북한이탈주민 조사에서 북한에서 기혼 여성이 담당해야 할 가장 중요한 역할이 무엇이라고 생각했는가' 라는 질문에, 남편 내조 40.9%, 시부모 공경 20.4%, 생계부양 13.4%, 자녀양육 9.3%의 순서로 나타난 데 반해, 입국 후 남한에서 중요하게 생각되는 역할은 '남편에 대한 내조' 뿐만 아니라 '자녀양육' 이 가장 많이 지적되어(각각 30%) 기혼여성 역할에서의 시각의 변화를 보여주고 있다. 성역할 고정관념의 입국전후의 차이에서도, 북한에서는 더 강했던 반면, 남한생활에서 더 완화된 것으로 나타났다(5점 척도조사에서 북한에서 3.66, 남한에서 3.14를 기록).

  그러나 부부사이의 권력관계 및 의사결정권에서 남성중심적인 경향은 쉽사리 변화하는 모습을 보이지 않고 있다. 2000년도의 조사결과 '중요한 가족일은 주로 남자가 결정을 한다' 는 항목에 5점 척도 기준으로 2.77(전혀 그렇지 않다 5점 - 매우그렇다 1점)로 나타나 남성중심 권력관계를 어느 정도 인정함을 알 수 있었다(이기영·성향숙, 2001). 2004년의 조사에서도 '중요한 결정을 할 때 아내는 남편의 의견에 따라야 한다', '여자는 자기 자신의 일보다 남편이나 가족을 우선적으로 생각해야 한다'(각각 3.75, 3.60)는 문항에서 성별 역할 분리 관념이 상대적으로 강력히 유지되고 있음을 알 수 있었다(윤인진 외, 2004). 안연진(2002)의 연구에서도 가족 내의 수직적인 위계질서가 강하게 지속되고 있고, 남편과 아내 사이의 권위적인 지배/복종관계가 당연시된다고 보고하고 있다. 단 젊은 부부들 사이에서는 비교적 가부장적 권위가 감소하고, 부부상호 간의 의사를 중시하는 경향이 나타나고 있음을 보고하고 있다.

한편, 북한이탈주민의 부부관계는 이들의 결혼유형이 변수가 될 수 있다. 북한이주민 배우자 만족도조사를 예로 들면, 배우자 만족도가 가장 높게 나타나는 결혼유형은 미혼 상태로 탈북하여 현재 북한 출신 배우자와 결혼한 경우이다(5점 척도에 3.89). 반면, 남한 출신의 배우자를 만난 미혼의 북한이주민은 배우자 만족도가 가장 낮은 것으로 나타난다(3.21). 북한이주민 부부사이에서의 갈등과 폭력이 존재하는 경향은 크지 않은 것으로 보고되었고(이기영·성향숙, 2001), 부부간의 의사소통이나 갈등이 남한에 온 후에 향상되고 있는 것으로 나타나고 있으나(이기영·성향숙, 2001; 윤인진 외, 2004), 이를 다시 결혼유형별로 살펴볼 때, 배우자와의 말다툼, 물리적 폭력 등은 통계적 유의성을 가지는 정도는 아니었지만 북한에서 결혼한 후 남한인과 결혼 또는 동거한 부부들 사이에서 가장 많이 나타나는 반면, 미혼으로 탈북하여 현재 북한 출신과 결혼한 부부들 사이에서의 언쟁은 가장 적게 나타났다(윤인진 외, 2004). 이는 남북한 출신의 문화적 차이가 부부사이에서 서로 다른 기대를 낳고 결과적으로 부부갈등을 야기함으로써 부부관계 만족도가 낮아지는 것으로 해석할 수 있다(윤인진 외, 2004).

그러므로 북한이탈주민의 부부관계적 차원에서의 조사결과들을 종합하면, 남북한 생활에서의 부부간 관계는 대체로 긍정적으로 인식되고 또 입국 후 향상되는 것으로 보인다. 그러나 역할분담이나 성역할 인식에 있어서는 전반적으로 북한에서의 남성중심적인 경향이 지속적으로 유지되고 있음을 나타냈다. 특히 가정에서의 의사결정권과 관련하여 볼 때 남녀의 인식격차도 그대로 유지되고 있는 것으로 판단된다.

이러한 현상은 북한이탈주민 가족의 가족관계, 특히 부부관계(부부권력관계, 성역할 등)에 북한의 가족정책과 가족문화의 영향이 지대하다는 것을 대변해준다. 북한의 가족정책은 가족강화정책이지만 혈연적 유대관계와 효를 강조함으로써 오히려 봉건적이며 가부장적인 가족제도를 구축하고 있다. 또한 북한은 여성의 사회경제 활동참여, 육아의 사회화라는 면에서 제도상으로는 성 평등한 사회로 보이지만, 다른 사회주의 국가에서 볼 수 없는 개인숭배와 장자에 의한 세습이라는 북한식 사회주의의 특성으로 인해, 오히려 가부장적 가족제도 속에서 국가이념과 가족이념의 2중 구조에 갇혀 있다(박현선, 1999). 남한에 이주한 탈북여성들이 얻게 되는 정착과정에서의 성평등 인식은 이러한 배경과의 갈등을 야기할 수 있어 가족갈등의 소지를 가지고 있다고 보인다(윤인진 외, 2004).

3) 부모-자녀관계적 차원

북한이탈주민의 부모-자녀관계는 부부관계와 같이 평균적으로 양호하거나 입국 후 더 좋아졌다는 결과들이 보고되었다(북한인권정보센터, 2005). 그러나 북한이탈주민가족 관련 연구들은 대체로 부모-자녀사이의 관계에서의 북한이탈주민 부모의 어려움을 보고하고 있고, 부부관계보다 더 힘든 영역으로 파악하고 있다(장혜경 · 김영란, 2000; 이기영 · 성향숙, 2001; 안연진, 2002; 윤인진 외, 2004; 북한

인권정보센터, 2005).

　북한이탈주민 여성만을 대상으로 설문한 결과(북한인권정보센터, 2005)에 따르면, 입국 이후 자녀간의 관계가 좋아졌다는 응답이 78.4%로, 이는 북한에 있을 때와 탈북 후 제3국 체류과정에서의 교육 및 육아 환경이 열악하거나 아예 기대조차 하기 어려웠던 상황과 비교해서 남한에서의 환경적 이점을 평가한 결과로 볼 수도 있고 다른 한편으로는 탈북과정 시 가족과의 사별 및 생이별과 같은 고통을 경험한 결과 가족생원과 가족생활의 소중함이 더욱 절실히 인식된 결과일 수도 있다(북한인권정보센터, 2005: 241). 한편, 여성들에게 부모로서의 자녀교육의 어려움에 대해 질문한 결과, 약 62%가 자녀교육에 어려움이 있다고 응답하여 자녀관계의 양호성과 자녀교육의 어려움은 별개의 차원에서 인식되어져야 할 것으로 보인다. 자녀교육상의 세부적인 어려움들은 교육비 과다 46.3%, 남한교육방식의 무지 및 정보부족 38.9%, 자녀의 학업지도능력의 부족 12.0% 등으로 나타났다.

　자녀양육 및 교육의 어려움은 앞서 이루어진 조사들에서도 비슷하게 보고된다. 조사대상의 많은 부모들이 조기교육과 높은 교육비에 대한 당혹감과 이질감을 느끼고 있었고, 자신들이 남한의 교육과 문화환경과는 완전히 다른 북한사회에서 성장하여 그들의 지식과 경험으로는 그들의 자녀들이 학교에서 겪는 상황을 도와주기 어려운 무력감과 심리적 어려움을 토로하고 있었다(장혜경·김경란, 2000: 169~170).

　윤인진 외(2004)에서도 자녀의 사교육비 감당에 대한 부담과 자녀의 학교공부 및 진로진도에 대한 어려움을 표출하였다. 북한 거주 시와 비교하여도 이러한 어려움은 증가하는 것으로 나타났다(5점 기준으로 2.47, 남한사회 거주 시 2.91). 북한이탈주민 부모들은 자신들이 북한에서 학습하고 경험한 내용들이 자녀들의 교육에 도움을 줄 수 없다는 무력감과 자녀들이 남한 자녀들에게 경쟁에서 뒤떨어진다는 불안감을 갖고 있었다.

지금까지 선행연구의 내용으로 보았듯이, 북한이탈주민의 부모-자녀관계는 직접적인 상호작용에서 비롯되는 어려움이나 문제라기 보다는 부모의 자녀양육 혹은 교육에서의 어려움으로 인해 나타나는 경향을 보인다. 그러므로 자녀의 부모에 대한 반항 및 역할전도 등 외국 이주민가족에서 보이는 심각한 부모-자녀관계에서의 갈등이 실증적으로 보고되고 있지는 않다[3]. 그러나 북한이주민 청소년을 대상으로 한 질적 연구에서 개별적 사례로 밝혀진 내용에 의하면(이기영, 2002), 부모와 자녀사이의 갈등을 초래할 만한 근거는 제법 존재하는데, 예를 들어, 자녀들이 남한의 자유분방한 가치와 개인주의적 행태에 물드는 것을 보고 북한과 중국에서의 상황과 비교하여 부모가 훈육하려는 데 대하여 자녀들은 그들의 부모를 남한문화에 덜 적응한 사람들로 폄하하는 인식 때문에 부모에 대한 존경과 순종의 태도가 급격히 낮아질 수 있다는 것이다. 그리고 부모, 특히 가장인 아버지에 대한 권위가 경제적 적응실패와 장기적 실업으로 인하여 약화되

---

[3] 이기영·성향숙(2001)에서는 부모-자녀사이의 관계를 가족 내의 권력관계 변화의 일환으로서 해석하고 있는데, 다음의 표에서 나타나는 바와 같이 '우리집 아이들은 부모 말을 잘 듣는다' 라는 항목에서 한국입국 전후에 모두 대체로 높은 값을 보이지만 남한에 온 후 더 낮아지는 것을 볼 때, 입국 후 부모자녀사이의 관계적 부정성을 보인다 할 것이다. 연구자들은 이것을 자녀의 부모에 대한 순종과 복종의 경향이 감소하는 것으로 해석하고 있어 부모-자녀사이의 관계적 차원에서의 변형을 제시한 양적 조사 결과의 하나가 될 수 있다.

문항		평균값	t value
아이들 가정교육 하기가 힘들다	남한 오기전	3.29	2.387*
	남한에 온 후	2.98	
우리집 아이들은 부모 말을 잘 듣는다.	남한 오기전	4.26	2.278*
	남한에 온 후	4.06	

※출처: 이기영·성향숙(2001), '(표 7) 입국전후의 가족관계 변화' 에서 부분적으로 발췌함. (이중, '아이들 가정교육하기 힘들다' 에서 2.98로 낮아짐은 더욱 힘들어진다는 것을 의미하고, '우리집 아이들은 부모말을 잘 듣는다' 에서 남한에 온 후 4.06으로 낮추어져 비교적 부모말을 잘듣지 않음을 의미한다.)

고, 탈북과정과 남한에서의 생존과 적응을 위한 부모들의 가식적인 행동과 언사로 인하여 부모에 대한 실망과 반발이 커진다는 탈북청소년의 경험을 보고하기도 하였다. 또한 결정적으로 자신의 진로선택과 결정에서 있어서 부모와 상의해도 도움이 되지 않는다는 현실적 인식 때문에 부모의 권위가 더욱 약화되고 있음을 시사한다.

  질적연구에 의한 북한이탈주민의 가족생활에 대한 세밀한 묘사가 충분히 제공되어 있지는 않지만 앞서 설명한 청소년세대와 부모세대의 의식차이, 그리고 갈등은 다른 양적연구에서도 실재적인 것으로 지적되고 있어 앞으로 중요하게 고려되어야 할 것이다. 다시 말해, 최근 가족단위의 입국이 증가하면서 청소년들과 50대 이상의 장년층 비율이 증가하여 이들 사이의 사회 적응 속도의 차이로 인하여 가족원들 사이에 세대 갈등을 낳고 있다(박미석 · 이종남, 1999; 장혜경 · 김영란, 2000; 안연진, 2002; 윤인진 외, 2004에서 재인용).

8 북한이탈주민 아동·청소년의 문제

남한에 정착하는 북한이탈주민의 수가 증가하면서 이들의 남한사회 적응이 중요한 문제로 대두되고 있다. 최근에는 가족을 동반하고 입국하는 사례가 증가하고 또한 가정과 분리되어 단독으로 입국하는 청소년들이 늘어나면서 북한이탈주민 가운데 아동을 포함한 10대와 20대의 젊은층이 18~22%정도로 추정된다(김기형, 2008). 앞으로도 이러한 추세는 계속되어서 북한이탈주민 아동·청소년들의 국내 정착문제는 주요 국가적 문제로 부각될 가능성이 높다. 특히 북한이탈주민 아동과 청소년들은 탈북과 남한 입국 과정에서 경험한 극심한 스트레스로 인해 심리적으로 불안정한 상태에서 사회적응과 자아정체감 형성이라는 발달과업을 동시에 경험하고 있기 때문에 특별한 보호와 관심이 요구되고 있다. 그러나 현재 북한이탈주민 정책은 주로 성인 이탈주민에게 초점을 맞추고 있다. 따라서 북한이탈주민 아동과 청소년들의 국내정착을 올바로 도와주기 위해서는 이들의 특수한 문제와 욕구를 이해하고 이에 따른 새로운 정책수립이 시급한 상황에 있다.

　이 장에서는 북한이탈주민 아동·청소년들의 특성과 함께 이들의 남한사회 적응상의 문제점들을 살펴보고자 한다.

1. 북한이탈주민 아동·청소년의 특성

　북한이탈주민 아동과 청소년들의 남한사회 적응을 올바로 도와주기 위해서는 먼저 이들이 성장한 북한사회에서의 아동·청소년들에 대한 개념과 이들의 가치관, 심리특성, 학교생활, 인간관계 등에 대해 이해할 필요가 있다.

1) 북한에서의 아동·청소년에 대한 개념과 정의

　북한에서도 흔히 10대를 일컬어 청소년이라고 한다. 북한의 『조선말대사전』을 보면, 청소년은 '청년과 소년'으로, 청년은 '젊은 나이의 사람을 소년, 장년, 노년 등에 상대하여 이르는 말'로 정의하며, 소년은 '아직 청년이 되지 못한 어린이'라고 정의한다. 따라서 북한의 청소년이란 인민학교에 다니면서 소년단원으로서 조직생활을 하는 만7세부터 13세까지의 소년들과 김일성 사회주의 청년동맹원으로서 정치적으로 조직적인 사회활동을 하는 만14세부터 28세까지의 청년 및 대학생들을 의미하며, 이들 전부를 총칭해서 '새 세대'라고 한다(민성길·전우택, 2001).

　『조선말대사전』에 보면 북한의 청소년들은 '새 것을 배우려는 의

욕이 제일 왕성하며 훌륭하고 정의와 진리를 사랑하며, 비범한 큰일을 해보려는 영웅심과 진취성이 강해서 그것을 위해서는 물불을 가리지 않고 싸우는 특징과 기질을 가지고 있다' 라고 정의되어 있다. 그리고 이러한 특징과 기질을 지닌 청소년은 북한 당국의 공식가치 지향에 충실한 이른바 '주체형 인간'의 전형적인 모습에 해당된다(강경미, 2005).

2) 북한 아동·청소년들의 가치관 특성

북한의 김정일 체제는 아동과 청소년들에 대해 영웅적인 공산주의 혁명가로서 당과 수령에게 충성하며, 사회주의 체제수호에 헌신해줄 것을 강력하게 요구하고 있다. 이와 같이 북한이탈주민 아동과 청소년들은 폐쇄된 사회 속에서 경쟁보다는 협조와 희생, 또는 개인의 자유보다는 평등을 더 중요하게 생각하는 북한의 집단주의적 가치관 속에서 성장했다. 따라서 북한의 아동과 청소년들은 사회주의와 주체사상으로 인해 국가에 대한 주체성과 민족성이 매우 강한 편이다. 또한 일상생활의 우선가치 역시 남한의 아동·청소년들이 개인가치 지향으로 행복한 가족관계와 편안한 삶 등 개인적 권익과 자유가 우선인 반면에, 북한의 아동·청소년들은 공식가치 지향으로 국가의 안전과 집단의 이익, 생활의 평등을 중요시하는 경향이 있다(통일문답, 2001).

3) 북한의 아동·청소년들의 심리특성

북한의 문예작품에 나온 아동과 청소년들의 특성은 당과 수령에 대해 충실하고 조국과 인민에 대해 헌신하는 이상적이고 영웅적인 인물로 묘사되어 있으며, 요약하면 다음과 같다(국회도서관 입법조사분석실, 2004).

(1) 집단 생활태도의 형성

북한은 조기교육을 통하여 아동과 청소년들에게 질서 지키기, 집단적 책임 완수하기, 상급자 명령에 복종하기 등을 훈련시키고 있다. 그러나 이러한 태도는 당과 수령의 명령에 의해 무조건 해야 되는 반복훈련이기 때문에 획일화, 집단화되어 있다.

(2) 김일성 부자 우상화 교육과 충성심 배양

북한의 아동·청소년들은 유치원 때부터 김일성에 대한 흠모의 감정을 갖도록 훈련받는다. 또한 김일성과 김정일의 혁명 활동과 모범적 행동에 대하여 교사들은 담화와 설복의 방법으로 학생들에게 전달함으로써 김일성 부자에 대한 철두철미한 우상화와 충성심을 교화하고 있다.

(3) 권위주의 사회의 수동성과 타율성

북한에서는 아동과 청소년, 성인 모두 조직과 집단에 소속되어 있다. 따라서 아동과 청소년들은 권위주의 통제 분위기 속에서 자신의 능동적인 판단과 선택의 훈련이 되어있지 않기 때문에 매우 수동적이며, 자율성이 부족하다.

(4) 전통사회의 온정주의

북한의 아동과 청소년들은 수동적이고 소극적인 반면에 단순하고 순박한 인성을 가지고 있으며, 인정과 의리를 중시하는 태도가 특징이다. 이러한 단순하고 순박한 아동과 청소년들의 태도는 획일적이고 폐쇄된 북한의 집단주의 사회특성에서 유래한 것이다.

4) 북한 아동·청소년들의 학교생활

북한의 아동과 청소년들은 인민학교 입학에서부터 고등중학교 졸업 때까지 그리고 대학에 진학해서도 조직과 집단 속에서 활동한다. 학생들의 하루일과는 집단등교로 시작되어 집단독보회, 집단생활총화, 집단하교, 방과 후에 이루어지는 다양한 단체 활동에 참석하는 것으로 되어있다. 학교생활 중에는 소년단, 사회주의 청년동맹, 붉은 청년 근위대, 교도대 등의 조직에 편성되어 엄격한 정치사상 및 군사 교육과 훈련을 받는다. 또한 거의 모든 학생들이 국가가 요구하는 '의무노동'으로 각종 노력동원에 자발적으로 참여해야 한다. 북한의 중등교육 내용과 특성을 요약하면 다음과 같다(한만길, 1997).

첫째, 교육내용에서 정치사상교육이 가장 높은 비중을 차지하고 있다. 북한의 정치사상 교육은 김일성 주체사상과 공산주의 이념과 가치관 등으로 구성되어 있다. 이 가운데 김일성과 김정일에 대한 충성심을 고취하는 교육내용이 가장 많다.

둘째, 공산주의 도덕성을 강조하고 있다. 공산주의 도덕이란 자기희생을 기꺼이 감수하는 집단주의 정신, 생산과 건설에 자발적으로 참여하는 노동애호 정신과 근검절약 정신, 공산주의 승리에의 신념 등을 말한다. 특별히 충성, 질서, 청결, 노동, 근검절약, 온정주의, 의리 등 집단주의적 가치관은 어려서부터 형성될 수 있도록 정책적으로 교육하고 있다.

셋째, 실습이나 노동, 조직 활동에 투입되는 시간이 많다. 실습과목은 주로 학교에서 운영하는 농장이나 가축장에서 실습을 겸한 노동이며, 생산노동은 농촌과 건설현장에서 노력지원 활동으로 이루어진다.

이와 같이 남한사회 아동과 청소년들이 자유롭게 생각하고 행동하기를 원하며, 자신들의 생각과 행동에 제약이 가해지면 저항하고 거부하고 자기의 주관대로 하려는 것에 반해서, 북한의 아동과 청소년들은 철저한 감시와 통제 하에서 조직화, 집단화된 생활을 해야 하며, 자신의 욕구나 의지와는 무관하게 오직 당과 수령의 뜻에 따라 행동해야 한다. 그러므로 북한의 아동과 청소년들의 일상생활은 북한체제가 요구하는 이른바 주체형의 공산주의 혁명가로 만들어지기 위한 엄격한 규격화, 획일화의 과정이라고 할 수 있다.

5) 북한 아동·청소년의 인간관계 특성

북한은 전통적이며 봉건적인 사회의 특성을 가지고 있다. 따라서 북한의 아동과 청소년들은 인간관계에서 복종적이고 순종적이다. 또한 대부분의 인간관계가 출신성분과 당성에 의해 구분되기 때문에 부모의 권력에 의해 분화되면서 당 간부의 자녀와 일반주민의 자녀들끼리 계층별로 어울리는 경향이 있다. 북한 아동과 청소년들의 학교 교사와 학생들 간의 또래 및 인간관계 특성을 살펴보면 다음과 같다(유명복, 2005).

(1) 학생과 교사와의 관계

　북한에서는 교사와 학생 간에 엄격하게 정해진 학교규율이 전반적인 학교생활을 통제하고 있다. 학교의 규율은 대단히 조직적이고 아주 엄격하기 때문에 규칙을 따르지 않는 학생들은 담당 교사에게 개인적으로 벌을 받거나 또는 아침조회 시간과 생활총화 시간에 공개적으로 비판을 받는다. 그러므로 대부분의 학생들이 교사를 무서운 공포의 존재로 생각하고 선생님이 요구하는 일이나 작업지시, 학교의 지시사항은 무조건 복종하고 따라야 한다. 또한 학생평가는 개인의 학습능력에 따라 평가받는 것이 아니라 부모의 출신성분과 사회적 지위 등이 더 많이 작용한다.

(2) 학생들 간의 관계

　북한의 학교에서도 한국과 같이 학급의 학생들 간에 집단화현상이 있다. 학생들의 학급내 집단화의 양상은 우선 북한의 지역적 구분에 의한 것으로 아파트 또는 단층집이 밀집된 마을, 동, 리별로 나누어진다. 또 다른 집단화의 원인은 부모의 권력에 의한 계층의 분화이다. 특히 북한의 사회적 환경이 물질적인 결핍과 식량난으로 일차적 생활조건이 열악하며, 대부분의 조직이 돈과 부모의 권력을 핵심으로 수직 구조화 되어있기 때문에 일반 학생들은 지역이나 친구의 강요에 의해 자신의 맞는 집단에 속하게 된다.

　학급 내 집단화의 또 다른 형태는 성격과 기질, 학습능력 등에 따라 계층이 생겨나며. 이러한 형태는 대체로 고등중학교 상급학년으로 올라갈수록 심해진다. 상급학교, 즉 대학에 진입하기 위하여 공부 잘하는 간부자녀들은 이때부터 상급학교 진학생으로 분리되면서 교사들도 이들의 학급내 집단화를 묵인하거나 비호해준다.

2. 북한이탈주민 아동·청소년의 문제

　북한은 생활의 대부분이 엄격한 조직생활로 이루어져 있기 때문에 아동과 청소년들의 생활과 활동도 거의 대부분 조직화, 집단화되어 있다. 특히 하루일과는 일반적으로 당에서 하달된 규정을 실행하는 것으로 되어 있다. 그러므로 지역, 연령, 사회계층에 따라 조금씩 차이는 있지만, 전반적으로 큰 차이 없이 유사한 일상생활을 경험하고 있다. 이와 같이 남한의 자본주의와 개인주의, 북한의 사회주의와 집단주의는 남과 북의 아동과 청소년들 간의 서로 다른 가치관과 함께 독특한 행동양식을 형성했다.
　이러한 차이를 남한의 아동·청소년과 북한의 아동·청소년을 비교해서 평가한 조기 입국한 귀순자들의 의견을 종합하면 남한의 아동과 청소년들의 장점은 자유로움과 적극성이며, 단점은 개인적이고 이기성이라고 지적한 반면에 북한 청소년들의 장점은 단결력과 협력성이며, 단점은 수동적인 것과 소극성이라고 지적했다(강경미, 2005). 따라서 북한이탈주민 아동·청소년들은 자신이 성장했던 북한과 정치·경제·사회·문화적으로 전혀 다른 남한생활에서 적응하게 되면서 사상적 동요 및 가치관의 변화로 심각한 심리적 갈등과 많은 문제를 경험하게 되는 것이다.
　북한이탈주민 아동·청소년들이 남한사회 적응 과정에 발생하는 문제를 몇 가지로 구분하면 기초생활 보장문제와 정신건강문제, 학업적응문제, 또래 및 인간관계 형성문제, 진학 및 진로문제, 가족 간의 갈등문제 등이 있다.

1) 기초생활보장문제

북한이탈주민의 수가 증가하면서 국내정착 지원제도가 잘못하면 북한이탈주민들에게 의존심을 줄 수 있다는 생각에서 정부는 2005년부터 초기 정착금을 300만 원으로 줄이는 대신 주거지원비를 1000만 원 증액했다. 또한 분기 분할금을 2년 동안 매년 100만 원씩 지급하고 생계지원금으로 매월 34만 원씩 지급하는 것으로 총 정착금은 1000만 원으로 크게 감소했다. 그러나 생사의 기로에서 희망을 가지고 남한으로 입국한 북한 이주민들에게 주는 총 정착금이 1000만 원에 불과하고, 생계지원금이 월 34만 원밖에 지급되지 않는 것은 정부가 정한 1인당 최저생계비에도 미치지 못하고 있다. 따라서 혼자 입국한 아동과 청소년들의 경우 성인 이주민들에 비해 일자리 구하기도 어려울 뿐만 아니라 혼자 생활 할 수 있는 능력도 부족하기 때문에 조기 정착에 많은 어려움이 있는 것이다. 이외에도 남한에 정착하기 위해서는 주거지원도 매우 중요한 문제이다. 그러나 가족 단위로 입국한 북한이탈주민의 경우에는 영구임대아파트나 국민임대아파트를 쉽게 구할 수 있지만 혼자 입국한 아동과 청소년들의 경우에는 이러한 공공주택 확보도 쉽지 않은 상황에 있다(이응교, 2005).

북한이탈주민 아동과 청소년들이 남한사회에 제대로 정착하고 있는지를 평가할 수 있는 척도로 이들의 경제적 자립에 관한 연구에 의하면, 북한이탈주민 십대 아동과 청소년들이 대부분이 일을 하지 않고 있어 무직자가 많고 직업을 가지고 있는 경우에도 단순 노동자나 일시적으로 일하는 경우가 많다. 따라서 북한이탈주민 아동과 청소년들이 연령에 맞는 발달과업을 수행할 수 있도록 교육적 지원을 포함해서 직업훈련 및 취업알선과 함께 이들이 직업에 잘 적응할 수 있도록 상담하고 지도해주는 자립지원 프로그램이 절대적으로 필요하다. 또한 북한이탈주민 아동과 청소년들이 경제적 자립에 이를 때까지 국민기초생활 보장제도의 특례를 적용해서 일정기간 동안 수급자로 처우하는 문제도 고려해야 할 것이다(문성호, 2005).

2) 신체적·정신적 건강문제

북한이탈주민 아동·청소년의 신체적 건강은 성인들과 비교하면 상대적으로 양호한 편이다. 그러나 이들도 성인들과 마찬가지로 탈북과정에서 경험한 정신적 충격과 함께 남한 입국 이후 적응과정에서 경험하는 스트레스, 북한에 남아있는 가족에 대한 그리움과 염려 등으로 인해 신체적, 정신적 질환을 안고 있는 경우가 많다. 북한이탈주민 아동과 청소년들의 의료적인 문제를 구체적으로 살펴보면 다음과 같다(이응교, 2005).

첫째, 북한의 식량난과 탈북과정에서의 영양실조 문제로 신체발육이 양호하지 못해서 같은 연령대 남한의 아동과 청소년들과 비교하면 키가 5~10cm 정도 작고 전체적으로 체격이 왜소하다.

둘째, 북한이탈주민 아동과 청소년 중 대부분이 탈북 후 제3국에서 공포와 위협, 이별, 폭력, 인신매매, 극심한 배고픔 등의 생명의 위협을 받는 극한 상황을 경험하면서 정신적 충격과 함께 외상 후 스트레스 장애를 갖고 있는 경우가 많다.

셋째, 남한사회라는 새로운 환경에 적응하지 못할 경우에 나타나는 부적응의 결과는 북한이탈주민 청소년들로 하여금 피해 의식과 함께 분노, 의존, 무기력을 동반하면서 더 심각한 정신건강 문제를 유발할 수 있다. 그 예로 남한 학생들과의 학력 및 연령차이, 언어문제로 인한 학교적응문제, 미래에 대한 불확실한 전망, 생활양식 차이, 열악한 가정환경, 가족 간의 갈등 등으로 인해 심리적 증상을 경

험하기도 한다. 때로는 북한이탈주민 아동과 청소년들끼리 몰려다
니면서 비행 청소년 문제로 발전하기도 한다.
　넷째, 혼자 또는 가족의 일부만 남한에 입국한 아동과 청소년들은
북한이나 중국과 태국 등 제3국에 남겨 둔 가족에 대한 그리움과 염
려로 인해 불안과 우울, 두려움, 피해의식, 죄의식과 함께 신체적, 정
신적 질환을 안고 있는 경우가 많다.
　이와 같이 북한이탈주민 아동과 청소년들이 경험하는 질환은 뚜
렷한 신체적 질환보다는 외상 후 스트레스장애, 남한사회에 적응하
는 과정에서 경험하는 스트레스, 가족 간의 갈등 등, 심리적 질환이
많기 때문에 이를 제대로 표현 또는 발견하지 못해 의료기관으로부
터 치료를 받지 못하고 있는것으로 나타났다.

3) 학업적응문제

　북한이탈주민 아동과 청소년들이 남한사회 정착하는 과정에서 수
행해야 하는 매우 중요한 과제 중에 하나가 학업의 문제이다. 이들은
탈북 후 수개월 또는 수년 동안 중국이나 태국 등 제3국에 체류하면
서 학교에서 체계적인 교육을 받지 못했기 때문에 학업결손을 보충
하기 위해서 남한의 초·중·고등학교에서 학업을 계속해야 한다.
정부에서도 북한이탈주민 아동과 청소년들의 학업문제를 해결하기
위해서 수업료 면제와 함께 각 급 학교에서 이들의 입학을 허용할 수
있도록 조치하고 있다. 또한 정규학교 탈락한 학생들을 위하여 대안
학교(여명학교) 또는 청소년만을 위한 기숙학교인 한겨레학교를 설
립하였다.
　그러나 북한이탈주민 아동과 청소년 대부분이 제도권 교육인 남
한의 정규학교에 부적응의 양상을 보이며, 중도 탈락률도 남한의 일

반 학생들에 비해 10배 정도 높다. 2006학년도 북한이탈주민 아동·청소년들의 취학률은 초등학생 85.7%, 중학생 49.1%, 고등학생 6.6%에 불과하여 이들이 상급학교에 올라갈수록 학교생활 적응문제가 심각한 것으로 나타났다. 이와 같이 북한이탈주민 아동·청소년의 과반수가 남북한 학제와 학력차이, 제3국 체류에 이은 국내 체류기간 동안의 긴 학습공백과 취학 및 편입포기의 문제까지 심각한 학업의 부적응문제를 경험하고 있다. 남한의 정규학교 학업적응문제에 대한 북한이탈주민 아동과 청소년들의 반응은 남북한 교육체계 및 내용의 상이성으로 인한 학력차이 문제와 늦은 취학에 따른 연령의 문제, 또래 및 인간관계 형성문제, 상급과정 진학 시 진로지도 문제인 것으로 나타났다(길은배·문성호, 2003a).

(1) 학력차이문제

북한이탈주민 아동·청소년들이 북한의 학력과 동등한 학력을 인정받고 입학하거나 또는 그렇지 못한 경우 모두 학력차이에 따른 적응의 문제가 심각한 것으로 나타났다. 이러한 학력차이는 북한이탈주민 청소년들이 북한에서 학교를 정상적으로 다니지 못한 경우가 많고 또한 탈북 후에 제3국에서 학교에 다닐 수 없어 장기간의 학습결손을 단기간에 보충할 수 없기 때문이다. 이외에도 사회주의국가인 북한에서 배운 내용과 자본주의국가인 남한에서 배우는 각 과목의 학습내용의 차이가 크며, 특히 영어와 국어, 국사 등의 과목에서의 학력의 차이는 북한 청소년들에게 많은 노력과 시간을 요구하게 된다. 그리고 현재 한국의 각 급 학교의 교육수준이 상당히 높은 반면에 북한은 식량난 등으로 공교육 실시에 많은 어려움이 있었기 때문이다. 그 결과 북한이탈주민 아동·청소년들은 수업이 힘들고 수

업내용에 흥미도 없어지면서 학교수업에 부담감을 느끼는 동시에 수업태도도 좋지 않은 것으로 나타났다(문성호, 2005).

(2) 늦은 취학에 따른 연령의 문제

북한이탈주민 아동과 청소년은 탈북 이후 상당기간 제3국에 체류하면서 취학기회를 놓쳤기 때문에 대체로 이들은 2~3년 정도 낮은 연령의 남한 학생들과 함께 학교를 다니게 된다. 이러한 연령의 차이는 동급학년의 또래들과 적응하는 과정에서 경험하는 학력 및 문화적 차이로 인해 학교를 포기하고 검정고시 학원을 다니는 문제로 나타나고 있다. 따라서 학교에서 북한이탈주민 아동과 청소년들은 나이는 많지만 체격은 작고 공부는 따라오지 못하는 학생으로 인식되고 있기 때문에 학급생활에 적응하고 동년배 친구를 사귀는 데에 많은 어려움을 겪게 된다. 이러한 문제는 북한이탈주민 아동·청소년들의 남한사회의 학교생활적응에 가장 큰 장애요인으로 작용하고 있다(유명복, 2005).

3) 또래 및 인간관계형성문제

북한이탈주민 아동과 청소년들은 남한사회에 정착하기 이전에 겪었던 어려운 생활과 극한 상황에 대한 경험, 언어차이, 생활습관의 차이 및 남한의 아동·청소년들이 사용하는 은어와 외래어 이해 부족 등으로 인해 또래관계 형성에 갈등과 어려움을 호소하고 있다. 또한 북한이탈주민 아동과 청소년들에 대한 교사와 또래들의 이해부족과 무관심, 그리고 북한이탈주민 아동·청소년 본인들의 심리적 상처와 적극적이지 못한 태도 등의 문제는 이들이 자신들과 같은 처지의 또래들과 응집하고 몰려다니는 현상으로 나타나고 있다(이기영, 2002). 이외에도 남한 학생들의 북한이탈주민 학생들에 대한 편견과 차별 및 북한이탈주민 아동·청소년들이 느끼는 남한 학생들에 대한 경제적, 사회적 지위 측면에서의 상대적 박탈감 역시 정상적인 또래 및 인간관계 형성에 부정적인 영향을 미치게 된다(채정민·김종남, 2004). 그러나 한국사회에서 청소년기의 친구와 동창은 일생동안 인간관계 망에서 중요한 요인으로 작용하기 때문에 북한이탈주민 아동과 청소년들이 좀 더 폭넓은 인간관계를 형성할 수 있도록 새로운 대안과 정책을 마련해야 할 것이다.

4) 진학 및 진로문제

북한이탈주민 아동과 청소년들은 취업과 진학에 대한 정확한 정보와 선택기준이 없을 뿐만 아니라 또한 그들의 부모역시 남한의 교육제도와 자본주의 사회를 올바로 이해하지 못하고 있기 때문에 진학 및 직업결정에 많은 어려움을 겪게 된다. 현재 북한이탈주민 아동·청소년들에 대한 진학 및 진로지도는 거주지 보호담당관인 경찰관이 맡고 있으며, 직업지도는 취업담당관들이 맡아서 이들이 남한 사회 편입 후 적절한 교육을 받은 후에 취업을 지원하기 위한 진학 및 진로프로그램을 실시하고 있다. 그러나 담당관들 역시 북한이탈주민 아동과 청소년들의 진로를 적절하게 지도하고 교육할 수 있는 역량을 갖추고 있지 못하기 때문에 뚜렷한 효과를 거두고 있지 못하고 있는 상태이다.

이에 하나원은 2005년 8월에 그동안의 교육평가를 반영하여 북한이탈주민에게 유용한 사회적응 프로그램을 개편했다. 그 예로 한국사회와 남한문화 등의 과목을 보강하여 한국사회와 문화에 대한 이해교육과 함께 북한이탈주민들이 한국사회의 일원으로서 정체성을 정립하고 빠르게 정착할 수 있도록 운전이나 간병인 등의 기초적인 직업기능 훈련을 강화했다. 또한 아동과 청소년들을 위해서는 진학과 진로 탐색(45시간)프로그램을 마련하고 흥미검사, 적성검사, 교육제도 이해, 직업의 세계, 합리적 의사결정, 컴퓨터 교육 등 진학 및 진로에 필요한 교육을 실시하고 있다(이웅교, 2005).

5) 가족과의 갈등문제

발달단계 특성상 아동·청소년 시기는 보호자의 특별한 보호와 관심이 요구되는 시기이다. 그럼에도 불구하고 북한이탈주민 아동과 청소년들은 탈북 및 남한사회에 새롭게 정착하는 과정에서 가족들과 함께 많은 어려움을 경험할 뿐만 아니라 적절한 양육과 보호를 받지 못하는 것으로 나타났으며, 특히 결손가정의 경우 훨씬 더 어려운 환경에 있다. 또한 경제적인 가정환경이 열악해서 작은 임대아파트에서 여러 명의 가족이 함께 살거나 또는 부모의 경제활동으로 돌봄이 부족한 아동과 청소년의 경우 가족 간의 심한 갈등을 경험하고 있는 것으로 나타났다(김기형, 2008).

박미석·이종남(1999)이 북한이탈주민 7가족을 대상으로 심층면접을 실시하여 이들의 문제를 분석한 연구결과에 의하면 탈북가족들이 부부와 부모자녀 간의 상호작용에서 남북 간의 문화적 차이, 공감대의 부족, 의사소통의 경직성 등이 가족관계의 스트레스로 작용하는 것으로 나타났다. 또한 장혜경·김영란(2000)이 26가족에 대한 면접조사와 39가족을 대상으로 한 설문조사를 통해 탈북가족의 가족 안정성과 사회적응도, 여성의 역할 등을 분석한 결과, 대체로 가족은 안정되어 있으나 자녀교육, 양육문제, 경제적 문제 등 현실생활의 적응문제와 함께 자녀들과의 관계에서의 어려움을 보고하였다(한인영·이소래, 2002에서 재인용).

 이와 같이 북한이탈주민 가족에 대한 연구결과를 종합하면 남한에서의 여성의 지위향상과 부모와 자식 간의 남한문화에 대한 이해 차이, 부의 권위 약화 등으로 인해 가족 내 안정성 유지와 원만한 가족관계형성에 문제가 되고 있으며, 특히 아버지가 경제적 능력이 없는 경우에 문제가 더욱 심각했다. 이외에도 가족 내의 갈등, 이혼, 폭력, 음주문제, 자녀교육에서의 무력감 및 역할갈등 등, 가족체계로 인한 어려움을 경험하고 있는 것으로 보고되고 있다. 그리고 이러한 북한이탈주민 가정 내의 갈등문제는 가족들의 정신건강에도 영향을 미쳐서 가족 동반 북한이탈주민이 단독으로 이주한 북한이탈주민에 비해 더 높은 우울성향을 보이는 것으로 나타나기도 했다(한인영, 2001).

9 북한이탈주민 여성의 문제

2000년도 이후, 급증한 북한이탈주민 중 높은 비율[1]을 차지하고 있는 여성들은 비교적 건강하고 젊은 여성이라는 점에서 북한이탈주민 서비스의 중요한 대상이 되지 못했다. 아동과 청소년들은 과거 무연고 청소년들의 입국이 두드러지고 그들의 건강과 신체발달, 학력, 심리정서적인 상황 등을 고려하여 중요한 정착지원의 대상이었지만, 여성들은 그 수가 상당수임에도 불구하고 북한이탈주민 중 가장 빠른 취업과 적응 능력을 보이기 때문에 그들이 가진 문제와 어려움이 많음에도 불구하고 정착 서비스의 주요 대상에서 다소 배제되었다고 할 수 있다.

그러나 북한이탈주민 여성들은 북한에서는 가부장적인 사회문화

---

[1] 2006년 현재, 여성입국자 비율은 74.7%이고 2007년 9월 현재 77.4% 이다(통일부 홈페이지 참조).

적 특성 속에서 가족의 생계를 책임지기 위해 많은 어려움을 경험하였고, 탈북 이후에는 신변 보장과 생존을 위하여 인권 침해 상황에 많이 노출되었으며, 남한 입국 이후에는 비교적 용이한 취업 조건 안에서 남한 사회에서 심리적인 안정을 취하고 적응의 과정을 충분히 갖지 못한 상태에서 치열한 삶의 현장에 내몰려진 상황에 있다고 할 수 있다. 앞서 살펴본 바와 같이 북한이탈주민 여성들에게는 내재된 많은 문제와 어려움이 있으나, 그 문제에 대한 해결의 과정 없이 남한정착을 위한 생활의 터전으로 들어가게 됨에 따라 그러한 어려움과 문제들이 일정 시간의 정착과정을 거치면서 문제의 해결을 경험하는 것보다는 심리적인 어려움과 정신건강적인 문제[2] 등으로 나타나고 있다.

또한 남한에 거주하고 있는 북한이탈주민 여성들 대부분은 20~30대의 젊은 연령들이 주류를 이루는 상황이므로 장기적인 안목을 가지고 이들의 정착지원 프로그램들이 개발되어야 한다. 이들은 과거 북한에서의 삶보다는 남한에서의 삶이 더 길고 또한 결혼을 하고 하나의 가정을 이루고 살아갈 중요한 기능을 가진 대상자들이므로 북한이탈주민 여성들을 위한 정착지원은 현재보다는 더 구체적이고 세밀한 차원의 정착지원 프로그램들로 개발되어야 한다. 북한이탈주민 여성의 어려움 및 문제점들 해결을 위한 사회복지실천의 전문적 개입이 필요하며, 북한이탈주민 여성들의 성향과 장점을 부각할 수 있는 직업의 유형개발 및 진로를 위한 다각적인 차원의 지원활동이 필요한 상황이다.

---

[2] 공릉새터민정착지원센터에서 2007년 정착초기 여성 새터민 93명을 대상으로 정신건강실태조사 결과를 살펴보면, 평균연령은 40.67세이고 평균 거주기간이 2년 3개월이었다. 새터민들의 정신건강상태에 대한 기존 연구 자료에서와 유사하게 정착초기(3년 이내)의 노원구 거주 새터민은 지속적인 정신건강상의 문제를 보이고 있으며 불안 및 분노감소, 대인관계 증진에 필요한 심리 프로그램이 필요함을 알 수 있었다. 실제 정신건강문제에 대한 정보(지식)가 있는 새터민의 경우 정신건강문제에 대한 어려움을 호소하고 지원받기를 희망하고 있다

1. 북한이탈주민 여성 현황

남한에 거주하고 있는 북한이탈주민의 성별 비율을 살펴보면, 1999년까지는 남성 입국자의 비율이 지속적으로 높았으나 2000년과 2001년 여성의 입국 비율이 지속 증가 추세를 보여 비슷한 비율을 보였으나, 2003년 이후부터는 여성 비율이 급격하게 증가하기 시작하였고, 2004년에는 여성이 이미 67%를 차지하였으며, 2005년에는 여성이 69.4%, 2006년은 74.7%와 2007년 9월에는 77.4%로 거의 대부분이 여성 입국자라고 해도 과언이 아닐 만큼 증가하였다.

여성 입국자의 비율의 증가의 원인을 이해하기 위해서는 중국에서의 탈북 여성의 실태를 살펴보아야 한다.

1) 중국 내 탈북 여성의 실태[3]

2006년 5월 현재, 중국 내 체류 여성 탈북자의 규모를 전체 탈북자의 70%로 추정하고 있는데, 이러한 결과는 국내 입국자 여성비율과 현지 조사결과를 바탕으로 추정한 것이다. 2000년 이후 국내 입국자 현황을 살펴보면, 전체 입국자 중 50~70%를 여성이 차지하고 있다. 이와 같이 국내 입국자의 성비율이 중국 체류 탈북자의 전체 성비율과 큰 차이가 없다고 가정한다면 중국 체류 여성 탈북자는 70% 이상으로 볼 수 있다.

중국 체류 탈북자 중 여성의 비율이 매우 높게 나타나는 것은 중국에서의 체류 환경과 관련이 깊다. 최근 실시된 국내 입국자 대상 중국에서의 체류 시 주거환경을 조사한 결과 '현지인(조선족, 중국인)

---

3 윤여상(2006: 28~29)의 내용을 정리하였음.

가정'에 기거하였다는 응답은 남자의 경우 41.7%로 나타났으나, 여성은 61.5%로 높게 나타나고 있다. 이처럼 중국 체류 시 대부분 여성 탈북자들은 중국인(조선족 포함) 가정에서 생계를 유지하며, 주거를 유지한 것으로 나타났다. 실제 여성 탈북자들은 중국 현지 남성과의 혼인관계를 유지함으로써 자신의 주거를 확보하는 것이 일반적 방법이기 때문에 남성보다는 여성의 비율이 월등히 높게 나타나고 있다.

특히, 연령층을 살펴보면, 20~30대의 젊은 연령층의 비율이 상대적으로 높게 나타나고 있으며, 이러한 현상은 중국에서 남성과의 사실혼 관계를 통하여 은신처를 확보하는 비율이 높은 것과 관련이 있는 것으로 보인다.

이들의 발생 시점 및 체류 기간을 살펴보면, 2005년 국내 입국자 1,336명을 대상으로 조사한 결과에 의하면 제3국 체류 기간은 평균 41개월로 나타나 대부분의 탈북자들은 중국에서 3~4년 체류 후 입국하는 것으로 나타났다(윤여상 외, 2005). 또한 북한에서의 최초 탈북 시점을 조사한 결과 1997년과 1999년 사이에 탈북한 경우가 60% 정도를 차지하고 있어 1997년 이후 북한의 식량난 악화시 집중적으로 탈북자가 발생하였음을 보여주고 있다.

중국내에서의 생활 실태 중 중국 체류시 생활비 조달방법에 대해서 여성들의 경우는 직접 일을 하거나, 현지인의 도움을 받는 경우가 70% 정도로 높았으나, 남성들의 경우는 한국에 기 입국한 가족들의 지원을 받는 비율이 높은 것으로 나타났다. 또한, 중국 체류 시 탈북자들은 절반 정도가 체포된 경험을 갖고 있어 중국에서의 생활 경험이 상당히 불안하고 고통스러운 상황이었음을 볼 수 있다.

2) 북한이탈주민 여성 현황

앞서 살펴본 바와 같이 탈북자들 중 여성 탈북자의 수가 많은 것은 탈북의 일반화 특성, 체류지에서의 동거·취업을 통한 은신·정착과 국제결혼 등의 입국 여건이 남성보다 용이하기 때문이라 할 수 있으며, 제3국 등의 체류지에서의 수가 많음에 따라, 남한에 입국하는 북한이탈주민 여성의 현황도 남성에 비해 월등히 높다고 볼 수 있다. 구체적으로 살펴보면 〈표 9-1〉과 같고, 계속 증가하고 있으며 현재 전체적으로 여성의 비율이 62%를 차지하고 있다.

이러한 북한이탈주민 여성들은 탈북 이후에 한국까지 입국과정 속에서 일반적으로 경험하는 어려움 외에도 여성으로서 경험하게 되는 문제 상황들이 특별하기 때문에 그에 따라 발생되는 심리적 문제를 비롯하여 다양한 어려움들로 인해 한국에 정착하는 과정에서 여러 차원의 영향력을 행사하기 때문에 정착지원의 내용 중에 이러한 문제를 해결하고 지원하는 것은 반드시 필요하다.

〈표 9-1〉 새터민 성별 현황 (단위: 명)

구분	~'89	~'93	~'98	~'01	'02	'03	'04	'05	'06	'07.10	합계
남	564	32	235	564	514	468	625	422	510	435	4,369
여	43	2	71	479	625	813	1,269	961	1,509	1,555	7,327
합계	607	34	306	1,043	1,139	1,281	1,894	1,383	2,019	1,990	11,696
비고 (여성비율)	7%	6%	23%	46%	55%	63%	67%	69%	75%	78%	62%

※출처: 통일부. 2007년 10월 기준.

2. 북한이탈주민 여성의 문제[4]

탈북 여성의 재중(在中) 체류기간 중 심각한 인권침해 경험은 남한사회 정착과정에서 대인관계, 신체적 문제, 정신건강상의 문제, 취업 시 직종선정 등 일상생활 과정의 문제를 야기할 가능성이 높다고 할 수 있다. 이러한 북한이탈주민 여성들에게 발생 가능한 정착의 장애요인들을 구체적으로 살펴보고자 한다(김선화, 2005: 5).

1) 북한이탈주민 여성의 정착 장애의 원인과 문제

여성 새터민들[5]이 가지고 있는 정착 장애요인을 2가지 차원으로 살펴보고자 하는데, 첫째는 입국과정에서 경험하게 되는 다양한 상황들을 바탕으로 그에 따른 결과적 문제를 여성 새터민의 정착장애 요인으로 살펴보고, 둘째는 한국 입국이후 정착과정(가정생활, 경제활동, 사회적응)에서 발생하는 상황과 그에 따른 결과적 문제를 바탕으로 여성 새터민의 정착장애 요인을 살펴보고자 한다.

(1) 입국과정에서 발생 문제에 따른 정착 장애요인

새터민 여성들이 남한에 입국 이전 및 과정 단계에서 발생하는 여러 가지 문제들은 이들의 남한에서의 정착하는 과정에 많은 영향력을 갖는다. 탈북한 이후에 북한이주민은 성별과 연령에 차이 없이 모두 상당한 어려움을 경험하지만, 특히 여성의 경우 여성이기 때문에

---

4 김선화(2005), 「여성 새터민을 위한 특화 프로그램 개발」, 통일부 내부 워크숍 발표 자료를 중심으로 재정리하였으며, 일부 내용이 보완되었음.
5 여성 새터민: 이 책에서는 '북한이탈주민' 이라는 용어 사용을 원칙으로 있으나, 여기에서는 원문에서 사용한 용어를 그대로 사용하고자 함.

갖게 되는 경험(어려움)은 정착과정에서 복잡한 영향력을 갖는데, 2가지 차원으로 구분하여 살펴보고자 한다.

① 인신매매 등과 관련 문제에 따른 정착 장애요인

탈북한 상당수의 여성들은 중국 등지에서 체류하는 동안 현지인들과 결혼 등의 형태로 생존을 유지할 수밖에 없다. 북한을 떠나 올 때부터 이러한 조건을 가지고 떠나온 경우도 상당수에 이르기 때문에 그러한 삶을 경험한 이후에 남한으로 입국한 새터민 여성들의 정착에 대한 논의는 제3국 체류기관 및 남한 입국 과정에서부터 고려되어야 한다(김선화, 2005: 4).

대부분의 북한이탈주민 여성들은 탈북 과정에서의 정신적 충격뿐만 아니라 만성적인 여성 질환으로 고생하고 있는 것으로 나타난다.

〈표 9-2〉 성관련 문제에 따른 정착 장애요인

가능성	해당 문제 상황	문제 상황의 결과적 문제 (정착 장애요인)
· 성매개 생존유지 · 가임여성 · 결혼 가능 여성 (20~30대 여성)	· 성피해(성폭행, 인신매매)	· 성의 도구화(잘못된 성인식) · 정신적 외상 · 심리적 문제(수치감, 대인관계불안정, 의욕 상실 등) · PTSD(외상 후 스트레스 장애)
	· 낙태경험 · 출산(자녀양육)	· 심리적 문제 및 건강상 문제(임신 불가능 또는 유사관련 질환 등) · 원하지 않는 임신과 출산
	· (생존수단으로 선택한) 결혼 및 출산 · 사실혼 관계	· 결혼에 따른 자녀문제 - 동반입국 불가능에 따른 심리적인 어려움 및 미정착의 원인 - 부(父)가 다른 자녀 출산에 따른 문제 · 사실상 중혼(重婚)의 상황 - 복잡한 결혼관계와 법적인 문제 - 자녀 출산 시 호적상의 문제

※출처: 김선화, 2005.

물론 이들이 장기간 영양부족으로 인해 건강상태가 전반적으로 좋지 않은 것이 일반적이나, 보건 문화적 차이도 심각한 것으로 보인다. 즉 피임에 대한 보건지식 부족과 열악한 보건진료체제 등으로 인해 피임 실천율이 매우 낮고 이로 인해 임신 중절률이 높다. 또한 만성 여성 질환을 갖고 있는 비율이 매우 높게 나타나고 있다(이금순 외, 2006: 1148).

② 인권 침해 경험에 따른 정착 장애요인

심리적인 문제를 포함한 정신건강상의 문제는 복합적인 요인에 의해서 발생되는 문제로 그 해결을 위한 접근 또한 복합적인 차원의 접근이어야 한다.

특히 새터민들은 더욱 그러한데, 새터민들은 북한 내에서의 경험(어려움)과 탈북과정에서의 경험(어려움) 그리고 탈북 이후 남한으로 입국하기 까지 과정 속에서의 여러 어려움들을 경험하였을 뿐 아니라 남한 입국 이후에도 사회적·심리적 연고 및 지지기반이 거의 없거나 희미한 상태에서 새로운 곳에서의 정착과 이후의 삶을 계획해야 하기 때문에 심각한 스트레스와 심리적인 불안정, 그리고 정신병리적인 문제들을 나타내고 있기 때문이라 할 수 있다(김선화, 2007: 6).

이러한 문제들은 새터민들이 남한사회에 정착하는 과정에서 정착 장애요인[6]으로 나타나는데 이는 정신 병리적인 진단을 받은 새터민의 경우뿐만 아니라 미진단 상태이나 남한사회 정착 초기(1~3년)[7]에 있는 새터민들에게서 고르게 나타나고 있다. 남한에서 적응을 하

---

[6] 의욕저하(취업,학업,사회적응 등), 부부관계상의 문제, 부모-자녀관계상의 문제, 일탈과 범죄.
[7] 노대균(2001), 조영아(2004) 등의 연구자들은 이 시기가 새터민의 남한사회 적응 상에 문제로 인한 정신건강 상의 어려움이 가장 많이 드러나는 시기라고 연구하였다.

〈표 9-3〉 이주단계별 새터민의 정신·심리적 특징 및 스트레스

단계	시기별 특징	정신적 외상 및 스트레스
1단계 이주 전 단계	· 북한에서 일상생활유지 · 탈북결심 계기가 되는 심각한 문제 발생 · 탈출한 대한 결심 · 탈출 준비기간	· 병적성격, 과거력 및 가족 · 식량문제, 삶의 질, 범죄, 사회부적응, 출신성분 불만, 정치적 신념의 회의 · 모든 시도마다 실패 경험 · 은밀한 준비작업, 발각에 대한 위험, 공포
	· 가장 충격이 많고, 여러 사건들이 가장 많이 발생하는 시기 · 그러나 예방을 위한 조치를 취하기가 가장 힘든 기간	
2단계 이주 기간	· 탈출기간 · 중국 등의 피난처 기간	· 탈출 최종준비, 가족설득, 체포당할 위험, 식량부족, 물 부족, 물리적 열악함, 신체적 상처나 손상, 죽음의 위험, 사회적 신분과 재산의 포기, 가족의 죽음, 불확실성에 대한 불안 · 계속된 탈출기간: 안전에 대한 공포, 불확실성에 대한 두려움 지속
	· 최근 이 기간은 점차로 증가되고 있음. · 생존과 안전의 욕구와 더불어 정신 심리적 지원도 중요하게 요청되는 기간	
3단계 망명 신청 기간	· 대성공사 조사기간 · 하나원 보호기간	· 조사활동과 정착욕구간의 기대충돌 · 앞으로의 기대와 걱정, 남한사회에서 주변화되기 시작(문화적응 스트레스 시작)
	· 정신건강을 위한 1차 예방을 효과적으로 수행할 수 있는 시기	
4단계 정착 시기	· 초기단계 · 심리적인 도착단계	· 정상 이상으로 기분이 고양됨. · 가족, 친지와의 상실 및 죄책감, 사회적 차별 및 편견, 문화적 차이, 직업난, 재정난, 가정 내 갈등, 건강문제
	· 삶의 주요활동 및 일상의 사소한 어려움도 스트레스가 됨. · 종합적이고 포괄적인 남한 사회의 정착지원이 요구됨.	

※출처: 김연희 외, 2006.

기 시작한 새터민들의 정신적 갈등은 더욱 심화되는데 이는 체제의 차이, 문화의 차이가 적응을 어렵게 하며, 북한 내 두고 온 가족에 대한 죄책감 및 탈북 이후의 과정에서 새로 구성되는 배우자 및 가족에 대한 갈등을 가지고 있고 남한 내 안정적인 직업을 구하지 못함으로

인해 오는 스트레스 또한 상당하여 빈곤의 악순환에서 오는 절망감을 겪기도 한다(전우택, 2000). 정신건강 및 심리적 문제, 그리고 그에 따른 정착장애 요인들은 대다수의 새터민들이 사회적응과 정착이라는 중요한 목표를 달성하는 과정 속에서 수행해야 하는 많은 과업들을 이루지 못하게 하며, 정착과정에서 새로운 형태의 문제를 야기 시키는 경우도 종종 볼 수 있다(김선화, 2007: 6).

북한이탈주민이 가지고 있는 정신 심리적 어려움을 이해하기 위해서는 그들의 삶이 북한에서부터 계속 연장되어, 탈북과정을 거쳐 남한에 까지 이르고 있으며, 그 각각의 과정이 그들에게 큰 영향을 끼친 중대한 의미를 가지고 있음을 인식하고 인정하는 것이 필요하다(전우택, 2000; 김연희 외, 2006: 32에서 재인용). 이주과정의 단계별로 북한이주민이 받고 있는 정신적 외상 및 스트레스를 정리하면 〈표 9-3〉과 같다.

이상에서는 일반적으로 나타나는 북한이탈주민의 정신건강 및 심리적인 어려움을 살펴보았다. 그러나 북한이탈주민 여성은 탈북과

〈표 9-4〉 인권 침해 경험에 따른 정착 장애요인

가능성	해당 문제 상황	문제 상황의 결과적 문제 (정착 장애요인)
· 탈북과정&은둔생활 · 공안발각&북한송환	· 고문, 구타, 공개처형 · 강간, 성폭력, 강제매춘 · 아사, 낙태, 영아살해	· PTSD(외상후스트레스장애)증상을 보임: 모든 면에서의 안정적인 생활 불가능 · PTSD의 1차적 증상 - 외상적 사건의 재경험 - 지속적인 회피와 마비(회피행동,심인성 기억상실,정서적위축,대인관계기피) - 수면곤란, 분노조절곤란, 집중곤란, 과경계 및 과민상태 · PTSD의 2차적 증상 - 우울, 불안, 충동적 행동, 약물(술 및 담배)남용, 신체화가 주된 증상

※출처: 김선화, 2005.

정 및 제3국 체류 기간에서 남성에 피해 인권침해 상황 및 충격적 사건에 대해 훨씬 더 많은 경험을 하게 된다. <표 9-4>에서는 북한이탈주민 여성들이 경험하게 되는 인권침해 경험에 따른 정착 장애 요인을 설명하고 있다.

(2) 남한 입국 이후 발생 문제에 따른 정착 장애요인

탈북과정 및 제3국 체류 기간 동안의 어려움도 정착에 장애요인이 되지만, 그러한 어려움을 갖고 남한에 입국한 북한이탈주민 여성들은 남한사회에 정착하는 과정에서도 여러 어려움을 경험하게 되는데, 남한 입국 이후 정착과정에서 경험하는 어려움을 3가지 차원에서 살펴보고자 한다.

<표 9-5> 경제 활동 상의 어려움에 따른 정착 장애요인

가능성	해당 문제 상황	문제 상황의 결과적 문제 (정착 장애요인)
・폭넓은 직종 선택을 위한 능력 부족 ・취업관련 지원을 위한 체계 부족 (정보제공 및 원조자 부족) ・취업 의욕 비교적 충분한 상황	・직업훈련과정의 문제점 - 여성들을 위한 프로그램 극히 부족 - 개설 프로그램의 내용이 취업과 직접 연결되는 것이 별로 없음 - 개설 프로그램 수의 부족 및 개설시기 불안정	・비정규직 직종 선택에 따른 취업 유지율 저조(생계급여 의존도 증가)의 문제 ・노동 집약적(식당, 생산직, 청소) 직종 선택에 따른 문제점 - 육체적 질병호소가 높음 - 노동 강도가 높아 사회적응기회의 부족 (휴무일 부족: 월 1~2회 정도) ・유흥업종 선택의 유혹 - 생활불안정 및 불건전한 생활 *직업훈련 부족에 따라 본인 희망 직종에 취업이 어렵고, 노동집약적 비정규직 취업이 높아 장기적 측면에서 안정적 정착의 저해 요인 및 생계급여 의존도 심화 요인으로 작용하고 있음.

※출처: 김선화, 2005.

① 경제 활동 상의 어려움에 따른 정착 장애요인

최근 입국하는 북한이탈주민 여성들은 20~30대의 젊은 여성들이 상당수를 차지하고 있으나, 그들이 실제로 취업하는 현장을 살펴보면, 단순 노무직의 노동집약적인 내용이 상당수에 이르고 있다. 이는 북한이탈주민 여성들이 가진 기술과 능력의 부족이 주된 원인이 될 수 있으나, 이러한 한계를 인정하고 지원하는 정부의 지원 내용에도 상당한 문제가 있다. 그것은 현재 정부에서 제공하고 있는 직업훈련 프로그램이 가지는 한계 때문이라 할 수 있는데, 그 구체적인 내용을 살펴보면 〈표 9-5〉와 같다(김선화, 2005: 5).

② 가정생활(기혼자)에서의 어려움

북한이탈주민 여성들이 우리사회 정착과정에서 겪는 어려움은 일반적인 적응 상 어려움에 더하여 여성으로서 자신들의 위치로 인해 다양한 문제들을 겪게 된다(조영아, 2004; 이금순 외, 2006: 1147~1148에서 재인용).

첫째로는 북한사회에서의 여성의 역할과 사회적 인식이 우리사회와는 다르기 때문에 새로운 남녀관계와 문화에 접하게 되면서 새로운 기대감을 갖게 된다. 따라서 부부가 정착하게 될 경우에는 여성들은 새로운 문화에 빠르게 적응하고 경제적으로도 나름대로 취업을 통해 생활기반을 마련하기가 용이하기 때문에, 남성이 기존의 가부장적 태도를 유지하려고 할 경우 심각한 부부갈등의 원인이 된다.

둘째, 다수의 북한이탈주민 여성들은 탈북 및 우리사회 정착 과정에서 발생한 남녀관계로 인한 문제로 인해 적응 상 매우 심각한 어려움에 처해 있다. 즉, 탈북 과정과 제3국 체류 시 생존과 자기 보호를 위해 동거하였거나, 남한 입국 이후 북한이나 중국에 배우자가 있음에도 불구하고 생사를 모르거나 현실적인 이유로 새로운 결혼관계를 갖게 된 경우에는 이에 따른 심리적 갈등과 현실적 부담을 안게

〈표 9-6〉 가정생활의 어려움에 따른 정착 장애 요인

가능성	해당 문제 상황	문제 상황의 결과적 문제 (정착 장애요인)

· 결혼생활
(북한출신
배우자가
족 / 남 한
출신배우
자가족)
· 자녀양육
	· 부부간 성역할 갈등
	 - 가부장적인 권위의식(남
	  녀평등)
	· 부부관계 갈등
	 - 대중매체를 통해서 보게
	  되는 남성상과 여성상의
	  변화와 기존의 사고방식과
	  의 갈등
		· 부부간 불신에 따른 심각한 가정불화
		· 가정폭력
		 - 일방적 남편폭력에 따른 아내의 신체적, 정신
		  적 피해
		· 가정 불안정에 따른 자녀들의 불안정
		*남한남자와 결혼한 경우, 낮은 지위의 역할을
		취하게 되어 남편에게 종속적인 경향이 큼.

	· 양육방식 및 자녀 눈높이 맞는 의사소통 곤란	· 부모자녀 간의 대화 부족(진로선택 및 기타 학 교생활 관련하여 적절한 조언 불가능)

※출처: 김선화, 2005.

된다(문홍안, 2004: 1∼28).

셋째, 결혼하여 자녀를 둔 여성들의 경우에는 우리의 교육상황을 제대로 이해하지 못하고, 실질적으로 사교육 부담을 감당하기 어려워서 부담을 안게 된다. 즉, 자녀들의 취학 및 진학과정에서 중요한 결정을 하여야 하는데, 부모들은 정보도 부족하고 북한의 경우와 같이 학교에서 다 알아서 해 줄 것으로 기대하는 경우가 많다. 또한 부모 스스로도 새로운 사회에 적응하느라 자녀교육에 신경을 거의 쓰지 못하고 자녀들을 방치하거나 혹은 북한에서와 같은 방식의 생활태도를 자녀에게 강요함으로써 심각한 갈등을 빚어내기도 한다. 영유아를 둔 경우에는 양육부담으로 인해 취업이 어려운 상황이다.

③ 단독 입국 여성의 정착 장애 요인(독거 여성)

최근 3년 이내에 남한에 입국한 북한이탈주민 중 여성의 비율이 70% 이상에 이르는 것은 앞서 살펴본 바와 같으며, 입국자들의 연령을 살펴보면, 2007년도 10월 전체 인구수는 1,990명 중 북한이주민

〈표 9-7〉 단독 입국 여성의 정착 장애요인

가능성	해당 문제 상황	문제 상황의 결과적 문제 (정착 장애요인)
· 생활불안정 · 외로움 · 이성교제 · 동거 · 결혼 · 제3국에서의 자녀출산	· 불규칙적 생활 · 불안정적인 이성교제 · 혼전 동거 · 남한 남자와의 결혼관련 제반 문제 · 제3국에서 출산한 자녀 문제	· 독거이므로 가족지원 체계 부재에 따른 어려움 (응급상황 대처 불가능 및 정서적인 외로움) · 삶을 공유할 가족 부재에 따른 불규칙적 생활, 이후 폐쇄적인 삶으로 전개 가능성 높음 - 정신과적 문제(우울: 수면부족, 식욕감퇴)발생 가능성으로 진전될 수 있음 · 결혼이 전제되지 않은 관계에서 발생하는 불안정적인 삶의 양상 - 임신과 낙태, 쉽지 않은 남한인과의 결혼 · 제3국에서 출산한 자녀에 대한 죄책감 및 자녀초청을 위한 제반 문제(비용, 법적 문제)

※출처: 김선화, 2005.

여성의 수는 1,221명으로 전체 입국자의 61%가 20~30대였다. 2가지 상황을 종합해 볼 때, 최근엔 20~30대의 젊은 여성들의 입국 비율이 높다고 할 수 있다.

이러한 북한이주민 여성들이 당면한 문제 상황은 〈표 9-7〉과 같다(김선화, 2005).

2) 북한이탈주민 여성의 정착 실태

(1) 심리적 적응

북한이탈주민의 심리적 적응을 어렵게 하는 요인으로는 북한주민들의 심리적 특성과 남한주민들의 사회적 편견이 지적되어 왔다(전우택, 2004). 남한에 입국이후 남한주민들과의 접촉하면서 경험하게 되는 남한주민의 대응태도는 북한이탈주민의 심리적인 안정에 영향을 미치는데, 그것은 언론을 비롯한 다양한 매체들 속에서 언급되는 북한이탈주민에 대한 부정적인 인식이 남한주민들의 북한이탈주민에 대한 인식에 영향을 주기 때문이라고 할 수 있다.

북한이탈주민은 남한에서 생활하는 동안 심리적 적응상의 어려움이 시간이 지남에 따라 우울수준으로 발전되는 경우도 나타나고 있는데, 조영아(2004)의 '북한이탈주민 우울 예측요인 연구'는 새터민에 대한 3년간 적응과정에 대한 추적연구로 새터민의 우울수준은 오히려 증가한 것으로 보고하고 있다. 외국 이주자의 연구와는 달리 새터민의 경우 남성의 우울수준이 의미 있게 증가한 것으로 나타났으며, 홍창영(2004)의 외상 후 스트레스 장애 추적연구는 새터민의 사회적응 스트레스 요인이 상당히 복잡한 양상을 띠고 있다고 지적하고 있다.

또한, 김연희(2005)의 연구는 새터민들이 남한사회 정착기간 중 받는 스트레스를 4점 만점으로 평가하였을 때, 조사 응답자의 평균 스트레스 지수는 2.6점이었으며, 이 중 '북에 두고 온 가족에 대한 죄책감'이 3.59점, '가족을 데리고 와야 한다는 부담감'이 3.38점, '취업에 대한 어려움'이 3.22점, '남한사람들의 편견'이 2.99점으로 나타나 이주과정에서 생기는 정신적 외상과 남한사회 정착이후 발생하는 문화적응 스트레스는 거의 비슷한 영향을 미치고 있는 것으로 평가할 수 있다.

김선화 외(2006: 149~150)는 공릉종합사회복지관이 실시한 노원구 새터민 성인의 정신건강 실태조사 결과에서 다음과 같이 새터민들의 정신건강 실태를 언급하고 있다.

조사 응답자는 남자가 67%, 여자가 33%로 전체 149명이 응답하였으며, 평균 연령은 38.96세이다. 평균거주기간은 2년 11개월이고, 무직 33%를 제외하고는 경제활동 및 가사활동을 하는 것으로 나타났다. 과거 정신과치료 경험이 있는 새터민 성인은 6.3%(9명)이며, 현재 치료중인 응답자는 4.9%(7명)으로 나타났다. 과거 정신과 치료력이 있으나 현재 치료를 받고 있지 않은 이유를 보면 '병이 스스로 나았다 생각'이 6명, '치료를 원치 않아서'가 2명, '치료비 부담으로'가 1명으로 나타나 치료 중단 사유가 완치되어서 중단된 경우가 아닌 것으로 나타났다. 또한 현재 치료를 받고 있는 7명의 응답자 중 치료의 도움정도를 묻는 항목에 대해서는 7명 모두 조금 도움 5명, 매우 도움 2명으로 도움을 받은 것으로 나타났다.

새터민 성인의 정신건강 문제 결과를 구체적으로 살펴보면, 음주상태에 대해서는 광범위한 수준의 음주문제를 볼 수 있는 경우가 49%로 나타났고. 상습적 과음자로 치료가 필요한 대상자로 51명(34.2%)로 높게 나타났다. 또한, 알코올 중독자가 12명(8.1%), 문제 음주자가 10명(6.7%)로 나타났다.

새터민 성인의 우울증과 불안에 대해서는, BDI 한국어판 연구에서는 우울집단 선별을 위한 절단점을 16점(입원치료를 요하는 환자의 평균 BDI점수)으로 제시하고 있는데, 연구 대상자의 평균 우울 점수는 15.58점(표준편차 8.9)으로 나타났으며 분석결과를 자세히 살펴보면, '중한우울상태'를 경험하는 새터민은 27.5%, '심한 우울상태'를 경험하는 새터민은 18.8%로 나타났다. 이러한 결과는 우리나라 정상 성인 집단의 BDI점수 평균이 12.7점(표준편차 7.73)에 비해 다소 높게 나타났다. 또한, 불안은 응답자의 14.1%가 특성-불안수준이 약간 높은 것으로 나타났으며, 특성-불안 수준이 상당히 높은 새터민 성인은 8.1%, 매우 높은 수준은 0.7%로 나타났다. 약 23%정도가 불안관련 문제가 있는 것으로 나타났다.

(2) 건강실태

통일연구원 조사(2003)에서 건강상태가 좋다는 응답은 21.9%에 그치고 있으며, 나쁘다는 경우가 43.3%로 매우 높게 나타나고 있으며, 실제 건강검진에 나타난 결과 이상소견이 없는 경우에도 많은 수의 새터민이 두통이나 소화불량 등 신체적 어려움을 겪고 있는 것으로 나타났다. 하나원 조사결과(2004)에 따르면, 많은 여성 새터민들이 부인과 질병 등으로 고생하고 있으며, 지속적인 치료를 필요로 하고 있는 것으로 보이며, 이는 하나원 자원봉사 의료진의 연구결과에서도 확인되었다(이금순 외, 2007: 17).

북한인권정보센터 조사(2005)[8]에 의하면, 북한이탈주민의 주관적인 건강인식 수준을 성별로 비교하여 보면, 남성보다 여성의 경우 건강하지 못하다고 인식하는 비율이 높게 나타나고 있으며, 남성의 41.3%와 여성의 53.9%가 자신의 건강이 좋지 못한 편이라고 응답했다. 이와 같이 북한이탈주민의 자신의 건강에 대한 부정적인 견해는 단순히 주관적인 판단이기보다는 실제 질병상황을 반영하고 있는 것으로 평가할 수 있으며 북한이탈주민들이 응답한 주요 이환율은 위장질환, 관절염, 치과질환, 고혈압·저혈압, 심장질환, 부인과 질환 순으로 나타났다.

북한이탈주민의 기본적인 건강상태는 만성질환 이환율과 질병수를 감안할 때 일반 남한사람들에 비해 매우 심각한 수준으로 나타나는데, 실제로 북한이탈주민이 취업하지 못하거나 취업한 경우에도 직장생활의 어려움, 이직 사유 중의 하나로 건강문제를 지적하고 있으며, 특히 북한이탈주민 여성들의 경우에는 남성보다 더욱 심각한

---

8 조사대상은 1997년 1월 1일부터 2004년 12월 31일까지 입국한 13세 이상 북한이탈주민 5,177명 중 모집단의 인구학적 분포를 고려하여 표본추출한 1,336명에 대한 면접설문조사 방식으로 이루어졌음.

<표 9-8> 북한이탈주민의 사회적응 상 어려움 (단위: %)

전우택·윤덕용, 2001		통일연구원, 2003		하나원, 2004		북한인권정보센터, 2005	
경제적 어려움	18.3	외로움·고독감	18.9	직업능력부족	10.2	경제적 어려움	22.7
취업·직장생활	12.4	건강문제	15.5	외로움	9.2	외로움과 고독감	21.7
외로움	11.7	경제적 어려움	14.4	남한사회에 대한 무지	5.8	건강상 문제	20.3
남한사람의 편견	11.5	한국사회에서 역할 상실	12.4	재북가족 걱정	5.3	지위하락 및 할일이 없어짐	15.7
언어	8.2	여가 공간 부족	4.3	건강문제	4.9	자녀교육	5.7
문화	5.7	가족 돌보기	4.0	경제적 어려움	2.9	북한이탈주민을 위한 프로그램 부족	4.6
남한사회이해부족	4.3	식사, 빨래 상생활	1.1	교육문제	2.4	가정생활 유지의 어려움	2.0
재북가족걱정	3.4	특별문제 없음	23.0	결혼문제	2.4	특별한 문제없음	7.4
				차별대우	1.5		
				문제 없다	2.9		

※출처: 이금순, 2007: 19.

것으로 나타나고 있으며, 또한 이러한 주관적인 건강인식이 나쁘게 나타나는 것은 새터민들이 북한 거주 시 또는 탈북과정에서의 경험한 심리적 충격으로 인해 일상생활을 영위하는 데 장애가 되는 정신적 스트레스를 안고 있기 때문인 것으로 보인다. 그러나 대부분의 경우 정신적 스트레스를 질환으로 인식하지 못하고 있으며, 자신의 정신건강상태를 편안하게 소통할 수 있는 전문 의료인에게 치료를 받는 비율도 매우 낮을 것으로 추정할 수 있다(이금순, 2007: 18).

(3) 경제적 적응

북한이탈주민이 새로운 사회에서 정착하기 위해서 필수적인 것은 안정적인 직업을 통해서 경제적인 자립을 하는 것이라고 할 수 있다. 북한이탈주민 여성들의 경제적 적응 현황을 취업현황, 직업현황, 취업과 직장생활에 장애가 되는 요인들을 중심으로 살펴보고자 한다.

북한이탈주민들의 남한사회적응 상의 어려움을 조사한 <표 9-8>의 실태조사에서 보면, 경제적인 어려움과 취업 및 직장생활 등에 대한 어려움이 상당히 높은 비중으로 나타나고 있음을 알 수 있다.

북한인권정보센터(2005)에서는 조사대상 북한이탈주민의 경제활동인구는 전체 노동가능인구 중 49.9%로 나타났으며, 15세 이상으로 취업의사가 없는 비경제활동인구는 50.1%로 나타났다. 북한이탈주민의의 경제활동인구 비율이 우리사회 일반국민과 비교하여 상대적으로 낮은 것은 이들의 경우 건강상 문제(20.8%)와 진학준비와 직업훈련(11.1%) 때문인 비율이 매우 높기 때문이다.

북한인권정보센터(2005) 북한이탈주민의 취업률은 70.3%로 기존의 연구결과보다 높게 나타났는데, 이는 2005년 정부의 정착지원제도의 변경으로 고용지원금제도 등을 활용한 취업활동 증가 등의 현실적 측면과 조사방법의 차이, 노동가능인구와 경제활동인구 등 공식적인 취업·실업률 계산방식의 적용 결과로 볼 수 있다. 노동가능인구중 여성이 793명으로 전체 중 여성비율이 높게 나타나고 있으나, 여성은 경제활동인구보다는 비경제활동인구 비율이 남성보다 높게 나타나고 있어 북한이탈주민 여성들의 경제활동이 상대적으로 저조한 것으로 나타나고 있다(이금순, 2007: 20).

또한, 2006년 북한인권정보센터의 새터민 여성·청소년 실태조사에 따르면, 지난 1주일 간의 근로경험을 묻는 질문에 전체 40.8%가 경제활동을 한 것으로 나타났고, 여성의 경우는 35.6%로 남성보다 낮게 나타났으며 여성의 근로 경험이 낮은 것은, '육아, 가사, 결혼준비'(25.6%) 등의 이유 때문으로 나타났다. 일하지 않은 이유에서 가장 많은 응답은 '몸이 불편해서' 였으며, 두 번째 이유로는 남성의 경우 '학업'(19.4%)으로, 여성의 경우 '육아, 가사, 결혼준비'(19.4%)로 응답하였다. 취업률은 81.7%로 전년도에 비해 높게 나타났으나, 여전히 일용근로자 57.3%, 임시근로자 19.1%, 상용근로자 19.7%, 자영업자 3.2%, 고용주 0.6% 등으로 나타나 여전히 대다수가 불안한 고용상황인 것으로 나타났으며, 일용근로자의 비율은 정착기간이 길어지면서 다소 감소하는 경향을 보였다. 취업직종을 성별로 보면, 남성의 경우 제조업 34.4%, 건설업 18.8%이며, 여성의 경우에는 숙박 및 음식업 26.9%, 사업서비스업 14.4%로 나타났다. 특히 여성은 상대적으로 취업이 용이한 식당 혹은 숙박업소의 청소 등을 하는 비율이 상대적으로 높았으며, 여성의 직업훈련 직종은 정보처리와 컴퓨터 42.6%, 미용, 요리, 재봉 33.9%, 의료보건 9.6%, 운전, 자동차, 정비 5.2%로 나타나, 실제 취업으로 연결되기에는 다소 무리가 따를 수 있는 직종의 직업훈련을 받고 있는 것으로 나타났다. 구직과정에서 애로사항을 성별로 보면, 남성은 '학력, 기능, 자격이 맞지 않아서', '새터민에 대한 편견과 차별 때문에' 라는 응답이 26.2%, '취업정보 부족', '수입이나 보수가 적어서' 라는 응답이 24.6%로 나타난 반면, 여성은 '건강이 좋지 않아서' 33.0%, '새터민에 대한 편견과 차별' 28.7%로 응답하였다.

(4) 문화적 적응

통일연구원 조사(2003)에 따르면, 북한이탈주민들의 관계적 특성에 대한 질문에서 이웃, 직장동료들과 '매우 잘 어울린다' (13.4%), '잘 어울리는 편이다' (34.7%) 등 긍정적 응답자와 어울리지 못한다 (8.5%), '전혀 어울리지 못한다' (4.0%) 등 부정적인 응답을 한 비율이 12.6%로 나타났다. 다른 연령층에 비해 10대와 20대가 상대적으로 잘 어울린다고 응답하였으며, 결혼 유무를 기준으로 할 때 결혼하지 않은 응답자가 주변사람들과 잘 어울린다는 비중이 결혼한 응답자보다 상대적으로 높게 나타났다. 가족 모두 입국한 응답자가 상대적으로 잘 어울린다는 비율이 높게 나타났으나, 성별 차이는 보이지 않고 있으며, 다만 여성들의 경우 이웃과의 교류빈도를 묻는 질문에 다소 높게 응답하였던 결과를 볼 수 있다.

북한인권정보센터 조사(2005)에 따르면 종교를 갖고 있는 지 여부와 관련하여 69.2%가 종교를 갖고 있으며, 그중 기독교가 62.3%를 차지하여 가장 높게 나타나고 있다. 여성들의 경우 전반적으로 종교를 갖고 있는 비율이 남성에 비해 높게 나타나고 있으며, 기독교의 경우 차이가 두드러지게 나타나고 있다. 종교를 갖고 있는 목적과 관련하여 '마음의 평화를 위해서'가 77.6%를 차지하고, '주위 사람들과 교류하기 위해서'라고 응답한 비율이 그 뒤를 이어 12.8%, '입국 과정에서의 도움 때문'이라고 응답한 비율이 5.8%를 차지하였으며, 여성의 경우 '마음의 평화를 위해' 종교를 선택하는 비율이 높고 국내 거주기간에 따라 '주위 사람과의 교류'를 위해 종교를 갖는 경향도 강하게 나타내고 있다.

3. 북한이탈주민 여성을 위한 서비스의 방향성

실제로 여성 새터민들이 북한을 떠날 수밖에 없었던 상황, 국경을 넘어 제3국에 체류하면서 여성이었기 때문에 심각한 충격과 고통을 경험하였다는 점에서 외국의 난민여성들의 이주사례들이 원용될 수도 있으나 여성 새터민들의 사례가 일반화되어 논의되기에는 여성 새터민의 유형이 매우 다양하게 나타나고 있으며, 단순히 이주과정의 삶을 난민과 같은 '피해자'의 성격으로 간주되기에는 다소 무리가 따르는데, 왜냐하면 여성 새터민들의 중국 생활을 단순히 '인신매매' 이후 성적 피해를 당한 계층으로 보는 것이 상당수의 경우 적절하지 않을 수 있기 때문이다. 전체 새터민 중 여성들, 특히 20~30대의 단독입국 여성들의 비율이 높게 나타나는데 이들이 입국 당시 가족을 동반하지 않았으나 중국이나 북한에서 혼인 혹은 동거과정에서 자녀와 배우자를 두고 있는 경우들도 상당한 비율을 차지하고 있다. 일부 여성 새터민들은 입국과정에서 중국에서 동거한 남성으로부터 재정적 지원을 받았거나, 본인 입국이후 자녀와 동거인을 국제결혼의 형태로 입국시켜 줄 것을 약속한 것으로 나타나고 있으며, 실질적으로 이러한 가족 이주의 약속을 실현시키기 위해서는 상당한 기간과 노력이 소요되고 여성 새터민들의 남한사회 정착과정에는 북한에서의 사회적 문화와 개인적 경험뿐만 아니라 북한을 벗어나 제3국에서 체류하면서 체득한 현지 문화와 경험들이 복합적으로 작용할 수밖에 없다(이금순, 2007: 27).

앞에서 살펴본 바와 같이 북한이탈주민 여성들의 복합적인 요소들이 이들을 위한 남한에서의 정착 지원 서비스의 방향성을 설정하는데 다소 어려움이 따르게 한다. 일반화된 경향성을 보이기보다는 최근 입국하고 있는 여성들의 경우 각 각의 문제와 욕구가 다양하므로 사회복지 실천 현장에서 서비스의 내용과 접근 방법을 선택함에 있어서도 다양성을 확보해야 할 것이다.

이 장에서는 북한이탈주민 여성들을 위한 서비스의 3가지 영역에 대한 개괄적인 차원의 방향성을 제시하고자 한다. 북한이탈주민 여성들을 위한 서비스 영역에서는 가족과 관련된 서비스 영역이 반드시 필요하고 가장 중요한 영역중 하나이지만, 가족 관련된 서비스는 다른 영역에서 다루어졌으므로 여성 개인들과 직접적인 관련성이 있는 서비스 영역에 대해서만 언급하고자 한다.

1) 심리적 안정 및 정신건강 지원

　탈북 여성들은 긴 탈북과정에서 심신이 많이 지쳐 있으며 아직도 미해결된 일들을 안고 살아가고 있다. 그러므로 탈북 여성의 적응지원에서 가장 우선되어야 할 것은 아직 미해결된 심리적인 문제를 완화하고 안정시키는 것이라고 할 수 있다(박윤숙, 2005: 283).
　심리적 지원 및 정신건강을 위한 지원은 북한이탈주민 여성에게 있어서는 특히 더 중요한 부분이다. 왜냐하면 탈북 이후, 제3국 등에서 삶을 살아가는 동안 앞 장들에서 살펴본 바와 같은 많은 어려움에 노출되어 왔기 때문에 그 때의 상처와 어려움에 대한 기억들은 남한 생활의 적응 장애 요인으로 작용하기 때문이다.
　심리안정과 정신건강에 영향을 미치는 요소들은 다양한데, 이주민의 정신보건에 관한 많은 연구들은 정신보건에 부정적 영향을 미치는 정착과정의 위험요소로 실업과 빈곤을 일관성 있게 보고하고 있다(Lie, 2002; Silov & Ekblad, 2002; Beiser, 1999, 2001; Westermeyer et al., 1989; 전우택, 1997; 김연희, 2006에서 재인용). 또한 생태계적 관점에서도 정신보건의 문제를 개인의 능력과 환경의 요구 사이에 불일치가 그 원인이라고 보는데, 취업은 개인에게 정체성과 자아 존중감을 주는 중요하고 의미 있는 역할과 활동을 제공함으로 정신건강에 큰 긍정적인 기여를 하게 한다(Miller & Pasco, 2004). 개인이나 지역사회의 역량강화라는 측면에서 자활능력을 강화하기 위해서는 취업 훈련 및 알선프로그램을 제공할 뿐 아니라 취업상황에서나 취업으로 인한 스트레스에 대처하는 개인의 역량을 강화시키는 다양한 기술훈련 프로그램과 사회적 지지를 제공하여야 한다(김연희, 2006: 21~22)
　따라서 북한이탈주민 여성들을 위한 지원 프로그램 중 정신건강을 지원하기 위한 프로그램은 2가지 차원으로 진행되어야 할 것이다. 정신건강상의 심각한 문제요소에 대한 개입지원 프로그램과 간접적인 측면에서 영향력을 미치는 프로그램들을 병행하여 실시해야 한다.

또한 심리적인 문제와 어려움은 주변의 여건과 변화하는 개인의 심리적인 환경적인 요소에 영향력이 있어 상시적으로 발생될 수 있으므로, 지역사회 안에서 상시적인 접근과 지원이 가능한 지역사회 중심의 아웃리치^{outreach}가 가능한 기관들을 중심으로 실시되는 것이 바람직하다고 할 수 있다.

북한이탈주민 여성들을 위한 정신건강 서비스가 지향해야 하는 목표를 제시하면 다음과 같다(김연희, 2006: 17~18) 생태 체계적 관

〈표 9-9〉 북한이탈주민 정신보건 서비스 개입의 목표

- 개인의 내적 자원의 회복과 강화
  - 심리정신적 장애의 치료와 관리
  - 새로운 환경에 필요한 정보와 기술의 습득
  - 개인, 가족, 대인관계 향상 기술
  - 지역사회 자원에 관한 정보제공 및 활용능력 강화
  - 사회문화적 차이에 대한 인식과 대처기술 고양

- 사회적 지지체계의 구축/강화

- 비공식 지지체계 개발 및 강화
  - 공동체의식, 소속감의 강화

- 환경에 내재하는 스트레스 원인의 제거
  - 정착지원프로그램에 사회적 개입프로그램 요소 강화
  - 지원프로그램의 강도와 장기적 지원
  - 자활능력을 개발하고 지원하는 지원체계
  - 사회적 편견과 차별에 대한 대책

※출처: 김연희, 2006: 17~18.

점과 스트레스 이론으로 조명하여 북한이탈주민의 정신보건 문제를 이해할 때 정신보건 서비스의 개입은 크게 세 요소로 분류하여 볼 수 있고 몇 몇 구체적인 서비스 개입방법은 〈표 9-9〉와 같다.

2) 신체적 건강을 위한 지원

여성 새터민들의 취업 및 사회적응 상 어려움중의 하나는 신체적 및 심리적 건강상태가 양호하지 못하기 때문인데, 북한 및 중국에서의 생활여건상 문제점 및 본인들의 여성보건의 중요성에 대한 인식 부족 등에 기인하고 있다. 상당수의 여성 새터민들이 만성적인 여성 질환에 감염되어 있고, 적절한 치료를 하지 않을 경우 본인의 건강 및 출산뿐만 아니라 다른 사람에게 전염의 가능성도 있을 수 있기 때문에 여성 새터민들이 초기 정착과정에서 주기적인 건강 상담과 치료를 받을 필요가 있다는 점을 충분히 인지시키는 것이 필요하며, 이들이 지역단위에서 부담 없이 찾을 수 있는 의료상담체계를 마련하여야 할 것이다(이금순, 2007: 27).

신체적 건강의 영역은 여느 북한이탈주민들 모두에게 적용되어야 할 부분이면서도 위에서도 언급된 바와 같이 여성이라는 특수성과 관련되어 더욱 건강을 위한 지원이 필요하다고 하겠다. 북한이탈주민 여성들에게 신체적인 건강의 중요성을 인식시킴과 동시에 만성화된 여성 질환들에 대한 치료를 적절한 시기에 적절한 차원의 치료를 받을 수 있도록 지역사회 중심의 지원이 필요하다. 특히 의료보호 외 영역에서의 의료비 부담에 대한 어려움이 있으므로 비보호영역에 대한 지원이 가능한 의료기관을 발굴하여 지역사회 안에서 상시적인 의료적인 상담과 진료서비스를 받을 수 있는 지원 시스템을 구축할 필요가 있다.

3) 경제적 안정을 위한 취업 지원

　탈북 동포들의 입국 이유는 이전의 체제불만이나 이념적 문제보다 생존을 위해 입국하고 있으며 최근에는 단순 생존형 탈북보다는 더 나은 삶을 찾아 남한 입국을 희망하는 경우가 많다. 그러므로 탈북 여성들이 남한 사회에 적응하기 위한 좋은 방법은 직업능력을 신장시켜 일자리를 갖게 하여 소득을 얻게 하는 일이다(박윤숙, 2005: 285).

　북한이탈주민 여성의 경우에는 남성과 비교하여 취업률이 낮을 뿐만 아니라 취업한 경우에도 비정규직, 저임금직, 일용직 등 매우 불안정한 취업상태를 가지고 있다. 또한, 실질적으로 여성이 저임금, 비정규직에 편중되어 있는 남한의 취업시장 환경에서 이들은 부족한 직업능력으로 인해 더욱 열악한 위치를 차지할 수밖에 없다는 현실적 한계를 가지고 있고, 이러한 점을 감안하더라도 북한이탈주민 여성의 안정적인 취업 지원은 정착의 중요한 문제이다.

　현재 정부에서 실시하고 있는 직업훈련 등 정부차원의 취업지원 정책에서 여성들의 문제점이 충분히 고려될 수 있도록 해야 한다. 현행 직업훈련 프로그램들은 미용이나 요리, 전산처리 등 일부직종에 한정되어 있으며, 직업훈련 과정도 실제 취업을 위한 실질적인 과정이 되지 못하고 단지 직업훈련 수당 및 장려금 수급을 위해 형식적으로 이루어질 가능성이 매우 높다. 이것은 현재 진행되고 있는 프로그램들이 취업과 연결성이 있는 기술의 취득과는 거리가 있는 내용이기 때문이다. 또한 북한이탈주민의 취업지원을 위해 마련된 취업담당관(고용안정센터)의 역할도 현실적인 어려움으로 인해 제대로 이루어지지 못하고 있어 하나원 퇴소 이후에 취업을 지원하는 시스템 전반적인 차원의 개선이 시급하게 필요한 상황이다.

경제적인 지원에서 가장 중요한 것은 자신의 능력에 맞는 일자리를 갖도록 지원하여 자신의 삶의 주도성을 여성들이 갖도록 지원하는 것이라 할 수 있다. 최근 입국하는 북한이탈주민의 약 70% 이상이 여성이고, 이들 중의 상당수는 20~30대의 젊은 층이라는 점을 고려할 때, 젊고 비교적 건강한 여성들이 가질 수 있는 직업의 영역을 발굴하는 것이 가장 중요한 경제적인 지원책이 되어야 할 것이다. 최근 한국사회의 고학력자들의 미취업 상황과 경제적인 불안정의 상황도 고려되어야 할 중요한 상황이기는 하지만, 북한이탈주민 여성들이 가진 장점이 될 수 있는 것을 정리하고 그에 따른 적합한 직업군을 찾고 또한 그것이 남한의 직업영역에서 필요로 하는 산업인력으로 이어질 수 있는 방법들에 대한 일련의 연구와 개발과정이 필요할 것이다.

구체적으로 여성 새터민들이 보다 안정적인 취업을 위해서는 이들이 거주지에 전입한 이후 개인의 적성과 희망을 고려한 다양한 직업에 대한 맞춤식 상담을 거친 후, 일정기간 관련 직업훈련기관에서의 기초직업훈련을 이수를 거쳐 해당사업장에서의 직업훈련 및 연수를 받을 수 있도록 하는 것이 필요하다. 예를 들어 일정기간의 인턴과정을 거치도록 하며 이 기간에 사업장에서 직업기술뿐만 아니라 직장문화, 동료들과의 사회관계 형성 등 직장생활을 경험할 수 있도록 하여 취업활동에 대한 자신감을 회복하도록 하는 것이 필요하며, 새터민들이 일반적으로 정착초기에는 북한에서의 직업과 비교하여 하향 이동할 수밖에 없을 것이나, 단계적으로 직업이동이 가능할 수 있도록 재교육 프로그램 등을 활용할 수 있도록 유도하는 것이 필요하다(이금순, 2007: 28).

4. 북한이탈주민 여성을 위한 서비스 현황

여기에서는 북한이탈주민 여성을 위해서 실천 현장에서 제공되고 있는 서비스를 소개하고자 한다. 서두에서 언급하였던 것처럼 북한이탈주민 여성들을 위한 자원 프로그램은 다양하지 못하다. 과거에서부터 현재까지 진행되고 있는 프로그램을 소개하면 〈표 9-10〉과 같다.

〈표 9-10〉 북한이탈주민 여성을 위한 서비스 내용

프로그램명	프로그램의 내용	실시기관
북한이탈주민 가족 강화를 위한 여성교육	· 탈북 가정의 문제를 완화하고 해결하는 것이 사회적응의 기반이 되는 중요한 일임을 인식 · 교육내용: 탈북 여성의 자아 존중 향상 및 역량 강화	공릉종합 사회복지관
탈북 여성 자조그룹	· 내용: 월 1회 토론을 통한 생활에서 나타나는 문제점을 해결, 남북한 여성들이 함께 진행하는 통일 바자회	방화6종합 사회복지관
사회적응교육	· 탈북 여성만을 위한 사회적응교육시설 설치 및 운영 · 교육내용: 문화 이질감 해소 및 사회적응(48%), 진로지도 및 일상생활 기능실습(31%)등으로 구성되어 실시	하나원
차와 다과가 있는 한마당, 추석명절 행사, 심포지엄	· 문화행사 진행: 탈북 여성들의 자작시 낭송, 남북한 송편을 빚으며 명절의 즐거움을 함께하는 문화행사 · 심포지엄 개최: 2001년 '이산가족의 恨과 정신건강' 여성 정신과 민족통일	한민족통일 여성중앙 협의회
북한이탈 여성주민 생활실태 조사결과 발표와 지원방안을 위한 토론회	· 1999년 국내거주 탈북동포 중 탈북 여성 35명을 대상으로 생활실태 조사결과 보고 및 지원방안 논의	평화를 만드는 여성회
탈북 여성 하나원 분원 직업교육 및 상담자 교육	· 2001년 '탈북 여성을 위한 취업 설명회' 및 탈북 여성 직업훈련 프로그램 실시 · YWCA 고유 인력인 전문상담원을 활용하여 탈북 동포를 위한 전문상담원 양성 교육 실시	서울 YWCA
탈북 여성 동료상담	· 2003년부터 탈북 여성들의 동료상담교육 진행 · 내용: 기입국한 탈북 여성들이 자신의 경험을 가지고 새로 편입한 탈북 여성을 상담	하나로교육 복지연구원
하나원 분원 탈북 여성 사회봉사교육 및 효친사상교육	· 내용: 교육기간 중 정교육생이 1일 동안 사회복지시설을 방문하여 클라이언트들을 격려하고 위문공연 진행 · 효친사상 교육 및 탈북 동포들의 결혼식 지원, 이혼 등으로 오갈 데 없는 탈북 여성들의 긴급 쉼터를 제공	남북사회복지 실천운동본부

프로그램명	프로그램의 내용	실시기관
하나원 분원 탈북 여성 사회적응 프로그램	· 내용: 여성 자신의 생각 표현하기, 경제생활, 직업탐색, 성 보건지식, 여성으로서의 권리와 법률, 송별파티 · 프로그램 운영: 매주 1회 하나원을 방문하여 정기교육 이후 저녁시간을 이용하여 진행	북한인권 시민연합
탈북 여성의 외상 후 스트레스 장애 치료 및 상담	· 외상 후 스트레스 장애를 앓고 있는 탈북 여성을 포함한 탈북 동포들을 중심으로 2003년 8월부터 치료를 위한 상담 실시	국경없는 의사회
국제 결혼, 입양 등의 법률지원	· 법률적인 지원이 필요한 상황에 처하는 경우 법률상담을 지원	대한 변호사협회
탈북 여성 직업 탐방실시 및 직업교육 예정	· 2004년 10월부터 탈북 여성 직업탐방 프로그램 실시 · 하나원의 사회적응교육 프로그램 중 8개 프로그램은 민간참여를 통한 개방형 교육운영제도를 도입할 계획	서부 여성발전센터

※출처: 각 기관의 홈페이지 및 박윤숙, 2005.

10 북한이탈주민 남성의 문제

　북한이탈주민 남성의 이주 후 생활의 심리적 어려움과 고통의 원인은 다양하겠지만 그들의 가부장적 성역할 태도와 가정, 학교, 직장에서의 남성우대 문화는 남한사회 적응에 부정적인 영향을 미치는 중요한 요인이 되고 있다. 따라서 적응이면에 내재적으로 자리잡고 있는 북한이탈주민 남성의 사고방식을 고찰해보는 것은 그들을 이해하는 데 도움이 될 수 있으리라 판단된다.

1. 가부장적 성의식

　북한은 가부장제적 사회주의 국가관을 표방하고 있다. 이는 '수령 - 당 - 인민대중'은 삼위일체적 관계로서 국가의 최고 가장인 수령,

김일성 사후에는 김정일이라는 지도자가 북한사회의 대가족 구성원인 인민을 돌볼 권리와 의무가 있다는 뜻이다. 국가적 차원의 가부장제적 온정주의는 현실적으로 가족적 차원에서의 가족주의로 발현된다. 이렇게 모범적 가족상 속에서 남성의 전형상으로서의 김일성 김정일 모델은 그들의 교시나 행동을 잘 실천하자는 주요골자로서 생활 지침으로 기능하게 된다. 하지만 궁극적으로 김정일을 통한 남성 모델은 주변과의 조화나 견해를 무시한 채 어떠한 방식으로든 자신의 뜻을 관철시키는 남자가 남자다운 성격을 지녔으며, 의무보다는 권리를 강조하는 역할 모델로 인식되고 있다. 가부장제적 사회주의는 김일성 일가의 모범 창출 과정과 연관된다. 김일성 일가 모범창출은 수령제의 형성, 후계체제의 구축, 김일성의 어머니인 강반석과 김정일의 생모인 김정숙 따라배우기 운동 등으로 전개되었다. 이 과정에서 주목할 점은 김일성의 아버지 김형직은 '항일투사'로는 거론되었지만 아버지의 역할로는 거의 거론되고 있지 않았다는 사실이다. 김일성 자신도 한 사람의 아버지로 설명되고 있지 않았다. 이러한 사실은 김일성의 아버지인 김형직을 강조하거나 김정일의 아버지인 김일성을 강조하여 아버지의 전형을 창조하고나 형상화하지 않는다는 것이다. 다만 북한사회에서 수령을 북한체제를 유지하게 하는 인민 전체의 '어버이'로 각인 세뇌시킬 뿐인 것이다.

하지만 가부장제적 사회주의의 전환적 계기는 아이러니하게도 여성의 역할을 강조함으로써 발현된 것이라 할 수 있다. 그들이 주장하는 가부장제적 사회주의 성 관점에서 표방하는 남성과 여성은 평등하다는 전제를 기초로 하고 있다. 역으로 여성은 권리보다 의무를 강요받는 '혁명적 현모양처'의 성역할을 학습하게 되었다. 이는 가족을 유지시키는 실질적 책임자는 여성이며, 가족의 위기상황에서 그 책임을 다 해야 하는 역할 역시 남성이 아닌 여성의 몫이라는 의미이다. 북한은 김일성의 어머니인 강반석과 김정일의 어머니인 김정숙을 여성의 모범적 모델로 만들어 1960년대 김일성 체제를 강화하는 과정에서 강반석 여사 따라 배우기 운동을 시작하고, 1974년 김정일 후계체제 공식화와 동시에 김정숙 여사 따라 배우기 운동을 전개시켰다. '혁명도 생활도 어머니처럼' 이라는 구호 아래 모든 여성들의 모범사례로 학습하도록 한 것이었다. 이렇게 북한가족정책의 가부장적이고 사회주의적인 특성은 여성이 사회주의 건설에 앞장서는 '혁명적 여성관' 과 아내 어머니 며느리 딸 이라는 가족 내 역할을 중시하는 '헌신적인 전통적 여성관' 이 양립하고 있는 것이다. 그렇다고 북한사회가 모권을 강화한다든지 여성의식을 고취시켜 남녀평등적 사고를 학습하도록 한다는 의미는 전혀 아니다. 여성은 다만 '혁명적 현모양처' 로서 북한사회의 가부장제적 사회주의를 유지시키는 이중적인 도구적 기능을 요구받을 뿐인 것이다. 그 초점을 두는 성역할고정성, 부부관계, 부자관계,[2] 가족주의는 다음과 같이 정리될 수 있다(북한연구학회, 2006: 17; 이순형 외, 2007: 269).

① 성역할 고정성
· 남성과 여성 간에는 차이가 있다.
· 가족의 주인은 가장이다.
· 부부가 모두 가정 밖에서 일을 해도 가사 일은 여성이 할 일이다.
· 사회에서 하는 일에는 남녀의 일이 따로 있다.

② 부부관계
· 부인은 남편에게 순종해야 한다.

---

[2] 김정일이 권력을 세습하자, 명칭에도 부자관계가 그대로 반영되었다. '어버이수령님' 할아버지수령님' 과 '어버이김정일' 이 되었다. 나아가 '충성둥이', '효성둥이' 란 말에서 알 수 있듯이 충효를 내세워 가부장적 정치체제의 단면을 시사하고 있다(이순형, 1999: 120 - 136).

③ 부자관계
- 부부관계보다 부자관계가 더 중요하다.
- 아들은 꼭 있어야 한다.
- 딸보다 아들이 많은 유산을 받아야 한다.
- 조상에 대한 제사는 반드시 지내야한다.
- 결혼하면 부모님은 장남이 모셔야 한다.

④ 가족주의
- 내가 성공하는 것은 나보다 내 가족의 영광이 되므로 중요하다.
- 아들이 없어서 대가 끊기는 것은 가족뿐 아니라 가문 전체의 불행이다.
- 이혼은 어떠한 경우라도 해서는 안 된다.

결혼과정에 대한 북한이탈주민 여성의 경험적 진술을 통해 북한 남성의 가부장적 성역할을 엿볼 수 있다.

"그 사람은 나 결혼하기 전까지 얼마나 나를 무시했는지 몰라요. 내 의견을 듣지 않고 내 의향을 듣지 않고 우리 아버지한테 가서 내가 자기를 좋아한다고 말하고 자기네 집에 가서도 승낙을 받았고. 내 자존심을 무시했거든요. 그래서 싸움도 많이 하고 했는데 우리 아버지는 그 사람 좋다고 하고 나는 싫다고 한 거예요. 내가 끝까지 그 사람하고 안 살겠다고 그러니까 그 때 우리 집에서도 마지막에는 두 손 두발 다 들었어요. 그런데 그 사람이 일요일에 왔는데 약혼식을 그 날로 했어요. 그 남자가 약혼식 날에 그냥 나하고 같이 자자고. 안 자겠다는 거 우리 아버지가 그 날 같이 자게 했거든요. 그래서 어쩔 수 없이 그렇게 됐죠."

극단적인 예일 수도 있겠지만 여성 본인이 싫다는 의사표현을 분명히 해도 아버지가 나서서 잠자리에 들도록 권유 내지 강요하는 경우가 있다고 한다. 또한 부모가 이렇게 나서는 것은 사회적으로 여자가 싫다고 해도 적극적으로 따라다녀서 자신의 뜻을 관철시키는 남자를 '남자다운 성격'을 지닌 존재로 미화하는 성향이 있음을 앞의 인용문을 통해 알 수 있다(북한연구학회, 2006: 292).

덧붙여 결혼생활에서 나타나는 부부관계에서 남편의 권위적 태도는 다음의 진술을 통해 알 수 있다.

> "남자들이 여자들을 좀 어떻게 대할까? 자기 아내라기보다도 자기 가정에 주부라기보다도 딱 머슴을 대하듯이 그런 점이 있어요. 이거하라. 저거하라. 남자들이 말하면 여자들은 순종해야 되는 게 있어요."

> "남편이 너무 완강하고 좀 그랬어요. 모든 걸 여자를 아주 낮춰 보고 아주 무시하고. 남편에게 쥐어 살았어요. 북한에서는 남편이 항상 두려운 존재였고. 남편을 높이 보면서 살았고. 남자는 여성이 복종해야 할 존재이고 남성의 권리가 강했어요. 정체에서는 남녀평등을 주장하지만 실제로는 그렇지 않아요."

이러한 북한사회에서는 가부장적 성역할 가치관은 결혼생활에서뿐만 아니라 직업관에도 영향을 주며[3] 강하고 거친 것은 남성성으로 부드럽고 약한 것은 여성성이라는 획일화된 성의식이 강하게 자리

---

[3] '북한은 워낙 살기 어려우니까 운전사 직업을 선호하는 사람들이 많아요. 여자가 감히 운전하는 거 상상을 못하지요. 남자도 운전하려면 어지간히 배워야 하는데 여자가 어떻게 하겠어요. 인식이 그렇게 되어 있어요'(이순형 외, 2007: 198 진술인용).

잡고 있다. 남녀관계어서도 여자는 남자에게 순종해야 한다는 획일화된 의식이 있다. 남자가 실권과 권위를 가지고 있어야 하며, 여자는 남자의 그늘 아래에 머물러야 한다는 남성우월의식이 강하다. 따라서 북한이탈주민 남성들은 남한생활에서 여성들이 남성과 인격적으로 평등하다는 의식에 문화적 충격을 크게 받는다.

> "남한에 와서 대학을 다니며 배운 게 남자 여자가 평등한 입장에서 자기주장을 해야 되고. 처음에 딱 들어와서 생활했을 때 제가 느낀 게 남자들이 여자같다는 생각이 많이 들었어요. 북한에 남자들은 이렇게 막 다 좀 무뚝뚝하고 그런데, 남한남자들은 다 여자 같아가지고, 여자들 한마디면 남자들이 꿈쩍 못하는 거. 북한에서 남자는 권위있고 그래요. 여자는 남자 한 마디에 순종해야 되고."(이순형 외, 2007: 199).

이러한 가부장적 경향은 북한에서의 교육수준이 높을수록, 미혼보다는 기혼이 남한에서 권위존중의식이 높은 것으로 나타났다(이순형, 2007: 293~294).

2. 가정과 학교·직장에서 일상화된 남성우대 문화 : 북한에서

북한에서는 1946년 7월 30일 임시인민위원회는 "일제식민지정책의 잔재를 숙청하고 낡은 봉건적 남녀 간의 관계를 개혁하며 녀성들로 하여금 문화, 사회, 정치 생활에 전면적으로 참여하게 할 목적"으로 「북조선남녀평등권에 대한 법령」을 발표했다. 그러나 가정, 학교, 직장의 일상생활에서 남성우대 문화로 인해 성별에 따른 차별이 많음을 알 수 있다.

1) 가정생활에서

어린 시절 맏딸로서 채석공장 탁아소 원장이었던 어머니를 대신하여 집안사림을 온통 도맡아 하면서 동생들을 돌보며 지냈는데 아들인 오빠는 늘 가만히 앉아서 공부만 하는 것이 불만이었다. 자신이 오빠나 남동생에 비교했을 때 딸이라는 이유로 차별을 받았는데 북한에서는 드물지 않은 일이다.(조선말대사전, 1992: 1198)

2) 학교생활에서

법령으로는 남녀가 평등하다고 해도 학교에서 여학생을 사로청위원장이나 분간위원장으로 선출하는 경우는 거의 없으며, 전혀 없는 건 아니지만 아주 드물다고 하였다. 학교에서 원족을 간다면 여학생들은 쌀과 된장, 밥솥이나 그릇, 땔나무까지 준비해 음식을 해 놓으면 남학생들은 그저 와서 먹는다는 것이다. 대학 시절 군사야영이나 농촌지원에 나갔을 때 남학생이 빨래감을 맡기면 여학생은 아무 말 없이 빨아서 가져다주는 것을 당연히 여겼다고 하였다.(북한연구학회, 2006: 285)

3) 직장생활에서

가정에서는 남녀 간 차별이 많아도 직장에서 직업의 종류나 성격에 관계없이 남녀가 동일하게 노동한다(민족통일연구원, 1998). 그러나 "직맹원을 제외하면 남자들은 총화시간에나 보일 정도로 근무에 태만하며 근무시간 중 음주나 부녀자 폭행도 한다"는 내용이 포함되어 있다(북한연구학회, 2006: 285).

남자가 여자를 폭행하는 현상은 직장뿐 아니라 학교에서도 자주 발생한다. 학교에서 남학생이 여학생을 때려도 여학생이 감히 항의하지 못할 정도로 남녀차별이 심한 편이라 증언되었다. 또한 농촌으로 갈수록 이러한 남녀차별 경향은 더욱 심각해진다고 평가했다. 군대에서는 아버지가 사망하면 집에 갈 수 있으나 어머니가 사망할 경우에는 못 간다고 증언하기도 하였다.(북한연구학회, 2006: 286)

3. 북한남성이 학습한 여성관을 중심으로

1) 국가와 가정에 헌신하는 여성

국가주의 담론에서 가족은 가장 기본적인 사회관계이며 사회질서를 구성원에게 내면화시키는 단위라 할 수 있다. 북한에서 전통적 가족관계의 핵심은 아버지를 기준으로 한 위계질서이다. 나아가 가족 내 종적 횡적인 혈족관계는 사회적 거리의 기초적인 연장선이 되었다. 따라서 남편의 일은 아내의 일이 되며, 오빠의 일은 누이의 일로 전환된다. 북한 정권은 전선에 나간 남편이나 오빠, 아들과의 편지교환을 통해 그들의 뜻을 따라야 한다는 의지를 높이 평가하였다.

영웅칭호를 받은 리태련의 아내 김원순은 남편의 편지 구절인 "나는 우리 당과 수령을 위하여 굴할 줄 모르는 용기를 내어 끝까지 고지를 사수하였고, 당신도 근무자의 안해로서 자기 생활상 곤난을 국가와 인민들의 원호에만 의존하지말고 매사를 자기의 힘으로서 타개함에 용감하시오"라는 편지를 전하였는데 이에 "나는 당신과 같이 영용한 인민군대를 남편으로 하고 있는 행복한 안해입니다. 나는 이 영예를 지키여 기어코 승리하고야 말 것이며 굳은 의지를 가지고 싸우고 있습니다"라며 종(從)의 의지를 보여주었다고 한다.

이렇게 북한여성들은 가족공동체 질서를 내면화 하였기에 "전체 녀성들이여! 조국과 인민을 위하여 전선에 나간 남편들과 오빠들과 아들딸들을 대신하여 더욱 용감히 싸우라! 더욱 빛나는 로력적 위훈을 세우라!"는 호소로서 가족 내 개인이 독립적 인격체가 아닌 종속적인 역할 연장자로서의 기능을 하도록 가치화되었다고 볼 수 있다.

이와 같은 여성들의 '남편과 오빠를 따르는' 활동에 대해 남성들은 '후방의 로력전선에서 나를 대신하여 국가사업에 더 충실' 하라는 답장으로 인격적인 위계질서를 보여주었다고 제시하고 있다. 하지만 김일성이 지적하였듯이 정작 "당과 정부에 무한히 충실하고 적에 대한 중오심이 높고 솔직한 녀성열성당원들이 많음에도 불구하고 군당에서는 녀성이라 해서 그런지 그런 좋은 녀성동무들을 간부로 쓰지는 않는다"는 것에서 북한의 가부장제적 사회주의에서 여성에 대한 인식은 국가와 가정에 봉사하는 종(從)으로서의 역할에 머물고 있음을 알 수 있다.

2) 노동현상에서의 성별 위계화

생산부분의 위계는 남녀 노동자간 위계에도 반영된다. 북한의 중앙 중공업 공장 노동자의 대다수는 청장년 남성이었으며, 경공업이나 지방산업 공장노동자 다수는 여성이었다. 따라서 생산부문의 위계가 남녀 노동자간 위계를 초래하게 되는 것이다. 산업 내부에서도 성역할론에 따라 여성노동자는 생산중대 외에 애정과 헌신성으로 남성노동자를 보조하고 생활을 관리하는 '노동자의 어머니' 상이 강조되었다.

또한 1960년대 중반을 경유하며 북한의 경제발전 속도가 떨어지게 되었으며, 국제적 갈등관계가 노골화되었다. 이에 따라 1966년 북한은 경제와 국방의 동시건설 정책을 실시했으며, 전시체제를 강화하였다. 그리고 1967년을 기점으로 '수령제'라는 위계적 지배질서가 구조화되었다. 이 과정에서 혁명하는 남편을 보조하고 자식을 혁명가로 양육하며 생활경제를 책임지는 혁명적 어머니 역할이 강조되었다. 즉, 공장과 가정에서 성별 위계가 구조화된 것이었다. 이 과정은 북한의 정치사회가 위계적으로 구조화되는 것과 맞물려 있었다.

(1) 중공업우선주의와 생산의 위계적 측면

중공업우선주의와 생산의 위계적 측면에서 살펴볼 때 전후 산업군사회 정책에 따라 생산 전투가 일상화 되었다. 노동자의 대부분은 성인 남성이었으며, 소수의 기사와 기술자가 있었으나 여성은 대개 잡일이나 사무원 또는 통계원등으로 일하였다.

전쟁과 급속한 산업화 정책으로 인한 노동력 부족으로 북한정권은 전후복구 3개년 계획(1954~1956) 마지막 해인 1956년 이후 여성 노동력 증대 정책을 전면화하였다. 중공업 공장지역에서는 남편의 공장에 아내를 취업하게 했으며 이 사업은 1958년부터 본격화되었다. 그 예로 1958년 10월 10일 김일성은 기양 기계 공장을 현지지도하면서 부양가족인 전업주부를 직장에 받아들이고 부부간 전습제를 실시하여 노동력 부족문제를 해결하라고 지시하였다. 이 지시에 따라 10~11월 사이 불과 한 달 만에 부양가족 820명이 공장생산에 참여하였다고 한다. 그러나 공장에서는 다음의 인용에서 확인할 수 있는 다양한 갈등이 나타났다.

"부양 가족들이 무슨 기능을 배우며 무슨 일을 쓰게 하겠는가느니, 우리 직장에서는 부양 가족 로력이 필요 없다느니 하면서 부양 가족 로력을 적지 않게 과소평가하면서 그들을 받아들이지 않으려는 현상...자기 안해와 동일한 직장에서 일하는 것을 그리 달가와 하지 않았으며 될 수만 있다면 안해와 같이 일하지 않으려는 편향...한편 직장에 진출한 가정 부인들 가운데서도 자신들은 선반이나 기계 조립과 같은 일은 할 수 없으니 기능이 요하지 않는 창고나 운반 작에 돌려달라고 청원하는 동무들까지."

이 공장에서 부부간 기능전습제에 소속된 부양가족 수는 532명이었다. 공장에서는 부인의 생산과 기술 지도를 남편이 하게 하였다. 하지만 남성중심적 군사문화가 팽배한 중공업공장에서 기혼여성 대부분은 남편의 일을 보조하였으며, 비중이 없는 기혼여성 중심의 생활필수품 직장을 구성하여 일하게 하였다. 이러한 원인은 공장 당국이 중앙 계획 목표 달성에 매달려 직장 내에서 여성노동자를 관리할 여력이 없었을 뿐 만 아니라 다른 한편으로는 중앙 중공업공장의 간부나 노동자들 사이에서 여성노동자를 인정하지 않으려는 분위기가 팽배했기 때문인 것으로 분석되고 있다.

전체적으로 북한여성은 농업과 경공업 그리고 지방산업 공장에 집중 배치되었으며, 중공업공장의 여성노동자 대부분은 사무직이나 통계원, 보조 노동력을 활동하였다. 그러나 여성노동자들은 남성노동자 보다 공장 내 각종 동원사업에 많이 참여하였다. 부양가족의 대부분은 노동자구내 경공업이나 지방산업 그리고 가내작업반에서 노동하였다. 이 과정에서 생산부문의 위계는 성별 노동의 위계를 초래하게 되었다.

(2) 공장과 가정에서의 성역할의 위계화 측면

공장과 가정에서의 성역할의 위계화 측면에서 볼 때 권력이 요구하는 여성 혁신노동자의 조건은 당과 김일성에 대한 충성과 생산증대와 함께 헌신적 애성과 생활관리로 반원들을 모범 노동자로 만드는 것이다. 구체적으로 헌신성, 동료에 대한 사랑과 애정, 인내심있는 행동으로 뒤쳐진 노동자들을 선진노동자로 만드는 것, 노동자 생활 관리 등이다. 즉, 노동자들의 어머니가 되는 것이다. 대표적 사례는 다음과 같다.

길확실이라는 여성의 수기는 각종 단행본과 신문 등을 통해 북한지역 전역에 선전되었다. 여성노동자들이 많은 공장에서는 조직적으로 학습되었는데 그녀와 같은 노동자들은 노력혁신자라고 하여 사회적 특혜를 받게 된다. 즉, 도급임금제(집단목표를 형성하여 집단으로 성과를 내야 하는 것이 아니라 개인적으로 주어진 일만 처리하고 임금을 받는 제도)에 의해 상대적으로 더 많은 임금을 받는 것, 무료 견학과 혁명전적지, 혁명사적집 답사, 휴양소 이용에 우선권 부여 등이다. 나아가 각종 감시 대상에서 제외되기도 한다. 이러한 여성노동자는 어디를 가나 칭송과 대우를 받게 됨으로 여성들의 삶의 지표가 된다. 따라서 여성노동자 내면에 노력 영웅이 되고 싶은 욕구와 함께 그러한 삶을 본받으려는 내면화 과정이 진행되는 것이다.

이에 반해 남성 혁신노동자의 조건은 국가계획을 선도하는 혁신적 행동이다. 구체적으로 생산과제 수행을 위해 불면 불휴하며 목표를 달성하는 것, 어떠한 갈등이 있어도 당정책과 수령의 지시를 고집스럽게 관철시켜 나갈 것, 기계문제로 생산에 차질이 있을 때는 기계 자체를 만들거나 기술혁신을 주도하는 일 등이다.

이러한 공장 내 남녀 간 역할차이는 성역할의 위계로 나타났다. 여성노동자들은 직장에서 노동자들의 어머니가 되도록 강제되었고 이것은 남성노동자들에게는 크게 요구되지 않는 여성 혁신노동자의 덕목인 것이다. 따라서 북한의 가정에서 어머니는 생활경제의 책임자, 혁명하는 남편보조, 혁명의 후비대 양성, 사회주의 생활문화 구현으로 가정의 혁명화를 이루는 주체로 구성된다. 이에 반해 아버지는 혁명과 권위의 상징이었으나 가정의 혁명화를 위해 해야 할 독특한 역할은 강제되지 않았다. 이러한 부부간 위계를 양성 자녀를 양육하는 데 있어서의 위계와 가사노동에서도 직간접적으로 반영된다고 할 수 있다(북한연구학회, 2006: 254~260).

4. 북한이탈주민 남성의 적응

전반적으로 탈북 이후 남한사회 적응 과정에서 여성보다 남성이 더 취약한 상태인 것으로 나타났다. 진미정(2007)[4]은 '탈북 여성의 발달과 적응'이라는 주제 발표를 통해 탈북 남성은 '새로운 사회에서 가치관의 변화를 더 많이 경험'하고 있으며, '과거의 내가 아닌 듯 느낄 때가 있다'라는 질문에 대해 남성이 여성에 비해 동의하는 정도가 높았음을 밝혔다. 그리고 '고향에 대한 그리움이나 북한에 두고 온 가족에 대한 죄책감'이 여성보다 남성에게서 더 높게 나타난 것으로 보아 '남성이 여성에 비해 정서적 문제를 더 많이 겪거나 더 높게 인식하고 있는 것으로 파악되었다. 덧붙여 '탈북 남성은 사회문화적 적응이나 구체적인 생활 영역에서도 더 많은 문제를 경험하거나 인식하고 있었다'라며 "이들의 문제는 정서적 문제와 취업,

---

[4] 한국인간발달학회 창립 20주년 기념 추계 학술심포지엄(2007.10.26),「탈북 여성의 발달과 적응」, 서울대 박물관.

생계비 벌기 등 경제적 문제, 자녀 양육과 같은 가족 문제를 모두 포괄하고 있다"라고 말했다.

5. 북한이탈주민 남성의 정신건강

남한생활에서 남성이 경험하는 문화적 갈등의 수준이 더 높은 것으로 나타났다. 북한이탈주민 남녀의 정신건강 측정결과를 전제로 할 때 남성이 여성에 비해 우울, 반사회성, 강박증, 내향성 척도에서 상대적으로 더 높은 점수를 나타냈는데 이는 남성이 자기비하나 자기비판과 같은 자기 평가가 엄격하고 사고의 경직성과 강박적 성향이 있으며, 스트레스 상황에서 반사회적인 외현화 증상으로 표현하거나 사회적 관계에서 불편함을 보다 더 크게 느낄 가능성이 있다는 것이다(정병호 외, 2007: 586~587).

북한이탈주민 우울수준을 하나원 교육시점인 2001년과 그 후 3년이 경과한 2004년을 비교분석한 결과 북한이탈주민의 우울수준은 초기 하나원 시기에 비해 유의미하게 증가한 것으로 나타났다. 즉, 정착기간이 길어지면서 정신 질환에 걸릴 위험률이 감소된다는 다른 난민연구(Steel, et al., 2002)결과와는 일치하지 않는 결과였다. 특히 여성들은 3년 동안 우울수준의 변화가 거의 없었던 반면 남성들은 우울수준이 증가하였다. 즉, 정착 초기에는 남성이 여성보다 우울수준이 낮았으나 정착 이후 남한 생활에서 남성이 여성보다 우울감에 더 취약했다. 이러한 결과는 하나원 거주 시 북한이주 남녀의 우울수준이 거의 비슷했다는 김현아·전명남(2003: 129~160)의 연구결과, 그리고 남성이 여성보다 우울수준이 높다는 한인영(2001: 78~94)의 연구결과와 비교해 보면, 남한생활에서 남성이 여성보다 우울감을 더 많이 경험한다는 사실을 재차 확인할 수 있다. 이것은 상대적으로 남존여비 사상이 강하고 남성들에게 사회적 우대와 이익이 주어지는 북한사회에 익숙한 북한이주 남성들이 남한사회에서 여성에 비해 사회적 지위의 하락을 더 많이 경험하고, 남성 정체감의 중요한 요소를 형성하는 경제적 능력이 손상됨을 더 많이 느끼면서 더 큰 좌절감을 느끼는 것으로 해석할 수 있다(정병호, 2007: 525).

또한 남성의 경우에도 여성과 마찬가지로 연령이 높을수록 우울수준이 높게 나타났는데 이는 고 연령층이 저 연령층에 비해서 남한사회에서 더 많은 좌절과 어려움을 겪고 이주생활 적응에 어려움을 많이 느낄 것이라는 것을 시사한다. 즉, 연령이 많을수록 잔여가족의 탈북 및 입국, 자녀양육, 새로운 직장을 찾는 문제 등으로 인한 부담은 커지고, 기존 사회에서 이루어 놓은 사회적 역할이나 성취, 인간관계 등 많은 부분을 포기해야 하는 입장이 된다. 또한 북한 내 탈북과정에서 더 많은 외상을 경험하고 심리적 신체적인 좌절과 무기력감을 더 깊이 경험했을 가능성이 있다(강성록, 2000).

나아가 과거 북한에서 결혼 경험이 있는 사람들이 없는 사람들보다 유의미하게 우울감이 높다는 것은 북한이탈주민 남성에게 있어서도 가족과 관련된 문제는 여러 측면에서 우울감을 심화시키는 요인이 된다는 것을 보여준다. 북한에서의 결혼 경험이 의미하는 바가 가족이 보유한 자원이나 주변지원체계라는 긍정적 경험보다는 남겨진 가족을 데려오는 데서 발생하는 여러 가지 문제나 헤어진 가족에 대한 상실감과 그리움, 탈북과정에서 생긴 복잡한 가족관계에서 생긴 갈등과 관련된 문제임을 예측해 볼 수 있다(정병호, 2007: 526).

6. 북한이탈주민 남성의 직업생활

일반적으로 탈북자들이 경험하는 가장 큰 어려움은 취업과 생활비 벌기인데, 남성이 여성보다 더 큰 어려움을 호소하고 있다(이순형 외, 2007: 309). 직종에 있어서도 남녀 간 차이가 있는데 남성은 일용직보다는 사무직이나 공장근로의 비율이 더 높게 나타났다. 하지만 여성은 사무직이나 공장근로보다 일용직의 비율이 더 높았다고 보고되었다(이순형 외, 2007: 298). 하지만 실질적으로 탈북 여성들은 남성에 비해 취업의 안정성이 더 낮고 근로소득 이외의 생계급여나 정착금에 의존하는 비율이 더 높았다 이러한 현상은 탈북여성의 노동 상황이 과거와 달리 성분절화되어 있는 데다가 비정규직 노동의 확대라는 여성 노동의 일반적 상황과 다르지 않기 때문이다(진미정, 2007).

이렇게 남녀 간 성별도 직업의 안정성과 취업에 영향을 미치게 되는 것임을 알 수 있다. 일반적으로 남성들은 사회적 요구, 신체적 조건, 그리고 육아 및 가정사에 대한 구속을 받지 않아서 취업에 유리하며 이러한 특성은 북한이탈주민의 취업형태에서도 반영되고 있다. 북한이탈주민들 중 남성들은 실업률이 12%인데 반해 여성들은 28.8%로 나타나 취업률에서 남성들이 훨씬 더 우세한 사실을 보여주었다. 직업의 안정성 면에서도 남성들은 정규직이 38.8%이나 여성들은 31.8%에 그치고 있다. 자영업도 남성들은 17.6%이나 여성들은 6.1%에 그치고 있다. 반면 직업의 안정성이 낮은 계약직에는 여성들이 33.6%로 남성들의 30.6%를 앞서고 있다. 임금에 있어서도 여성들이 남성의 60%에 해당하는 소득을 보였으며 남성들 간에는 여성들에 비해 2배가 넘는 편차를 보이기도 하였다.

북한이탈주민 남성에게 있어서 특히 과거 군 경험에서 획득된 성취동기는 향후 남한생활에서의 인내심과 조직문화에서의 적응력을 제고할 수 있다는 점에서 고려되었다. 실제로 과거 북한에서 군경험 자들은 월등히 높은 취업률을 보였는데 군 출신들의 실업률은 7.3% 에 불과하다. 이에 비해 미경험자들은 실업률이 27.1%나 되어 가장 심한 격차를 보이고 있었다. 직업의 안정성 면에서도 군경험자들은 정규직이 43.6%이나 미경험자들은 31.3%에 불과하며 자영업은 군경 험자가 20%, 미경험자가 8.3%에 불과하여 큰 격차를 보이고 있다(정 병호 외, 2006). 소득격차에 있어서도 군경험자들이 미경험자에 비해 2.5배가량의 편차를 나타냈다.

7. 북한이탈주민 남성의 의식변화의 어려움

북한이탈주민 성별에 따른 의식의 변화 양상을 알아보기 위해 하나원 교육시절(2001)과 그 후 3년경과(2004)의 변화를 비교분석[5] 한 결과는 다음과 같다(정병호 외, 2006: 450~451).

2001년 조사결과에서 여성들이 남성에 비해 더 큰 가치관 혼란을 느껴 북한에 대한 심리적 동조도 더 하고 있었으나, 이에 비해 남성 들은 정신신체 건강 만족도가 더 높았고, 터놓고 이야기 할 대상도 많이 있었으며, 남한사회 및 언어에 대한 이해를 더 하고 있다는 생 각들을 하고 있는 것으로 나타났다.

그러나 2004년도 조사에서는 정신신체 건강에 대한 만족도에 있 어서 남성이 여성보다 더 높은 것을 제외하고는 모든 남녀 간의 유의

---

5 비교한 내용: 경제생활만족도, 가치관 혼란, 북한이주민 간 단결, 정부지원정책 만족도, 남한 사 람 이해곤란도, 북한에 대한 심리적 동조, 정신신체 건강 만족도, 터놓고 이야기할 대상, 주거 만 족도, 남한사회 및 언어 이해, 남한사람들의 편견, 미래에 대한 전망이다(정병호 외, 2006: 451).

미하였던 차이가 없어진 것으로 나타났다. 가치관 혼란에 있어 1차 조사에서는 여성이 더 심한 것으로 나타났으나, 2차 조사에서는 남성이 약간 더 심한 것으로 나타난 것이다. 즉, 남성은 3년간의 남한사회생활을 통해 가치관의 혼란이 더 심해져 간 것으로 나타났으나, 여성들은 급속히 가치관의 혼란이 줄어든 것으로 나타났다. 북한에 대한 심리적 동조에 있어서도 처음 남한에 입국한 시기에 여성들이 더 강한 것으로 나타났으나, 3년 동안 남성들은 거의 변화가 없었던 것에 비하면 여성들은 급격히 줄어 남성들과 거의 차이가 없는 것으로 나타났다. 또한 터놓고 이야기할 대상을 가지는 것도 남한사회 적응 초창기에는 남성들이 더 많았으나 그 후 여성들은 그런 대상이 급격히 증가한 것에 비하여 남성들은 오히려 약간 숫자가 감소한 것으로 나타났다. 남한사회 및 언어의 이해정도에 대해서도 적응 초창기에는 남성들이 여성에 비하여 훨씬 높았으나, 3년 뒤 여성들은 급격히 증가하여 오히려 남성보다 여성이 더 높은 것으로 나타났다. 전체적으로 보아 여성들이 남성들보다 하나원 입소와 그 후 3년 시기에 더 급격한 의식의 변화를 체험한 것임을 시사한다.

북한이탈주민 성인 남성들은 자신들끼리만 모이는 장소에서는 북한이탈주민 여성들에 대해 비하하는 태도가 강하게 나타난다고 한다. 이러한 북한이탈주민 남성들의 의식적 특징이 대인관계의 어려움을 야기하는 원인이 되고 있다(전우택, 2007: 214).

그렇다면 북한이탈주민 청소년들에게 가부장적 성역할은 어떻게 남아 있을까? 예상과 달리, 남한사람들처럼 바쁘게 살아가는 북한이탈주민 청소년들에게 가부장적 성역할은 더 이상 의미가 없는 듯하다. 다음의 진술을 통해 보듯 온 가족이 직업을 가지고 바쁘게 생활하다보니 모두 모여 식사를 함께 하기도 어려운 상황이기 때문에 남자의 일과 여자의 일을 나누어 아내의 귀가를 기다려 가사를 맡길 시간이 없다. 가부장적 가치관도 바쁜 일상과 업무로 인해 달라진 것으로 생각할 수 있다.

"엄마 아빠는 일하고 오빠는 학교 다니고 아빠는 야간 늦게 들어오시거든요. 그러니까 집에서 밥을 같이 먹는 시간이 없어요. 여름에 어쩌다 모여서 같이 삼겹살 먹는데 저는 진짜로 좋더라구요. 엄마도 일찍 나가니까 밥도 자기가 알아서 챙겨먹는데 나쁜 것만은 아니라 그만큼 열심히 사니까. 그게 자본주의사회니까. 그렇다고 무슨 애정이 떨어지는 건 아니고 무슨 어린 나이도 아니고."

북한이탈주민 청소년들에게 있어서 가부장적 성의식을 알아보기 위해 '부부가 맞벌이를 해도 가사는 여성의 몫'이라는 문항에서 북한에서는 그렇게 생각했지만, 남한에서는 그렇게 생각하지 않는다. 마찬가지로 '사회의 직업에 남성의 일과 여성의 일이 따로 있다'는 문항에 대해서도 인식이 달라진 것으로 나타났다. 나아가 이들의 가부장적 성의식 가치관에 영향을 준 요인은 탈북 이후 경과기간으로 제시되었다. 즉, 탈북 이후 경과기간이 길수록 가부장적 성의식을 더 낮게 인식한다는 것이다.

토론거리
1. 각자 북한이탈주민에게서 경험한 가부장적 태도가 있다면 어떠한 것인지 말해보고 사회복지사의 입장에서 어떠한 개입이 필요한지 논의해 보자.

□ Ⅲ부 참고문헌 □

〈7장 참고문헌〉

국회민생정치연구회(2006), 『이주민가족의 보호와 지원에 관한 법률안 공청회 자료집』, 2006.11. 국회도서관 대회의실.
박미석・이종남(1999), 「탈북가족의 남한 사회 적응시 겪는 어려움과 그에 따른 대처방안」, 『통일논총』, 17: 3-73.
박영희(2003), 「북한이탈주민의 지역사회통합을 위한 실천적 방안」, 『북한이탈주민의 지역사회내 통합과 융화』, 북한이탈주민지원 민간단체협의회, 연세대학교 사회복지연구소 공동세미나 발표자료, 연세대 새천년기념관, 2003.4.18.(비간행물).
박현선(1999), 「현대 북한의 가족제도에 관한 연구」, 이화여자대학교 박사학위논문.
박희정(1998), 「북한이탈여성의 남한사회 적응에 관한 사례연구」, 가톨릭대학교 석사학위논문.
북한인권정보센터(2005), 『새터민 정착실태연구』,. 통일부 용역연구보고서.
안연진(2002), 「북한이탈주민가족의 가족문화 특성에 관한 질적 연구」, 가톨릭대학교 석사학위논문.
윤여상(2001), 「북한이탈주민의 현황과 지원방향」, 『북한이탈주민 지원사업의 지역화 방안과 민간의 역할』, 북한이탈주민 지원민간단체협의회 심포지엄, 부산대학교 통일부공동주최 2001.10.19.
윤인진 외(2004), 『통일시대에 대비한 남북한 연구: 탈북자 가족의 남한사회 적응을 통해 본 통일 이후 남북한 가족과 성역할 변화에 대한 연구』, 한국학술진흥재단 2003년도 협동연구지정주제지원과 제1차년도 최종결과보고서.
이금순 외(2003), 「북한이탈주민 적응실태 연구」, 통일연구원 협동연구과제 보고서.
이기영(2006), 「탈북자 가족관계」, 『2006년 한국가족상담학회 & 한국가족치료학회 추계공동학술대회, 다문화와 가족상담』, 서울대학교 교수회관 회의실, 2006.11.17.
_____(2002), 「탈북청소년의 남한사회 적응에 관한 질적분석」, 『한국청소년연구』, 13(1): 175-224.
_____(2000), 「탈북자 가족의 남한사회적응과정」, 『한국가족사회복지학회 추계학술 대회 자료집』.
_____(1999), 「탈북자 가족구성원의 갈등에 관한 문헌적 고찰」, 『성결대학교 사회과학연구』, 6: 389-404.
이기영・성향숙(2001), 「탈북자 가족구성원의 가족관계 인식에 관한 조사연구: 탈북자 가구주 및 그 배우자의 인식을 중심으로」, 『한국사회복지학』, 47(가을): 243-271.
장혜경・김영란(2000), 「북한이탈주민가족의 가족안정성 및 사회적응과 여성의 역할」, 한국여성개발원 연구보고서.
전우택(1997), 「탈북자들의 주요 사회배경에 따른 적응과 자아정체성에 관한 연구」, 『통일연구』, 연세대 민족통일연구원, 2: 109-67.
Potocky-Tripodi(2002), *Best Practices for Social Work with Refugees and Immigrants*, New York, NY: Columbia University Press.

〈8장 참고문헌〉

강경미(2005), 「통일을 대비한 북한청소년의 복음화와 기독교상담전략」, 『성경과 신학』, 한국복음주의 신학회 논문집, 기독교연합신문사, 37: 260-290.
국회도서관 입법조사분석실(2004), 『통일이후 남북한 교육통합 방안연구』, 국회도서관입법조사분석실.
길은배・문성호(2003a), 「북한이탈 청소년의 남한사회 적응문제와 정책적 함의」, 『청소년학연구』, 10(4): 163-186.
김기형(2008), 「남북통합시대를 대비한 복지전문인력 양성 및 허브구축을 위한 현장 제언」,

『그리스도대학교 2008 민·관·학 파트너십을 위한 기초단체장 및 유관기관장 초청 토론회 자료집』, pp.31-41.
문성호(2005), 「북한이탈 청소년의 남한사회 적응과 청소년 복지의 과제」, 『청소년복지연구』, 7(1): 5-17.
민성길·전우택(2001), 「북한청소년에 대한 이해」, 『통일연구』, 연세대학교 통일연구원, 11: 25-42.
유명복(2005), 「탈북청소년의 남한사회 적응과 기독교 교육의 과제」, 『성경과 신학』, 한국복음주의 신학회 논문집, 기독교연합신문사, 37: 297-316.
이기영(2002), 「탈북청소년의 남한사회 적응에 관한 질적 분석」, 『한국청소년연구』, 13(1): 175-221.
이웅교(2005), 「새터청소년을 위한 자립지원정책의 개선방안연구」, 『청소년복지연구』, 8(1): 51-67.
채정민·김종남(2004), 「북한이탈주민의 상대적 박탈감과 심리적 적응: 개인적 적응과 사회적 정체감의 영향을 중심으로」, 『한국심리학회지: 사회 및 성격』, 18(1): 41-63.
통일문답(2001), 「북한주민의 종교의식」, 통일부 통일교육원.
한만길(1997), 『통일시대 북한교육론』, 교육과학사.
한인영(2001), 「북한이탈주민의 우울성향에 관한연구」, 『정신보건과 사회사업』, 11(6): 78-94.
한인영·이소래(2002), 「북한이탈주민의 이주형태 및 성별에 따른 건강관련 특성 비교 연구」, 『한국가족복지학』, 10: 121-141.

〈9장 참고문헌〉

강경미(2005), 「통일을 대비한 북한청소년의 복음화와 기독교상담전략」, 『성경과 신학』, 한국복음주의신학회 논문집, 기독교연합신문사, 37: 260-290.
국회도서관 입법조사분석실(2004), 『통일이후 남북한 교육통합 방안연구』, 국회도서관입법조사분석실.
길은배·문성호(2003), 「북한이탈 청소년의 남한사회 적응문제와 정책적 함의」, 『청소년학연구』, 청소년학회, 10(4): 163-186.
김기형(2008), 「남북통합시대를 대비한 복지전문인력 양성 및 허브구축을 위한 현장 제언」, 『그리스도대학교 2008 민·관·학 파트너십을 위한 기초단체장 및 유관기관장 초청토론회 자료집』, pp.31-41.
문성호(2005), 「북한이탈 청소년의 남한사회 적응과 청소년 복지의 과제」, 『청소년복지연구』, 청소년복지학회, 7(1): 5-17.
민성길·전우택(2001), 「북한청소년에 대한 이해」, 『통일연구』, 연세대학교 통일연구원, 11: 25-42.
유명복(2005), 「탈북청소년의 남한사회 적응과 기독교 교육의 과제」, 『성경과 신학』, 한국복음주의 신학회 논문집, 기독교연합신문사, 37: 297-316.
이기영(2002), 「탈북청소년의 남한사회 적응에 관한 질적 분석」, 『한국청소년연구』, 한국청소년학회, 13(1): 175-221.
이웅교(2005), 「새터청소년을 위한 자립지원정책의 개선방안연구」, 『청소년복지연구』, 청소년복지학회, 8(1): 51-67.
채정민·김종남(2004), 「북한이탈주민의 상대적 박탈감과 심리적 적응: 개인적 적응과 사회적 정체감의 영향을 중심으로」, 『사회 및 성격』, 한국심리학회, 18(1): 41-63.
통일문답(2001), 『북한주민의 종교의식』, 통일부: 통일교육원.
한만길(1997), 『통일시대 북한교육론』, 교육과학사.
한인영(2001), 「북한이탈주민의 우울성향에 관한연구」, 『정신보건과 사회사업』, 11(6): 78-94.
한인영·이소래(2002), 「북한이탈주민의 이주형태 및 성별에 따른 건강관련 특성 비교 연구」, 『한국가족복지학』, 10: 121-141.

〈10장 참고문헌〉

강성록(2000), 『탈북자의 외상(trauma)척도개발 연구』, 연세대학교 석사학위논문.
김현아 · 전명남(2003), 「MMPI에 나타난 북한이탈주민의 개인차 특성」, 『통일연구』, 7(2): 129-160.
민족통일연구원(1998), 북한실상 및 주민들의 정치적 태도 변화에 대한 귀순자 면담결과보고.
북한연구학회(2006), 『북한의 여성과 가족』, 경인문화사.
이순형(1999), 「북한의 주체사상 사회화 정책의 원리와 그 한계」, 『교육학연구』, 37(4): 120-136.
이순형 · 조수철 · 김창대 · 진미정(2007), 『탈북 가족의 적응과 심리적 통합』, 서울대학교출판부.
진미정(2007), 「탈북 여성의 발달과 적응」, 『한국인간발달학회 창립 20주년 기념 추계 학술심포지엄 자료집』.
사회과학원(1992), 『조선말대사전 제2권』, 평양: 사회과학출판사, p.1198.
전우택(2000), 『사람의 통일을 위하여』, 도서출판 오름.
정병호 · 전우택 · 정진경(2007), 『웰컴투코리아 북조선사람들의 남한살이』, 한양대학교출판부
한인영(2001), 「북한이탈주민의 우울성향에 관한 연구」, 『정신보건과 사회사업』, 11(6): 78-94.
Steel, Z., Silove, D., Phan, T. & Bauman, A.(2002), 'Long term effect of psychological trauma on the mental health of Vietnamese refugees resettled in Australia: a population-based study', The Lancet, 360(5): 1056-1062.

IV

북한이탈주민 가족을 위한 사회복지실천

11장 북한이탈주민 가족의 (초기)면담과 사정 _ 김형태
12장 북한이탈주민 가족의 상담과 가족치료적 접근 _ 박영희
13장 북한이탈주민 부모교육 _ 김형태

11 북한이탈주민 가족의 (초기)면담과 사정

　1810년 영국의 런던에서는 우리에 가둬진 한 여인을 구경하느라 사람들이 몰려들었다. 사라 바트만이라는 그 여인은 남아프리카에서 태어나 영국으로 잡혀온 흑인여성이었으며, 런던 사람들은 피부색과 눈, 코, 입, 신체 구조가 다르게 생긴 이 여인을 보며 신기해했다. 그들은 흑인이 인간이라기보다는 원숭이에 가깝다고 생각했으며, 이후에 그 여인은 과학자들의 실험대상이 되었다. 미국의 대농장을 경작하기 위해 아프리카에서 사냥해 온 흑인들은 사람이 아니었기 때문에 백인들과 함께 식사를 할 수도 없었고, 함께 예배를 드릴 수도 없었으며, 여인들은 흑인남성노예 앞에서 거리낌 없이 옷을 갈아입기도 하였다. 지금은 상상할 수도 없는 그런 차별을 한 사람들은 다름 아닌 상식과 예의를 갖춘 당시의 평범한 사람들이었다.
　우리나라 사람들은 최근에 급증하고 있는 이주민들을 접하면서 그들이 우리와 다르다는 점에 대해 혼란을 겪고 있는 듯하다. 흑인이나 아시아의 가난한 국가 출신의 노동자를 대하는 한국인의 태도에는 그들을 무시하거나 경멸하는 감정적인 요소들이 내재해있다. 고용주가 외국인노동자를 구타하거나 임금을 착취한다든지, 불법체류자를 단속하는 공무원들의 폭력성 등은 내국인에게는 있을 수 없는 인권유린이라고 할 수 있다. 한국인들이 외국인에 대해 이중적인 태도[1]를 보이는 것은 외국인과 접촉하고 어울릴 기회가 적었기 때문에 나타나는 자연스러운 현상일 수 있다. 그러나 북한이탈주민을 원조하는 실천가는 북한이탈주민을 존중하고, 인정하며, 이해할 수 있는 능력을 기본적으로 갖춰야 한다. 이를 위해서는 다양성diversity에 열려있으며, 차이difference를 인정할 수 있는 능력을 평소에 개발하기 위해 노력하는 것이 중요하다.

가족복지의 차원에서 북한이탈주민을 지원하기 위한 실천에서 중요하게 고려해야 할 점은 북한이탈주민을 바라보는 시각과 태도에 관한 것이다. 아무리 좋은 지원정책과 서비스 프로그램이 개발되어 보급된다고 하여도, 북한이탈주민을 일선에서 만나 활동하는 실천가들의 역량이 아무리 뛰어나다고 하여도, 북한이탈주민에 대해 비하감을 갖고 있거나 차별적인 시각을 갖고 있다면 그 효과를 제대로 거둘 수 없을 것이다. 따라서 실천가들의 중요한 역량 중에 하나는 북한이탈주민을 어떻게 바라보는가 하는 것이다. 주류사회에 속한 다수자majority의 입장에서 북한이탈주민을 바라본다면 북한이탈주민들은 모든 것이 미숙하고 부족하여서 일방적인 도움의 대상 밖에는 되지 않을 것이다. 북한이탈주민들이 남한에서 직장생활을 할 때 동료나 고객으로부터 '불신과 의심, 이유 없는 거부감, 적대감, 무시와 경

---

[1] 많은 사람들이 부유한 나라의 백인에 대해서는 동경심을 갖고 있고, 가난한 나라의 유색인에 대해서는 비하감을 갖고 있다.

멸, 따돌림과 소외, 부당한 대우와 차별을 경험'(조정아 외, 2006)하는 것과, 북한이탈주민을 '일솜씨는 없고, 쉬운 일만 찾으며, 게으르고, 일일이 시켜야만 일을 하고, 성질 있고, 불평이 많은 사람'(조정아 외, 2006)으로 평가하는 것은 남한사람들이 남한의 사회·문화적 경험에 따라 북한이탈주민들을 판단하기 때문이라고 할 수 있다. 북한이탈주민 가족을 상대하는 실천가는 이주민이나 소수자를 대할 때 그들의 입장에서 이해하고자 하는 문화적 감수성을 발달시켜야 한다. 그리고 적응이 과연 이주민들이 주류사회에 맞추어가는 일방적인 과정인지, 아니면 주류사회에 속한 사회구성원들이 소수자를 받아들이고 수용하기 위해 함께 변해가는 쌍방향의 과정인지에 대한 고민과 논의가 필요할 것이다.

1. 북한이탈주민이 겪는 무력감 powerlessness

북한이탈주민과 같은 소수자 minority를 대상으로 실천을 할 때에는 소수자가 겪을 수 있는 어려움이나 문제를 실천가가 인식하고 있는 것이 중요하다. 의도적으로나 적극적으로, 또는 직접적으로 다수자 majority가 소수자에게 어려움을 초래하려는 행동을 하지 않아도 소수자는 소수자이기 때문에 겪는 어려움이나 문제가 있다. 페트르(Petr, 1998: 75~76)는 미국의 소수자집단이 겪는 무력감에 대해 언급하고 있다. 유색인종이나 여성, 동성애자 등 소수집단에 대한 편견과 차별이 사회적으로 존재하고, 이러한 편견과 차별은 이들이 자원을 획득할 수 있는 기회를 제한하고 삶의 질이 떨어지게 되는 결과를 가져온다. 이러한 과정 속에서 소수자는 무력감을 경험하게 된다. 이러한 무력감은 몇 가지 차원으로 구분해 볼 수 있다. 첫째, 사회적 차원에서 보면 소수자에게 낮은 지위가 부여되는 것이고, 둘째, 기관의 차원에서는 소수자에게 부여된 권한이 많지 않으며, 셋째, 상호작용의 차원에서 볼 때 소수자는 열등한 위치에 놓이게 되며, 넷째, 개인적인 차원에서는 지배력이나 능력, 통제력이 상대적으로 더 적다고 느끼게 된다. 소수자가 무력함에 대해 어떻게 반응하고 적응하는지에 대해 실천가는 주의를 기울일 필요가 있다. 무력감을 느낄 수 있는 소수집단의 클라이언트가 보여주는 문제행동에 대해, 그 행동이 어떤 유형의 행동이든지 실천가는 개인적인 문제나 가족의 문제로 보기보다는 무력감과 관련이 있을 수 있다는 생각을 하는 것이 중요하다. 만일 이러한 행동이 무력감에 대해 적응하고, 대처하려는 노력으로 판단되면 클라이언트에게 결함이 있다거나 병리적이라고 평가될 가능성은 낮아진다. 클라이언트를 바라보는 관점이 바뀌면 개입도 개인이나 클라이언트가 속한 집단의 역량을 강화하는 전략으로 바뀔 수 있다. 이와 같은 무력감은 실천가와 클라이언트 사이에서도 나타날 수 있으며, 실천가는 클라이언트가 무력감으로 인해 표현하지 못하거나 소극적일 수 있는 상황에 민감하게 반응할 수 있는 능력을 갖추도록 노력하여야 한다.

2. 편견의 유형

북한이탈주민과 같은 소수자나 사회적 약자를 대상으로 실천을 할 때 실천가는 자기도 모르는 사이에 편견을 갖고 차별적인 행동이나 태도를 보일 수 있다. 실천가가 완벽한 사람은 아니므로 사회적으로 습득된 편견이나 선입견을 가질 수 있으며, 중요한 것은 실천가가 자신이 이러한 편견이나 차별적인 태도를 가지고 있거나 가질 수 있다는 것을 인지하여 이에 대처하는 것이다. 페트르(Petr, 1998: 73~74)는 4가지의 편견에 대해 언급하고 있는데, 먼저, 가장 명백한 형태의 편견으로 의식적이고 공공연한 차별행위를 하는 것이다. 이러한 상황에서는 드러나는 어떤 차이가 그 사람들의 열등성과 결함을 나타내는 것이라고 의식적으로 믿는다. 의식적으로 편견을 갖거나 차별을 하지는 않지만 의도하지 않은 가운데 이루어질 수 있는 편견이 있는데, 이는 무의식적으로 다른 기준을 적용함으로써 차별이 이루어지는 것으로, 예를 들어 동일한 행동에 대해 백인아동이 했을 때는 넘어가면서 흑인아동이 했을 때는 지적하는 것과 같은 것이다. 또 다른 형태의 편견은 객관적인 것으로 보이지만 사실은 편견이 담겨있는 판단기준을 사용하는 것이다. 어떤 교사가 모든 학생들에게 동일한 기준을 사용했기 때문에 자기는 편견적이지 않다고 주장할 수 있지만, 사용한 기준이 편향되어 있거나 자민족중심적^{ethnocentric}이라면 그 교사는 학생들에게 차별을 한 결과가 되는 것이다. 마지막 형태의 편견은 실천가가 좋은 의도를 가지고 소수자에게 미칠 영향을 최소화시키기 위해 노력하지만 관점이 다르기 때문에 소수자의 입장을 충분히 고려하지 못하게 되는 경우이다.

북한이탈주민은 우리사회의 소수자로서 남한사회에서 태어나고 자라고 교육받은 실천가가 충분히 이해하기에는 한계가 있다. 북한이탈주민을 상대로 하는 실천가는 일상의 생활에서 소수자에게 가질 수 있는 자신의 편견을 인식하려고 노력해야 하며, 북한이탈주민이 겪을 수 있는 고통과 어려움에 민감하게 반응하기 위해 노력하여야 한다.

3. 문화적 능력 cultural competence

페트르(Petr, 1998: 76~78)는 다양한 클라이언트를 대상으로 실천을 할 때 효과적으로 원조하기 위해서는 실천가 개인과 기관이 문화적 능력을 갖추어야 한다고 제안한다. 실천가는 클라이언트가 속한 집단의 가치와 믿음과 관습에 익숙해짐으로써 클라이언트가 바라보는 눈으로 세상을 볼 수 있어야 하며, 자신의 가치와 믿음과 관습을 평가하여 잘못된 인식과 고정관념을 발견하고 수정할 수 있어야 한다. 실천가는 생각하고 행동할 때 융통성이 있어야 하고, 비판단적이어야 한다. 크로스 Cross는 문화적 능력을 6가지의 수준으로 설명하고 있는데, 북한이탈주민을 원조할 때 실천가 개인과 기관의 문화적 능력을 평가하는 것이 도움이 된다.

1) 문화적 파괴 cultural destructiveness 의 수준

문화적 파괴의 수준에서는 의식적으로 소수집단이나 소수의 문화를 짓밟고 파괴한다. 2차 세계대전 때의 나치운동이나 미국의 노예제도가 대표적인 사례이다.

2) 문화적 무능력 cultural incapacity 의 수준

문화적 무능력의 수준에서는 소수집단을 의도적으로 파괴하지는 않으나 소수집단을 도와주려는 노력을 하지 않는다. 공공정책에 차별적인 요소들이 공공연히 존재하고, 소수집단은 그들이 환영받지 못한다는 메시지를 여러 가지 형태로 받게 된다. '88 서울올림픽 당시 시에서 거리의 노숙인들을 강제로 이동시킨 사례가 문화적 무능력의 수준에 해당한다.

3) 문화적 무지cultural blindness의 수준

문화적 무지의 수준에서는 편견을 갖지 않으려는 좋은 의도는 있으나, 모든 사람은 같고 인종이나 문화에 따른 차이는 없다고 믿기 때문에 기관에서 혹은 서비스를 제공할 때 자민족중심주의에 빠질 수 있다. 자민족중심주의는 지배적인 문화와 가치가 보편적으로 적용될 수 있다고 생각하기 때문에 소수집단에 대한 고려를 많이 하지 않는다.

4) 문화적 전능력cultural precompetence의 수준

문화적 전능력의 수준에서는 소수집단에 대한 서비스를 개선하려는 진실한 노력은 있으나 아직 문화적 능력의 수준까지 이르지는 못한 경우로, 소수집단에서 직원을 선발하고 직원에게 문화적 민감성에 대한 교육을 하며, 욕구평가를 하지만, 더 이상 진전하지 못한다. 이 수준에서의 한계는 어느 정도의 수준에 이르면 만족을 하고 너무 일찍 종료를 한다는 것이다.

5) 문화적 능력cultural competence의 수준

문화적 능력의 수준에서는 지속적으로 자기평가를 하고 문화적 지식과 자원을 지속적으로 확대하며, 소수집단의 욕구를 충족시킬 수 있는 서비스를 채택한다. 소수집단의 대표들이 직원이나 정책위원으로 참여하며, 실질적으로 유의미하게 영향력을 행사한다.

6) 문화적 성숙cultural proficiency의 수준

문화적 능력의 수준을 넘어서면 문화적 성숙의 수준에 이르게 되는데, 문화적 성숙의 수준에서는 문화적 능력이 완전히 뿌리를 내리게 된다. 다양성은 단순히 존중받는 것에서 그치지 않고 높이 평가된다. 문화적 성숙의 수준에 이른 기관은 지역사회에서 문화적 능력의 향상을 위해 노력하고, 집단 사이의 관계 개선을 위해 후원을 한다.

이상에서 본 바와 같이 실천가는 북한이탈주민을 만나서 면담하고 그들의 문제를 사정할 때 선입견이나 편견을 극복하고 자신의 문화적 능력을 지속적으로 점검하여야 한다. 또한 북한이탈주민들이 가질 수 있는 무력감을 인지하여 그들의 욕구에 민감하게 반응할 수 있도록 문화적 능력을 향상시켜 나가야 한다.

4. 북한이탈주민과의 면접

북한이탈주민은 같은 언어를 사용하기 때문에 아시아나 아프리카 등 다른 나라출신의 이주민보다 언어적인 측면에서의 어려움은 크지 않지만 한국의 신문이나 방송에서 사용하는 용어를 충분히 이해하지 못하며, 일상생활에서 영어가 많이 사용되기 때문에 거리의 간판이나 사람들과의 대화중에 이해하기 어려운 용어들이 많이 있다. 그 외에도 북한이탈주민을 포함한 이주민들은 남한에서 계속 살아온 사람들보다 더 많이 겪는 문제들이 있다. 이주민들을 상담할 때 이주민들이 갖고 있을 것으로 예상할 수 있는 문제점들은 다음과 같다(제석봉 외, 2006: 419~420).

① 언어문제

첫 번째는 언어문제로 이주민들에게 가장 도전적인 문제 중 하나이다. 이주민들은 언어를 충분히 익혀 그 사회에 참여하고자 하며, 의사소통이 안 되면 지역사회의 자원에 대한 접근능력이 제한되어 사회적 단절로 이어질 수 있다.

② 실직문제

이주민들은 원래 살았던 나라에서 쌓았던 경력이 인정되지 않기 때문에 지위의 상실을 겪게 되며, 이전에 가졌던 직업으로 복귀하지 못하는 경우도 발생한다.

③ 빈곤문제

빈곤문제이다. 실직과 관련되며 새로운 사회의 경제체제에 편입되는 과정에서 겪게 되는 문제이다.

④ 차별문제

차별을 당한 경험은 적대감을 불러일으키게 되고, 심리적 안녕에도 큰 영향을 미치며 직업과 같은 사회적 자원에 대한 획득 능력을 저하시키기도 한다.

⑤ 문화적 충격

남한과 북한은 정치, 경제, 문화 등 사회의 전반적인 영역에서 큰 차이가 있기 때문에 북한이탈주민이 남한에 처음 입국하여 느끼는 감정이 놀라움과 동경으로 나타나는 경우도 있지만 충격으로 받아들여지는 경우도 있다. 문화적 충격은 당황스러움, 황당함, 수치심, 자기 존중감의 상실 등으로 나타날 수 있다.

⑥ 부모 - 자녀관계의 어려움

아이들은 새로운 언어나 문화를 부모보다 빨리 받아들이고 부모보다 적응력도 뛰어 나기 때문에 부모와 자녀간의 적응정도의 차이가 갈등으로 나타날 수 있고, 청소년의 문제행동으로 이어질 수 있다.[2]

⑦ 남녀 간의 역할 조정문제

북한사회가 남녀평등을 지향하지만 일상생활이나 신념체계에서 가부장적이고 남성우월적인 요소들이 많기 때문에 남녀 간의 역할에서 오는 문제를 갖는 경우가 많이 있다.

5. 초기면담과 면접기법

북한이탈주민과 처음 만나게 되는 초기면담에서는 기본적인 정보를 수집하고, 일정한 양식에 따라 서류를 작성하게 된다. 북한이탈주민이 가지고 있는 문제나 욕구에 따라 실천가는 몇 가지 사항을 결정하게 되는데, 문제를 해결하거나 욕구를 충족시키기 위하여 어떤 서비스를 누구로부터 어떻게 제공할 것인가를 결정하는 것이다. 클라이언트가 매우 위급한 상황, 예를 들면 목숨이 위태롭거나 상해를 당할 위험이 있는 상황 등에 처해 있을 경우에는 신속하게 결정을 내려 다른 실천가나 경찰 등 다른 관계자의 도움을 받을 수 있도록 해야 하며, 이러한 예외적인 위급한 상황이 아니라면 일반적인 초기면담의 절차에 따라 관계를 형성하게 된다.

초기면담은 정보를 수집하고, 서류양식들을 작성하며, 새로운 서

---

2 청소년의 적응에 가족이 역기능적으로 작용할 수 있다는 연구(김형태, 2004: 91~92; 이기영 · 성향숙, 2001: 243~244)들이 있다.

비스를 제공할 전문가와 기관 모두에게 클라이언트를 연계하는 과정이다(김현수, 2001: 100~101). 실천가는 앞에서 언급한 것과 같이 북한이탈주민이 겪을 수 있는 무력감을 이해하고 문화적 민감성을 발휘하여 비심판적인 태도로 초기면담을 하여야 하며, 기본적인 면접기술을 익혀 클라이언트가 가지고 있는 문제나 욕구가 적절하게 표현되도록 하여야 한다.

해결중심의 면접기법은 클라이언트와의 면담에서 유용하게 사용될 수 있는 것으로, 실천가가 북한이탈주민과 면담을 할 때 사용하면 유용하다. 여기에서는 초기면담에서 유용하게 사용할 수 있는 해결중심의 면접기술 몇 가지를 소개한다(허남순·노혜련 역, 1998: 48~74 참고).

1) 경청

북한이탈주민을 처음 만날 때 실천가는 북한이탈주민이 가질 수 있는 느낌에 대해 인지할 필요가 있다. 우리사회의 소수자인 북한이탈주민은 국가의 정책이나 지역사회에서의 위상, 개인적인 관계 등에 있어서 주변화되어 있다. 소수자는 그들이 무엇을 특별히 잘못하지 않았음에도 사회적으로 위축되어 있으며, 무엇을 할 수 있다는 생각보다는 하기 어려울 것이라는 무력감에 빠져있기 쉽다. 실천가가 북한이탈주민을 처음 만날 때는 북한이탈주민이 느낄 수 있고 가질 수 있는 위축 또는 소극적 태도에 대해 이해하고 있어야 한다. 남한사람과 달리 북한이탈주민이 갖는 문제는 개인적인 문제나 결함이 있어서라기보다는 이러한 사회적 위축과 무력감 때문일 수 있다는 것을 인지하여 북한이탈주민이 실천가가 자신을 인정하고 있고 자신의 문제상황에 대해 이해하고 있다고 느낄 수 있어야 한다.

경청이란 단순히 듣기만 하는 것이 아니라 클라이언트의 말을 자신의 준거틀을 통해 여과시키지 않고 들으며, 적절하게 반응을 하는 것이다. 숙련되지 않은 실천가는 자신의 경험과 믿음을 통해 다른 사람이 하는 말을 걸러내게 된다. 그러나 실천가는 클라이언트에게 무엇이 중요한지에 대해 주의 깊게 들어야 한다. 북한이탈주민은 남한과 상이한 문화적 배경에서 살다 온 사람들이기 때문에 그들이 사용하는 용어나 말의 의미가 상당히 다를 수 있다. 면담하는 북한이탈주민이 실천가와 비슷한 또래일지라도 생각과 관점이 다르며 같은 사회현상을 보는 시각에 상당한 차이가 있을 수 있다. 물론 실천가가 북한이탈주민을 잘 이해해야만 잘 도울 수 있는 것은 아니다. 클라이언트가 가지고 있는 문제나 해결책에 대한 가장 훌륭한 전문가는 클라이언트 자신이기 때문이다. 그러나 실천가는 자신의 경험에 의존하여 판단하고 진단하려고 하기보다는 북한이탈주민의 입장에서 이해하려는 노력을 해야 한다. 경청은 북한이탈주민이 자신의 상황을 바라보는 관점을 이해하기 위한 기초기술이라고 할 수 있다.

2) 실천가의 비언어적 행동

클라이언트는 실천가의 말뿐만 아니라 언어 이외의 태도나 비언어적인 행동에 민감하다. 실천가가 주의 깊게 사용할 수 있는 비언어적 행동에는 다음과 같은 것들이 있다.

- 클라이언트와 어조를 맞추기
- 클라이언트와 눈 맞추기
- 클라이언트의 말을 잘 따라가고 있음을 보여주기 위해 가끔 고

- 개를 끄덕이기
- 클라이언트의 말에 대한 반응으로 다양한 얼굴표정 짓기
- 온정과 이해를 나타내기 위해 적절한 시점에서 미소 짓기
- 가끔 손동작하기
- 클라이언트와 신체적으로 가까운 거리에 앉기(이성간에는 주의할 필요가 있음)
- 적당한 속도로 말하기
- 관심과 집중을 보여주기 위해 클라이언트 쪽으로 몸을 약간 기울이기
- 가끔씩 신체접촉하기(이성간에는 주의할 필요가 있음)

이와 같은 비언어적인 행동은 실천가가 클라이언트에게 관심을 갖고 있으며, 클라이언트가 하는 말을 잘 따라가고 있다는 것을 알려 주어 클라이언트가 편안하게 실천가와 대화를 나눌 수 있도록 도와준다. 북한이탈주민이 남한사회에서 겪는 어려움 중에 하나는 남한 사람이 북한이탈주민에 대해 차별을 하고 냉대를 한다는 것이다. 문제를 겪고 있는 클라이언트는 상대방이 나의 말을 잘 들어주고 있다는 느낌만으로도 마음이 편안해질 수 있다. 북한이탈주민과 면담하는 실천가는 그들로 하여금 이해받고 있으며, 어떠한 말을 해도 수용되고 있다는 느낌을 받도록 하는 것이 필요하다. 때로는 실천가가 받아들일 수 없거나 용납할 수 없는 이야기를 할 수도 있지만 실천가는 이것을 제지하거나 반론을 제기하기보다는 클라이언트의 의견을 수용하여야 한다. 실천가와 클라이언트가 남자와 여자로 이성간이라면 과도한 관심의 표현은 의도하지 않은 오해를 일으킬 수 있기 때문에 조심해야 한다. 실천가가 클라이언트에게 진정한 관심을 표현하는 것은 중요하지만 이성 간에 면담이 이루어질 때는 클라이언트에 대한 이해와 관심을 나타내는 방법으로서 클라이언트와 너무 가까

운 거리에 앉거나 신체접촉을 하는 것은 피해야 한다.

3) 클라이언트가 사용하는 핵심용어에 초점 맞추기

실천가가 클라이언트와 면담을 할 때 실천가가 잘 알고 있고 익숙한 언어를 사용하는 것은 어떤 클라이언트에게는 이해하기 어려울 수 있다. 상담에서 사용되는 전문적인 용어는 가급적 피해야 하며, 클라이언트가 사용하는 용어를 사용하도록 하는 것이 클라이언트와의 면담에 도움이 된다. 특히 클라이언트가 사용하는 용어 중에는 클라이언트의 상황을 표현하는 핵심적인 용어들이 있다. 면담에서 이러한 핵심적인 용어를 포착하여 사용하는 것은 클라이언트가 처한 상황의 맥락을 잡아 해결책을 찾아나가는데 도움이 될 수 있다. 예를 들어 북한이탈주민 청소년과의 면담 중에 자신의 아버지를 '영감탱이'라고 호칭하는 경우[3]가 있었는데 이러한 용어를 사용하는 데에는 클라이언트 개인의 준거틀이 담겨있기 때문에 핵심용어에 대해 관심을 갖고 면담을 진행하는 것이 중요하다. 면담을 하는 클라이언트가 아동이나 청소년이라면 그들만의 은어를 사용할 수도 있고, 북한이탈주민이라면 남한에서 들어보지 못한 용어를 사용할 수도 있다. 실천가가 이해하지 못하는 용어를 사용할 때, 그 용어가 중요하다는 판단이 되면, 자연스럽게 그들이 사용하는 은어나 용어의 의미가 무엇인지 물어볼 수 있다.

---

[3] 저자가 만난 한 북한이탈주민 청소년은 친모와 재혼한 새아버지에 대한 부정적인 감정을 이러한 용어로 표현했다.

6. 사정 assessment 4

북한이탈주민의 문제나 욕구를 정확하게 파악하기 위해서는 초기 면담에서 클라이언트와 협력적인 관계를 맺고, 면담을 통해 수집된 정보와 자료를 사정을 통해 적절하게 평가함으로써 가족의 체계가 객관화되고, 가족성원 간의 의사소통체계가 파악됨으로써 이루어질 수 있다. 따라서 정확한 사정을 위해서는 초기면담에서 협력적인 관계를 형성할 수 있도록 기본적인 면접기술을 익히고 충분히 공감하며 언어적, 비언어적 관찰을 통해 북한이탈주민 클라이언트 개인과 가족의 특성을 파악하려고 노력해야 한다. 사정은 한 번에 끝나는 것이 아니라 지속적으로 이루어지며, 창조적이고 과학적이어야 한다(양정남 외, 2002: 125). 북한이탈주민 클라이언트의 문제나 욕구를 사정할 때에는 가족의 맥락에서 사정해야 하며 이때 다음과 같은 3가지의 측면에서 사정할 수 있다.

1) 가족의 규칙과 신념

가족의 규칙이란 명시적으로나 암묵적으로 가족구성원들의 행동이나 관계를 통제하는 그 가족만의 독특한 유형으로서 예측 가능한 규범이나 기대를 의미한다. 이러한 규칙들은 가족구성원들 간의 반복적인 상호작용의 결과이다. 가족구성원의 지위와 역할에 대한 신념이나 태도를 사정하는 것은 가족문제에 대한 인식과 변화 가능성을 예측하고, 적합한 개입방법이나 기술들을 계획하는 데 도움이 될 수 있다.

---

4 한국여성복지연구회(2005: 78-92)를 참고하여 정리하였음.

2) 의사소통양식

가족의 결속력과 적응력, 의사소통은 가족의 기능수준을 결정하는 중요한 요소이다. 여기에서 의사소통이란 언어적 혹은 비언어적인 메시지를 통해 가족구성원 간에 정보를 교류하는 것으로서 가족의 기능을 이해하는 핵심적인 개념 중의 하나이다. 가족체계에서 의사소통은 가족구성원들의 욕구나 감정을 서로 나누고 가족의 역할과 규칙을 정하기 위해 사용되며, 의사소통의 유형이나 구조 혹은 방식들은 개별 구성원뿐 아니라 전체 구성원의 가족생활과 사회생활 전반에 직접적 혹은 간접적인 영향을 미치기 때문에 매우 중요하다.

3) 가족구조

가족체계는 구조, 즉 가족성원들이 상호작용하는 조직화된 유형을 가지며, 가족의 구성원이나 부모-자녀 간의 위계, 세대와 성, 관심분야 등에 따라 다양한 가족의 구조가 형성되고, 하위체계가 형성된다.

북한이탈주민 가족을 사정하기 위해 가계도나 생태도와 같은 도구를 사용할 수 있으며, 체크리스트를 작성하여 사용하는 것도 유용하다.
북한이탈주민 클라이언트를 만나 면접을 하고 여러 가지 정보를 기초로 사정을 하고 개입계획을 수립하는 것은 클라이언트의 문제를 해결하고 욕구를 충족시키기 위한 것으로 실천가는 북한이탈주민이 가질 수 있는 어려움을 사전에 이해하고 문제의 유형과 사정의 기술을 익히는 것이 중요하지만, 실천가가 가지고 있는 사전 지식과 경험이 클라이언트의 문제를 클라이언트만의 독특한 관점으로 보는 데에 장애물로 작용할 수 있음을 동시에 인식하여야 한다. 따라서 실천가는 북한이탈주민을 더 많이 이해하기 위해 지식을 습득하고 기술을 익히며 경험을 쌓도록 노력하는 동시에, 새로운 클라이언트를 만날 때마다 기존에 가지고 있는 지식과 기술에 의존하지 말고, 클라이언트의 문제와 욕구, 상황에 대해 클라이언트로부터 배우겠다는 자세를 갖는 것이 중요하다.

7. 가족중심의 실천

문제나 어려움을 겪고 있는 클라이언트를 만날 때, 실천가는 약물중독이나 우울증, 행동문제, 부모양육기술의 부족 등 클라이언트 개인 위주의 기능적 진단에 초점을 두고, 개인력이나 인지-정서적 상태, 진단, 동기, 예후 등 비슷한 범주의 공식적인 기록을 채워나가는 데 초점을 맞추기 쉽다. 이러한 과정의 초기면담을 진행하는 실천가에게 클라이언트의 가족을 문제해결 과정에 포함시키는 것은 복잡하고 성가시며 불필요한 것으로 보일 수 있다. 기관이 가족을 포함시키기를 기대할지라도 클라이언트의 문제가 아주 심각하지 않으면 가족에 대한 고려는 굳이 하지 않아도 될 것으로 비칠 수 있다. 우선 명확하게 드러난 클라이언트의 문제를 다루는 것이 시급하기 때문이다(김현수 외 역, 2001: 101). 가족을 문제해결과정에 포함시킨다는 것은 모든 과정에 모든 가족구성원들이 항상 참여해야 한다는 것을 의미하는 것은 아니며, 가족 중에 참석하지 못하는 사람이 있을지라도 모든 가족구성원들의 중요성을 인식해야 한다는 것을 의미한다(한국여성복지연구회, 2005: 80).

페트르(Petr, 1998: 43~49)는 사회복지 현장에서 가족중심의 실천을 강조하고 있는데, 특히 아동이나 청소년의 경우에는, 첫째, 가족이 관심의 단위가 되어야 하고, 둘째, 충분한 정보를 제공한 상태에서 가족이 결정하도록 해야 하며, 셋째, 가족의 강점을 발견하도록 해야 한다는 것이다. 클라이언트가 겪는 어려움은 개인의 문제라기보다는 가족체계의 장애나 어려움에서 발생하는 체계적인 문제이며, 가족 중에 한 사람에게 어려움이 발생하면 가족 전체에게 영향을 미치기 때문에 실천가는 개별구성원으로부터 가족 전체로 관심의 초점을 넓혀 가족에 초점을 맞추는 것이 중요하다(한국여성복지연구회, 2005: 80). 가족중심 실천의 기본 개념이자 중요한 목표는 가족의 강화$^{family\ empowerment}$이며(김현수 외 역, 2001: 301), 가족구성원들 간에, 혹은 가족과 실천가가 가족에 대한 경험을 공유함으로써 가족의 응집력을 높이는 과정은 문제해결을 위해 매우 중요하며, 이를 위해 신뢰관계가 형성되어야 한다(한국여성복지연구회, 2005: 80). 이러한 동반자관계를 기반으로 실천가는 가족과 협력하여 자료를 수집하고 계획하며, 강점을 발견하는 가운데 우선순위를 정하게 된다(한국여성복지연구회, 2005: 81).

가족중심의 실천은 혈연가족이 있는 클라이언트에게만 해당하는 것은 아니다. 북한이탈주민의 경우 혈연가족과 함께 사는 경우도 있지만 혈연가족이 아닌 가족과 사는 경우도 있고, 아동이나 청소년의 경우는 함께 사는 보호자$^{care\ giver}$가 가족의 역할을 하고 있을 수도 있다. 가족중심의 실천은 함께 살고 있는 사람들이 클라이언트에게 의미 있는 타인으로 역할을 한다면 모두 가족의 범주가 될 수 있으며 비단 아동이나 청소년뿐만 아니라 성인의 경우에도 가족의 관점에서 문제를 사정하고, 해결 계획을 세우며, 개입하는 것이 중요함을 의미한다.

페트르(Petr, 1998: 67)는 가족과의 면담에서 강화관점$^{strength\ perspective}$으로 사정하기 위한 12가지 지침을 〈표 11-1〉과 같이 제시하고 있다.

청소년과 상담할 때는 첫째, 선택을 제안하고, 둘째, 비밀보장을

⟨표 11-1⟩ 강화관점으로 사정하기 위한 12가지 지침

1. 사실에 대한 클라이언트의 이해를 가장 우선적으로 고려한다.
2. 클라이언트를 믿는다.
3. 클라이언트가 원하는 것을 발견한다.
4. 클라이언트의 개인적인 강점과 환경적인 강점에 따라 사정한다.
5. 클라이언트가 가지고 있는 다양한 강점에 대해 사정한다.
6. 클라이언트의 독특성(uniqueness)을 발견하기 위해 사정을 활용한다.
7. 클라이언트가 이해할 수 있는 언어나 용어를 사용한다.
8. 실천가와 클라이언트 간의 협력적인 활동에 대해 사정한다.
9. 실천가와 클라이언트가 동의할 수 있는 사정을 한다.
10. 클라이언트가 비난받거나 클라이언트가 비난하지 않도록 한다.
11. 원인과 결과에 대해 단선론적으로 생각하지 않도록 한다.
12. 진단하려고 하지 말고 사정을 하도록 한다.

⟨표 11-2⟩ 가족과의 면담에서 해야 할 것과 하지 말아야 할 것

1. 해야 할 것(Dos)
   · 각 가족의 구성원들과 관계를 맺는다.
   · 가족의 서열구조를 존중한다.
   · 문제를 바라보는 각 사람의 관점을 탐색한다.
   · 가급적 칭찬을 많이 한다.
   · 가족의 규칙과 관습은 변할 수 있음을 인정한다.
   · 좀 더 나은 상황을 위해 변화할 수 있도록 제안을 한다.

2. 하지 말 것(Don'ts)
   · 자녀들 앞에서 부모를 비난하지 않도록 한다.
   · 규칙을 강요하거나 직접적으로 자녀의 행동을 수정하려고 하지 않도록 한다.
   · 너무 빨리 조언을 하지 않도록 한다.

하며, 셋째, 일관성이 있으며 진실하고, 넷째, 상대의 강점과 관심에 초점을 맞춘다(Petr, 1998: 36).

페트르(Petr, 1998: 54)는 가족과 면담을 할 때 해야 할 것^{Dos}과 하지 말아야 할 것$^{Don'ts}$을 〈표 11-2〉와 같이 제시하고 있다.

마지막으로 다시 한 번 강조하면, 북한이탈주민을 만나 면담을 하고 사정을 할 때 기본적인 실천기술을 통해 문제와 욕구를 파악하고 개입계획을 세우게 되지만, 무엇보다 중요한 것은 북한이탈주민과 같은 문화적으로 상이한 배경을 갖는 소수집단$^{minority\ group}$을 상대하여 실천할 때 문화적 민감성을 통해 그들이 가질 수 있는 무력감을 이해하고 그들의 경험으로부터 그들의 문제나 욕구를 이해하겠다는 자세를 갖는 것이 중요하다는 것이다.

12 북한이탈주민 가족의 상담과 가족치료적 접근

1. 북한이탈주민 가족에 대한 개입

　일반적으로 이주, 난민 가족들은 떠나고자 하는 결정, 떠나는 과정 그 자체, 새로운 곳에서의 적응에 따른 스트레스를 경험한다(Ager, 1999; Berger, 2000). 또 정체감을 다시 형성해야 하고 두 문화 안에서 모두 주변적인 존재로 있어야 하는 어려움(suarez-Orozco & Suarez-Orozco, 2001)이 있다. 그들은 두 문화의 주변에 존재하고 따라서 어느 것에도 진정으로 속할 수 없다. 그들의 새로운 정체감은 원래의 문화와 주류 문화의 선택적 측면들이 혼합되어 형성된다. 이들을 대하는 사회복지사들은 이주난민가족들이 이주 과정에서 경험하게 되는 여러 상황과 사회적 환경에 주의를 기울일 필요가 있고 그들 가족들의 적응행동에 그러한 상황들이 어떻게 영향을 미치는지를 이해해야 한다(Segal, 2002). 최근에 많이 이야기되는 맥락적 사회복지실천이나 역량강화에서는 특히 환경을 고려하는 것이 중요하다는 것을 강조하는데(O. Melia & Miley, 2002), 이에 있어서 사회복지사는 사회환경과 클라이언트의 이주경험의 상황을 좀 더 많이 앎으로써 문화적 역량을 갖출 필요가 있다. 기본적으로 사회복지사는 이주 난민들이 그들의 문화적 가치와 신념, 실천을 포기하도록 강요하지 말아야 하며 그것들이 법과 상충될 경우를 제외하고는, 실천가로서 클라이언트의 문화적 가치를 강점으로 인식하고 치료계획과 개입 실행을 위한 지침이 될 수 있도록 하여야 한다.

일반적 이주난민에게 적용되는 사실들은 북한이탈주민들에게도 그대로 적용된다.

북한이탈주민 가족들이 북한사회에서 중국 등 제3세계를 거쳐 한국사회에 들어와 적응하는 과정은 인생에 있어서 하나의 위기이다. 익숙한 많은 것을 남겨두고 다른 언어와 문화를 가진 새로운 나라에서 새 삶을 시작한다는 것은 가족위기와 직결되며 그 영향은 오래도록 지속된다. 그러나 이것은 위기인 동시에 거대한 기회가 될 수 있다. 따라서 사회복지사의 과제는 그들의 많은 정서적 욕구에 관심을 기울이면서 이주에 따른 구체적인 과제들을 가진 가족을 도움으로써 위기를 최소화시키고 기회를 최대화하는 것이다(Hulewat, 1997). Hulewat는 이들 가족이 적응의 스트레스에 대응하도록 도울 때 다루어져야 할 3가지 개념 요소로서 적응 단계, 이주 가족의 문화적 양식과 심리적 역동성, 가족특유의 역동성을 제안하였다. 따라서 여기서는 Hulewat의 세 가지 개념을 중심으로 사회복지사가 이주 가족들의 적응을 돕는 과정에 대하여 설명하고자 한다.

Drachman & Paulino(2005)는 이주의 전 단계를 이주 전 및 출발단계, 이주 과정과 정착단계로 구분하고 각 단계별 특성을 객관적으

〈표 12-1〉 북한이탈주민들의 이주 단계와 특성

이주 단계	주요 변인들	심리적 상태	사회복지사 개입
이주 전 및 출발 단계	사회적, 정치적, 경제적 및 교육적 요인들	· 분리가 이 단계에서 적응도구로 자주 사용되는데, 힘든 감정들을 보호하기 위하여 사용되는 방어기제로서 사용됨.	· 이들 가족이 떠나기로 결정한 과정이 어떻게 이루어졌는가를 이해하는 것이 그들이 재적응을 얼마나 잘 할 것인가를 이해하는 데에 중요함.
	가족 및 친구들과의 별거		
	누가 떠나며 누가 남을 것인가에 관한 결정		
	갑작스러운 떠남		
	출발 이전의 오랜 기다림과 불안 속에서의 삶		
	익숙한 환경으로부터의 떠남		
	생명을 위협하는 환경들		
	폭력과 박해 경험들		
	중요한 사람들의 상실		
이행기	단기 혹은 장기간의 위험하고 혹은 안전한 여정	· 심한 불안과 좌절	· 외국의 수용소나 은신처 등지에서 안전하고 건강하게 지낼 수 있도록 국제적 옹호 활동
	단기 혹은 장기간의 난민 캠프 혹은 구류소 체류		
	최종 정착지에 관한 결정을 기다리는 행위		
	최종 정책 이전 동안 직접적이고 최종적인 재배치 혹은 장기간의 기다림		
	중요한 사람들의 상실		
정착기	문화적 이슈	· 흥분되고 탈진한 단계로서 자신들이 견디어온 스트레스가 누적되어 나타나는 영향을 잘 인식하지 못함. · 분리가 여전히 중요한 방어기제로 작동하지만 너무 견고할 경우 역기능화될 수 있음. · 이 단계에서의 과제는 효율성이 감정보다 중요하게 여겨짐. 불안과 낙관주의가 지배적임. · 자신들이 고통스러워해 온 상실을 깨닫고 경험하기 시작함. · 이주 경험을 통한 미해결 갈등들이 다음 세대로 이어짐.	· 사회복지사가 가장 활발한 활동 · 과거와 현재의 균형 맞추기가 중요함. · 분리를 방어기제로 내버려두고 양가감정을 다시 갖고자 함.
	한국사회의 반응		
	한국사회의 기회구조		
	기대치와 현실 사이의 불일치		
	이주 과정 동안의 누적적 긴장 정도		
	가족원들 사이의 서로 다른 문화 적응 수준 차이		
	세대간 갈등과 가족구조 변화		

※ 본 표는 Drachman & Paulino의 Stage-Of-Migration Framework와 Sluzki(1974)의 단계를 본 글의 설명을 돕기 위하여 북한이탈주민들에 적용하여 작성한 것임.

로 나타낸 반면, Sluzke(1971)는 다섯 단계로 세분화하고 각 단계별 특성을 심리적 측면에서 언급하였다. 본 글에서 이주 전 단계를 세 단계로 나누되 각 단계의 특성을 사회적 측면과 심리적 측면에서 동시에 언급함으로써 이주난민들의 이주과정 각 단계의 특성을 좀 더 통합적으로 이해할 수 있도록 하고자 한다.

1) 이주 단계

북한에서 남한으로 오는 단계도 일반적인 이주난민의 이주단계를 거친다고 볼 수 있다. 그 단계들을 이주 전 단계 및 출발, 이주 과정과 정착단계로 구분하였으며 이상 세 단계 각각의 중요한 변수와 이슈들은 〈표 12-1〉에 잘 나타나있다.

(1) 이주 전 및 출발단계

이 단계에서는 의사결정이 수반되는데, 이때 가족이나 친구의 상실, 익숙한 환경의 상실 등을 경험하게 된다. 일반적으로 북한이탈주민들은 다른 난민들의 경우와 마찬가지로 정치적으로 억압적인 상황 속에서 살아왔기 때문에 차별, 수감, 폭력, 강간과 고문, 가족원의 죽음 등을 경험하며, 급작스럽고 혼란스럽게 위험한 상황 속에서 북한을 떠나게 된다. 또 이 과정 속에서 폭력의 희생자가 될 수 있으며, 폭력, 강간, 고문과 죽음 등을 목격할 수 있다. 정부 당국의 삼엄한 국경 수비대 속을 불법으로 빠져나오는 것이기 때문에 그들은 많은 것들을 두고 나오게 되고 집과 다른 재산들을 잃게 된다. 또 그들은 언제 고향으로 돌아갈 수 있을지 알지 못한 상태에서 떠나게 되는 것이므로, 특히 고통스럽다.

새로운 사회에 정착된 후에는 그들에게 다음과 같은 이슈들이 제기된다. 남아있는 가족들에 대한 염려, 복합적인 상실들과 관련된 우울증, 새로운 땅에서의 삶에 대한 기대치와 현실 사이의 불일치, 폭력과 타인의 상실을 목격하고 경험한 사람들에게 있어서의 생존자 죄의식과 외상 후 스트레스 등이다. 북한이탈주민들의 경우 또한 마찬가지이다.

이 단계에서의 경험들은 이후의 이주 과정에 영향을 주는데, 특히 건강과 정신건강에 영향을 미친다. 따라서 사회복지사는 북한에서 그리고 출발 동안의 북한이탈주민들의 경험에 관하여 아는 것이 중요하다.

(2) 과도기

한 국가에서 다른 국가로 실제 물리적 이동을 하는 단계로서 북한에서 중국, 중국에서 한국 혹은 제3세계를 거쳐 한국으로 오게 되기까지의 과정이다. 대단히 생명이 위태로운 단계로서 이들이 무장한 국경 수비대를 뚫고 위험한 중국과의 국경지대를 지나오는 단계이다. 며칠에 걸쳐 비행기를 타고 오는 경우부터 수년에 걸쳐 걸어서 제3세계를 거쳐 오는 경우 등 상황이 다르다. 태국 등 제3세계에서 최종 정착지를 기다리면서 수년 동안 난민수용소에서 불안정한 삶을 살 수도 있다. 굶주림과 탈수, 저체온증, 다른 신체적 고통 등에 직면하면서 오랜 동안 걸어야할 수도 있다. 이때 경험한 외상들이 이후의 정착 단계에서의 적응에 영향을 미친다.

(3) 정착기

이때 공통적으로 누적 경험하는 스트레스 정도, 한국에서의 기대치와 실제 삶의 질 사이의 불일치, 한국사회의 반응(기존사회로의 편입 혹은 배제정책 등), 한국사회에서의 기회구조 등이 주요 이슈가 된다. 계부모와 half - or - step siblings 같이, 새로운 성원들과의 재결합이 갈등을 유발할 수 있다. 부모와 자녀 간의 힘의 관계의 변화도 갈등을 조장할 수 있다. 문화적 이슈들이 두드러지게 나타나는데 문화적 이슈들이란 건강, 정신건강, 도움을 구하는 행위, 교육, 자녀양육방식, 성역할 행동에 대하여 북한사회와 한국사회가 서로 다른 견해를 가지고 있다는 점과, 가족원간의 서로 다른 문화 적응 수준 등이다. 난민가족들에게 나타나는 공통된 문제들은 우울증, 자살충동, 자살기도, 약물 남용, 부모-자녀갈등, 아내 자녀학대 문제 등이다. 여성과 남성의 전통적 부부 역할 상의 변화가 오고, 부부갈등이나 관계와해가 표면화되기도 한다. 문화이슈는 또 서비스제공자와 북한이탈주민 가족 사이의 상호작용에서도 나타난다.

한국에서의 체류가 지속되는 단계로서 새로운 곳에서의 문화규범에 적응하고 건강, 정신건강문제, 언어와 교육, 직업 이슈, 변화하는 가족역동성과 새로운 이주자와 기존의 거주민들 사이의 관계 등이 주요한 과제가 된다.

2) 가족의 문화적 - 심리적 역동성[1]

모든 이주난민 가족들은 특별한 문화적 심리적 역동성을 가지고

---

[1] Lupe Alle-Corliss, Randy Alle-Corliss, 1999: 246~254.

이주국으로 오며, 그것들은 이주난민 가족이 얼마나 순조롭게 적응하는가에 영향을 미친다(Sluzki, 1974). 즉, 이주난민 가족들이 수용국에서 생활에 적응할 때, 그들 안에 내적 일치 혹은 불일치가 어느 정도인가 하는 것이 적응과정이 어떻게 진행될 것인가를 파악하는 데에 중요하다. 따라서 그들 가족의 문화적 양식과 심리적 역동성을 이해할 필요가 있다.

(1) 문화적응acculturation과 이중문화biculturality의 관계

적응 과정 동안 이주난민 가족들은 적응adaptation, 동화assimilation와 문화적응acculturation 등의 현실에 직면하게 되며, 이러한 것들이 이들 가족에게는 위기가 된다. 주변환경적 여건에 맞추어 조정하는 능력을 뜻하는 적응은 대부분 가족들이 새로운 나라에 왔을 때 부딪치게 되는 과정이다. 적응은 주변환경에 끼워 맞추고 생존하기 위하여 변화하는 것이다. 그러한 적응은 가족에 따라 혹은 문화에 따라 그 정도가 달라진다. 즉, 특정 가족의 이주난민 지위, 외모, 가족가치, 관습과 언어 등에 있어서 수용국과의 유사성, 새로운 나라에 입국하고자하는 바램, 자신들의 기대의 현실성, 특정 인종이나 집단에 대하여 입국하고자 하는 나라의 주변 환경이 어떤 분위기를 가지고 있는지 등에 따라 달라진다(Lupe Alle-Corliss & Randy Alle-Corliss, 1999). 이러한 점에서 볼 때, 북한이탈주민 가족들은 한국인으로서의 법적지위를 인정받으며 외모, 관습, 가족가치, 언어 등이 같은 민족으로서 유사하지만 오랜 동안 서로 달랐던 사회 · 정치 · 경제적 시스템 등에 의하여 상이한 부분이 상당히 존재한다. 특히 한국사회의 북한이탈주민에 대한 태도는 상당히 적대적인 부분이 많고 북한이탈주민들 역시 한국 사회에 대한 기대가 현실적이지 못하여 어려움이 야기된다(윤여상, 2004; 윤인진, 2005).

문화적응과 관련하여 동화와 이중문화 개념을 비교해 볼 수 있다.

먼저 문화적응은 문화적 동화가 얼마나 잘 일어나는 가를 뜻한다. 이것은 이주민자들이 새로운 문화를 얼마나 잘 편입시키며 또 자신의 문화를 얼마나 유지하는 가와 직접 연결된다. 문화적응은 다양한 소수집단에 다양한 수준으로 일어나고 가족체계 내에서조차도 다양한 정도로 이루어진다. 언어와 문화패턴의 보유는 문화적응을 방해하는 경우가 많다. 또 특정지역에서 특정 소수집단이 수적으로 강할 때 제도적으로 완전한 소수집단거주지가 지배문화로부터 격리되어 발전하게 된다. 또 이들 집단에 대해서 '별로 반기지 않거나', '원하지 않거나' 한 것으로 인지하는 것은 그들이 동화되도록 얼마나 기꺼이 혹은 동기부여가 되는가에 영향을 미친다.

문화적응 과정의 흔한 결과는 가족 내의 세대 간 갈등이다. 가족은 자녀는 내면화하기 시작한 이주국가의 관점과는 달리 부모는 전통적인 문화적 가치를 강하게 고수하는 경우이다. 많은 북한이탈주민 가족들이 이러한 부모-자녀 세대 간 문화적응의 차이로 갈등을 보이고 있다.

문화적응의 한 유형으로 지금까지 주장되어 온 것은 동화이다. 동화는 이주자들이 새로운 나라 속으로 병합되는 과정으로 그들이 새로운 나라의 생활로 흡수되고 통합되어 뒤섞이는 것이다. 이로 인하여 이주자들은 원래의 자신들이 가지고 있던 정체감의 상실로 인한 혼란을 경험하게 되는 경우가 많다. 이에 대한 대안으로서 이중문화 개념이 많이 대두되고 있다. 이것은 세대 간 긴장을 완화시키는 적응의 방법으로도 추천될 수 있다. 이중문화 관점에서는 부모와 자녀 각 세대는 다른 세대의 문화적 선호도에 적응하거나 부모는 자신의 전통에 얼마나 충성을 가지고 남아있는가를 배우게 되는 반면, 자녀는 새로운 국가의 가치와 행동과 상호작용하는 데에 익숙해져 간다 (Szapocznik & Hernandez, 1988: 168). Spencer & Dornbusch(1990)는 이중문화를 전적인 동화를 피하기 위한 대안으로 제시한다. 그들에 의하면, 개인은 자신의 고유의 가치와 지배문화의 가치를 서로 타협하기를 배우게 되는 것이다. 두 집단의 가치구조 모두가 모두 개인에게서 존중되고 보유되며 접근가능하게 될 수 있도록 한다는 점에서 바람직하다. 이로써 개인들이 어떤 기준을 상황에 따라 그리고 자신의 선호도에 따라 사용할 것인가를 조정할 수 있게 된다. 이것은 좀 더 현실적인 동시에 자기결정, 문화적 다원주의와도 조화된다. 더구나 자신의 문화, 언어와 전통의 보유와 유지를 우선으로 하는 소수집단에게 있어서는 이중문화는 그들이 자신의 문화에 그대로 남아있을 수 있도록 하는 반면, 새로운 문화와 가치를 배울 수 있게 해준다.

(2) 가족 기능 이해

이미 언급된 것처럼 다른 문화권의 가족들과의 작업에 있어서 사회복지사들은 가족 가치, 의식과 사회화 측면 등 가족의 구체적 기능에 대하여 이해하여야 한다.

북한이탈주민가족들은 북한에서 온 이주 집단으로서 기본적으로 한국사회에서 소수집단으로서 직면하는 차별과 억압적인 요인들을 경험하게 될 가능성이 크다. 더 나아가 가족구조, 생활여건, 가치체계의 변화 등 사회문화적 변화를 경험하게 된다.

이러한 변화에 대하여 일반적으로 젊은 세대는 좀 더 쉽게 받아들여 적응해 나가는 반면, 나이든 성원들은 사회구조, 위계, 생활양식, 공통된 신념과 가치지향의 변화에 도전과 위협을 느끼며, 또 여성보다는 남성이 민감하고 취약하다. 또 북한이탈주민들이 살아온 북한사회와 다른 한국사회의 특성, 구체적인 한 예로는 전통적인 남녀역할의 변화 같은 문제에 직면한다. 그리고 특정 사회 안에서 일반적으로 이주집단과 소수집단으로서 경험하게 되는 스트레스로 인하여 북한이탈주민 가족체계와 작업할 때에는 기존의 스트레스 원을 측정할 뿐 아니라 이주집단, 소수집단으로서의 직면하는 스트레스 원에도 관심을 기울여야 한다.

북한이탈주민들은 같은 민족으로서 우리와 상당히 유사한 가족전통을 가지고 있다. 그러나 수십 년 동안 정치·사회·경제적으로 다른 체제에서 지내왔으므로 부분적으로 가족문화와 전통에도 차이를 보이는 점들이 존재한다. 이와 같은 가족의 특성과 역동성을 파악하기 위하여 북한이탈주민 가족들을 효과적으로 지원하기 위해서는 가족과 관련된 몇 가지 중요한 요소들을 파악하는 것이 필요하다.

① 가족가치

먼저, 가족가치와 관련된 부분이다. 가족가치는 특정사건과 경험이 어떻게 해석되고 믿어지며 수행되는가와 관련된다. 가족가치의 유지와 전달은 중요한 가족기능이므로 사회복지사들은 깊은 관심을 보여야 한다. 환경, 교육, 경험적 요인 모두가 이러한 가족가치의 발전에 중요한 역할을 한다는 점에서 북한이탈주민 가족들은 한국의 가족과는 상당히 다른 가치를 가지고 있을 것으로 생각된다. 가족가치가 반영되는 중요한 이슈들로 가족과 성역할, 권위이슈, 가족활동 등을 통하여 가족가치가 반영된다.

② 가족구조

가족구조를 파악하기 위해 구체적으로 자녀가 어떻게 양육되며,

부모자녀역할이 어떠하며, 형제관계가 어떻게 구조화되어 있는지를 관찰하고, 위기 및 과도기에 가족이 어떻게 반응하는지, 그들은 필요한 지원을 얻기 위하여 확대가족에 의존하는지, 종교적 치료자나 지도자로부터 도움을 찾는지, 전문적 도움을 요청하는지 등의 질문을 함으로써 가족구조에 대한 이해를 한다.

③ 가족의식

가족의식이란 가족들이 수행하거나 숭배하는 반복적이고 높은 가치를 두며, 상징적인 행사나 활동으로서 지속적인 가치, 태도와 목표가 전달되는 가족 문화의 일부이다. 따라서 가족 정체감, 프라이드, 응집력, 견고성과 영속성을 강화시킨다는 점에서 대단히 중요하다(Carter & McGoldrick, 1989). 가족의식은 '문화관련 가족축제', '가족이 하는 의식활동', '가족이 실천하는 패턴화된 상호작용(북한가족에게 가장 중요한 가족의 의례 행위)' 들로서 이러한 관습은 세대, 수세기에 걸친 의례행위의 영속성과 관련하여 사람들의 마음에 깊은 감정을 불러일으키게 되고, 그것들의 특별한 의미 때문에 그것을 비판하기보다 존중해야 한다. 이면의 목적들을 이해하지 못할 때도 있고, 비합리적이거나 불필요할 때도 있을 것이다. 그런 경우에도 사회복지사들은 조심스럽게 문화적 의례행위를 파악해야 하고 그 타당성에 대한 판단 이전에 의미를 파악하도록 하여야 한다.

또 가족이 가족 외부사람과 그리고 가족 내부 사람들과의 교제방식을 이해하는 것은 가족체계와 가족이 어떻게 기능하는가를 이해할 수 있는 중요한 정보가 된다. 가족 사회화 패턴을 사정하는 것은 가족과 우정유대, 가족 내에서의 노동과 문제해결 양식이 확연하게 분리 분담에 대한 통찰을 제공한다. 강력한 가족유대를 유지하려는 노력이 이루어질 때 개별가족원들은 개인적으로 더 잘 적응할 수 있고, 위기 발생 시에도 지원과 관심을 받을 수 있을 경우 더 잘 이겨낼 수 있다(Cohler & Lieberman, 1980). 그러나 때로는 그런 경우조차도 밀접한 가족유대를 유지하려고 강조하는 것이 가족긴장의 일차 이유(Tseng & Hsu, 1986)가 될 때도 있지만 전반적으로는 확대사회망의 존재가 개인의 적응과 생활만족에 중요하다.

스트레스 상황 속에서 가족들이 할 수 있는 대응 방법들로서는 다음과 같은 것들이 있다 (Patterson ,1988). 첫째, 외부적인 요구의 양과 강도를 완화하기 위한 직접적 행동, 둘째, 이전에는 가족에게 가능하지 않았던 지원을 추가로 얻기 위한 직접적 노력, 셋째, 기존의 자원을 잘 분배함으로써 변화된 요구를 해결하는 방법, 넷째, 긴장 관리와 상황을 좀 더 잘 관리할 수 있도록 인지 작업을 통하여 상황의 위미를 변화시키는 것 등이다.

3) 문화적 - 사회적 특성을 고려한 개입 방안[2]

우리와 다른 문화권의 사람들과 작업할 때 우리는 개인, 가족 역동성에 대한 이해와 오리엔테이션에서 더 나아가 그들의 문화적, 집단적 차이를 고려해야 한다. 그들의 문화적 상황에 민감하도록 되기 위하여 사회복지사들은 자연적인 지원체계와 강점 관점에서 본 문화적 강점들에 초점을 둘 필요가 있다. 일반적인 가족 작업에서 초점을 두는 가족발달, 가족하위체계와 가족집단 자체 외 그들의 결혼형태, 친척관계, 주거지선택, 가족의 권위, 가족가치들에도 추가로 관심을 가져야 한다.

---

[2] Lupe Alle - Corliss & Roudy All - Corliss, 1999: 255~264.

문화적 사정에 포함되어야 할 요소들로서 개인의 문화적 정체감, 개인의 질병에 대한 문화적 설명, 개인의 심리사회적 환경과 관련된 문화적 요인들과 기능 수준, 개인과 임상가 관계에 있어서의 문화적 요소들이 언급된다. Congress는 이들 가족에 대한 문화적 정보의 10개 범주를 제안하였는데 이주 이유, 지역사회에서의 기간, 법적 지위, 이주시기의 가족원들의 연령, 사용언어, 문화기관들과의 접촉, 건강에 대한 신념, 휴일과 특별 행사, 위기 혹은 스트레스 원, 가족, 교육과 일에 대한 가치 등이다.

Green은 개입 계획과 개입, 평가에 있어서 민족지적^{ethnographic} 정보의 활용을 강조하는데, 실천가들은 대상자들로부터 배우려고 하고, 그들 문화적 상황 안에서의 관점과 관습, 행동과 의미를 이해하려고 하는 것이 중요하다. 그들 환경 안에서 대상자들을 관찰함으로써 그들의 문화적 가치, 가족구조, 양육방법, 종교적 신념, 차별과 억압 경험, 문화적응의 수준 등에 대한 중요한 정보를 얻을 수 있다. 실천가들은 이주난민 가족들의 관점을 이해하려고 노력함으로써 그들 자신이 전문가이며 실천가는 배우는 사람이라는 것을 전달하게 된다. 무엇보다 우리가 진심으로 그들 상황을 이해하는 데에 관심이 있으며 그들의 세계관을 존중하고 있음을 나타내는 것이 중요하다.

4) 가족치료 개입[3]

일반적인 가족치료 때와 마찬가지로 치료자는 전통적 가족위계를 파악한다던지(남성, 연장자 중심), 특히 여성치료자는 가족의 연장자와 특별한 신뢰를 쌓아야 하며, 가족과의 약속에 있어서는 가족의

---
3 Potocky - Tropidi, 2002: 332~352.

일과 학교 스케줄에 맞추어 약속을 정하는 등의 사실이 중요하다. 사회복지사는 이들 가족과의 신뢰 구축을 위한 노력이 무엇보다도 중요하다. 기본적으로 가계도와 생태도를 활용하여 가족의 현 상황을 파악하는 것이 도움이 된다. 가계도는 과거와 현재의 관계패턴을 강조함으로써 다른 문화권의 가족이해에 유용하며, 생태도를 통하여서는 지역사회 내에서의 가족체계의 유대를 사정하고, 사회망 속에서의 강점과 약점이 어디에 있는지 파악함으로써 가족구조를 이해하고 협력을 활성화 할 수 있다.

(1) 부부관계 개입

이주난민들에게는 행동, 인지, 구조적 부부치료가 적합하다. 따라서 북한이탈주민 가족들의 경우 부부와 관련한 개입에 있어서도 유사한 방법이 효과적일 것으로 생각되며 무엇보다 배우자들이 서로에 대하여 적절한 기대를 갖도록 돕고 그들이 서로 자신들의 목표를 성취하도록 돕는 것을 초점으로 하는 것이 바람직하다.

행동주의 부부치료는 대단히 구조화되고 목표지향적으로 특정 행동상의 목표, 명백한 행동변화, 새롭게 배운 행동의 유지 등에 초점을 둔다는 점에서 부부는 의사소통, 문제해결기술을 통하여 긍정적 변화를 경험할 수 있다. 또 이들 부부에게는 장기적인 상담이나 치료보다는 단기, 시간제한적 치료가 적합하다.

이주난민 부부들에게서 많이 나타나는 문제들 중 하나가 배우자 폭력문제인데 북한이탈주민 가족의 경우도 정확한 통계는 현재까지 없으나 실무자들의 경험으로 보아 유사한 상황일 것으로 추측된다. 배우자 폭력과 관련하여 행동주의적, 인지적 부부치료가 적합하다. 구체적으로 위기개입을 위한 전화핫라인을 개설하거나, 이들 신문의 교육 기사란에 문제와 예방전략, 법적 측면이나 원조자원에 대하여 여성들에게 교육하는 방법, 문제개입을 돕기 위하여 그들 공동체의 시니어들에 대한 명단작성, 의식고양 토의집단 구축, 리더십과 조직훈련을 통한 여성 임파워링 등의 방법을 활용할 수 있다. 폭력남성을 위해서는 성역할 사회화와, 관계에서의 힘과 통제 권리에 대한 신념에 대하여 교육을 하고, 분노조절을 위한 심리교육적 접근도 유용하다.

(2) 부모 - 자녀관계

다른 이주난민 가족들에서와 마찬가지로 북한이탈주민 가족의 경우 역시 세대 간 갈등을 많이 경험하고 있다. 따라서 이와 관련하여서는 다음의 사항들을 중심으로 이들 가족을 사정할 수 있다. 첫째, 가족원에게 한국사회 안에서 북한이탈주민이라는 존재가 무엇을 의미하는가, 둘째, 그들은 얼마나 전통적인가, 셋째, 가족 내의 여성의 역할과 지위는 어떠한가, 넷째, 이민자의 사회적 상황은 어떤가, 다섯째, 문화적 정체감 갈등을 가족이 어느 정도 경험하고 있는가, 여섯째, 가족원들이 앉은 자리 배치는 어떠한가, 일곱째, 가족 내에서 강력한 인물은 누구인가, 여덟째, 누가 가족을 대변하는가, 아홉째, 자녀가 이야기하는 것이 허용되는가, 열째, 얼마나 중요한 가족원이 빠져있나 등이다. 이상의 질문들 외에도 또 정신 교육 접근을 통하여 세대 간 갈등에 있어서 이주나 문화와 관련된 점들을 이해하도록 하거나 가족원들의 대응기술을 교육하는 것 등이 효과적이다. 가족원들은 한국과 북한이라는 두 개의 문화적 세계의 상충되는 요구들에 대하여 배움으로써 문화갈등의 측면에서 자신들에게 무엇이 일어나고 있는가를 이해하도록 도움을 받아야 한다.

좀 더 구체적으로 부모에게 가르칠 내용과 자녀에게 가르칠 내용을 구분하여 설명하면 다음과 같다.

① 부모에게 가르칠 내용
첫째, 아동의 비행 이유와 그러한 행동에 대한 사회적 학습에 기반을 둔 원칙과 개념
둘째, 가치와 훈육에 있어서의 문화적 차이점 자녀의 적응에 영향을 미치기 때문에 가치와 훈육에 있어서의 문화적 차이점에 관한 내용
셋째, 이주와 새로운 가족에 대한 적응으로 인하여 아동에게 나타나는 정서적 긴장과 두려움
넷째, 학교구조와 학교의 기대의 차이
다섯째, 부모가 가정에서의 공부 프로그램을 통하여 자녀에게 어떻게 긍정적 자기 존중감과 자기훈련을 구축함으로써 자기이미지를 긍정적으로 유지하도록 할 수 있나
여섯째, 자녀와 어떻게 효과적으로 의사소통하며 자녀의 자존감에 영향을 주지 않고 비판적일 수 있는가
일곱째, 동료압력의 영향과 그것이 어떻게 관리될 수 있나

② 자녀에게 가르칠 내용
첫째, 북한과 한국의 사회문화적 차이 이해
둘째, 옷 입는 법, 음식, 가족, 말하는 억양에 대한 동료들의 조롱에 대응하기
셋째, 가족과 보다 효과적으로 의사소통하기
넷째, 필요한 사회기술과 자기주장기술 습득하기
다섯째, 시험보기 학교구조, 학교의 기대, 언어 요인에서 문화적 차이를 이해하고 공하는 기술 개선하기

여섯째, 이주에 따른 정서적 긴장과 두려움 대처

일곱째, 한국사회에서 북한이탈주민으로서 느끼는 심리에 대한이해

여덟째, 자존감의 개념 이해하기, 자존감과 성적과 성공의 관계 이해하기, 자존감에 영향을 미치는 근원들, 제도들과 이미지들 이해하기

(3) 아동·청소년 사정과 개입

기본적으로 북한이탈주민 아동·청소년에 대하여 개입할 때 다음의 문제들을 사정할 필요가 있다.

첫째, 그들의 문화적응 상태를 사정한다. 구체적으로 현재 그들의 적응상태가 동화, 분리^{separation}, 주변화^{marginalization}, 이중문화 상태 중 어디에 속하는가 하는 것이다.

둘째, 의사소통, 대응기술과 사회기술 등은 어떠한가.

셋째, 그들은 가족과 외부의 지지를 어느 정도 갖추고 있는가.

넷째, 도움을 요청하고, 감정을 솔직하게 표현하며 다른 사람들의 요구에 저항하려는 의향과 능력을 어느 정도 갖추고 있는가.

다섯째, 정신건강 문제가 있는가.

특히 아동·청소년에 대한 정신건강 상태 확인에 있어서는 그것이 정상적인 발달 과정의 현상인지 질병 상태에 의한 것인지를 잘 구분해야 하는 어려움이 있다.

이주난민 아동·청소년에게 가장 흔히 보고되는 개입은 정체감 갈등을 해결하도록 도와주고 문화적응 과정을 촉진시켜주는 것을 목적으로 하는 집단 개입법인데, 북한이탈주민 청소년들의 경우도 그대로 적용될 수 있다. 그것은 주로 예방적이고 교육적인 목적을 가

지고 있으며 학교환경 내에서 시행되는 경우가 많다.

특히 자기 문화에 대하여 자신감을 갖도록 해주는 것인데, 즉 그들 모국의 역사, 전통과 문화가치를 가르치고, 모국과 수용국 문화의 차이점들에 대하여 가르치는 것이다. 이때 이들이 존중심과 주의가 확보된 학교 환경 속에서 자신들의 문화에 대하여 발표를 하도록 한다. 또 그들 자신들에게 문화적 갈등이라는 측면에서 무엇이 일어나고 있는가를 이해할 수 있도록 문화교육을 통하여 두 개의 문화적 세계의 경쟁적 요구들에 대하여 배울 필요가 있다. 일반적으로 수용국의 문화는 무디고 모국의 문화는 너무 지체된 상태 속에서 가족, 사회, 대중매체의 메시지가 너무 피상적이기 때문에 실제문화보다 더 많은 문화가 그들 안에 존재하여 혼란을 가져다줄 수 있다. 따라서 그들이 두 개의 문화의 중요하고 참된 면을 이해하도록 하는 것이 필요하다. 문화교육의 목표는 참여자들이 이중문화적으로 되도록 하여 두 개의 문화에 모두 속하도록 하고 그러한 여건에서 마음 편하게 느끼도록 하며, 두 개의 세계 안에서 살고 공유하는 개인으로서 자신의 정체감을 발견하고 이중 시민으로서 헤쳐 나가는 효과적인 방법을 찾도록 돕는 것이다.

또 다른 하나는 사회기술 훈련으로서 이들이 자기주장, 새로운 환경에 기능적인 새로운 기술을 습득하도록 돕는 것이다. 동료상담가를 활용하여 정착한지 오래된 북한이탈주민 청소년들이 예전문화와 새로운 문화 사이의 교량 역할을 할 수 있으며, 그들과 더 솔직한 이야기와 더 나은 학습을 활성화할 수 있다. 또 한국의 학생과 매칭을 하는 버디제도를 통하여 새로운 문화에 적응하도록 돕고 한국 학생들이 북한이탈주민 학생들을 이해함으로써 부정적인 상호작용을 없애도록 한다.

또 북한이탈주민 청소년들은 이주과정의 스트레스들을 경험하게 되므로 정신건강 측면의 개입을 생각해 볼 수 있다.

(4) 이주난민 노인과의 치료

노인들과의 사정은 신체화^{somatization}와 신체장애 발병률이 높고 인지적 쇠퇴와 노화에 대한 편견 등에 의하여 더 복잡해진다. 따라서 노인들의 정신건강문제는 잘 확인되지 않으며, 치료에 관해서도 잘 해결되지 않는다. 따라서 사회복지사는 북한이탈주민 노인들을 사정하는 데에는 별도의 시간이 더 걸리며 일반적인 노년에 대하여 잘 알고 있어야 한다. 이들이 직면하는 중요한 과제는 이주 경험과 타협하는 것이다. 이것이 잘 되지 않으면 이들은 절망과 우울의위험이 뒤따른다. 일반적으로 인생의 후기에 우울을 경험하는 사람들을 치료하는 데에 효과적인 치료방법으로는 인지행동치료, 회상치료 등과 과거 인생의 긍정적이고 부정적인 삶의 경험을 회상한다는 전제 하에 개발된 개입이 개인이 우울과 절망감을 극복할 수 있게 해 준다. 특히 회상치료는 이주경험에 대한 회상에 초점을 두는 만큼 특별히 이주난민노인들에게 적합하므로 그들에게 사용되어 왔다. 생애학적 접근과 회상치료를 혼합하여 사용하기도 한다.

5) 구조적 가족치료기법

가족치료에는 다양한 가족치료 방법들이 있다. 특히 이주난민 가족들에게 효과적으로 알려진 가족치료인 구조적 가족치료기법은 전반적으로 북한이탈주민들도 일반적인 이주난민과 유사한 특징들을 지니므로 이들에게도 이 기법을 적용해 볼 수 있을 것이다.

구조적 가족치료기법에서는 변화를 가져오기 위하여 감정표현보다는 가족상호작용을 재구조화함으로써 치료자는 가족의 경계를 재조정하도록 돕는다. 이 접근법은, 특히 문화적응 과정을 돕는 데에 유용하다. 미누친은 개인의 증후는 변화하는 환경의 요구에 맞추어 가족구조가 조절을 하지 못함으로써 생기는 것임을 강조한다. 많은 1세대 이민자들은 이중문화 개념을 시인하기 어려워한다. 미누친의 접근은 부모가 자녀가 최소한의 어려움으로 동화되기 위하여 주류사회에 깊이 관여될 필요가 있음을 알도록 도와주는 것이다. 그러므로 치료가 가족구조에 도전할 때 가족은 문화적응에 방해가 될 수 있는 지나친 밀착신드롬을 탐색하는 쪽으로 나아간다. 또 미누친은 확대가족은 이주난민 가족 상황에서 중심역할을 하기 때문에 확대가족을 치료의 통합요소로 활용하는 것이 이들 가족에게 대단히 효과적이라고 본다.

또한 구조적 가족치료와 생태구조적 접근법은 이들 가족에게 특별히 적당하다. 아폰테는 이 치료가 문제의 긴급성과 구체성을 다루어야 하고, 가족구조조직, 가족과 공동체의 가치, 가족 공동체의 자원들, 가족과 공동체 사이의 관계들을 다루어야 한다고 강조한다.

생태구조적 가족치료는 가족문제를 가족체계 내에서 나타나는 주로 문화적응 관련된 역기능으로 본다. 따라서 가족체계 모델 측면에서 문화적응의 효과를 탐색하고 개인보다는 가족체계를 다루는 것이 중요하다. 환경에 대한 개인의 입장의 변화가 그의 경험을 바꿀 수도 있기 때문에 원인론과 치료에 대한 생태학적 모델이 제안된다. 따라서 효과적 치료접근은 가족과 가족 외부 환경 내에서의 새로운 상호작용을 증진시켜야 하며, 그렇게 함으로써 개인이 환경을 좀 더 효과적으로 대하는 방법을 경험할 수 있다. 생태구조적 가족치료는 가족원들이 가족 내의 상호작용과 가족 외부의 역할들을 활성화하도록 돕는다. 가족붕괴의 주요 원인들 중 한 가지는 전통적 부모와 문화적응된 청소년 사이의 세대 간 차이이다. 부모의 권위는 흔들리며 부모는 효과적인 부모역할에 장애가 되는 부부갈등에 직면하는 경우가 많다. 치료자는 이 조직을 수용하고 먼저 가족안으로 섞여서 그들 권위를 강화시키고 세대 경계를 명료하게 하기 위하여 부모와의 강력한 동맹관계를 수립한다. 지역사회 기관들은 청소년의 문제행동에 적절한 한계를 지어주도록 도울 수 있다. 이 전략은 자주 가족과 수용국의 공동체 사이의 갭을 완화시키도록 도와주는 경우가 많다.

또 치료자는 좀 더 기능적인 가족 상호작용패턴을 수립하고 부모역할을 재수립하며, 반사회적 행동을 축소시킬 목적으로 청소년과 새로운 동료관계를 제공하고, 부부갈등을 해결하도록 돕는다.

토론거리

1. 북한이탈주민들에 대한 사정과 개입 시 일반 가족과 특히 다른 점은 무엇인가?

2. 북한이탈주민들을 직접 만나던지 혹은 영화나 비디오에 나타난 사례를 통하여 그들이 처한 현재의 문제 상황에 대하여 개입 방안을 모색해 보자.

13 북한이탈주민 부모교육

"한 아동을 키우기 위해 온 마을이 필요하다(It takes a whole village to raise a child)"는 아프리카의 격언이 있다. 한 사람이 태어나 성장을 하고 사회적으로 독립하여 자기의 인생을 산다는 것은 참으로 대단한 일이다. 그러한 성장의 과정에는 수많은 사람들이 개입하여 영향력을 주고받게 되는데, 그 중에서도 가장 중요한 역할을 담당하는 사람은 부모이다. 아이가 세상에 태어나서 처음으로 마주 대하게 되는 사람은 부모이며, 거의 모든 학자가 세상에 태어난 이후 1년이라는 기간이 아이의 삶에 가장 중요하다는 점에 동의하기 때문에 부모의 역할은 그 중요성이 아무리 강조되어도 지나침이 없다. 세상에 태어나 첫 1년을 어떤 환경에서 어떤 사람들과 어떤 관계를 맺는가가 한 사람의 일생을 좌우하기 때문이다. 그 이후의 삶에서 처해진 환경과 개인의 의지에 따라 얼마든지 새로운 변화와 발전이 가능하지만, 성년기보다는 청년기가, 청년기보다는 청소년기가, 청소년기보다는 아동기가, 아동기보다는 유아기가 한 사람의 인생에 있어서 더 큰 영향을 받는 시기라는 점을 분명히 인식하는 것이 중요하다. 여기에서는 지면이 한정되어 있기 때문에 북한이탈주민 가족에게 도움이 될 수 있는 기본적인 양육 태도와 자녀와의 관계형성을 다루며, 북한이탈주민 부모가 효과적으로 부모의 역할을 배우고 습득하기 위해서는 일상생활에서의 실천과 연습이 중요하다는 점을 강조한다.

1. 부모와 자녀의 관계

많은 부모가 자녀를 자신의 소유로 생각하는 경향이 있다. 그렇게 생각하지 않는 부모일지라도 대부분의 부모가 자녀를 자신의 소유인 것처럼 자녀와 관계를 맺고 행동을 한다. 아시아 국가들의 부모가 자녀를 소유물로 생각하는 경향이 더 많은데, 미국에 이주한 이주자 가족에 대한 연구(Chun, Organista & Marin ed., 2003: 100)에 따르면 아시아 국가 출신의 부모가 자녀의 생활에 깊숙이 개입하고 자녀들의 행동에 대해 엄격한 규율로 통제하는 것으로 나타났다. 북한이탈주민 가족의 특징 중에 하나도 가부장적인 가족 분위기와 부모가 자녀의 생활에 개입하는 정도가 높다는 것이다. 먼저 부모가 분명히 인식하여야 할 것은 자녀는 독립된 인격체이며, 부모가 자녀의 삶에 지나치게 개입하는 것은 자녀를 독립된 인격체로 인정하지 않는다는 것을 의미한다는 것이다. 부모가 자녀의 성장을 도와주고 자녀와 함께 성장하는 부모가 되기 위해서는 먼저 부모가 한 인격체로서의 정체감을 형성하고 자녀를 독립된 인격체로 바라보며, 자녀와의 관계를 통해 부모가 먼저 배우고, 느끼고, 성장하는 것을 경험할 수 있어야 한다. 볼프강 펠처(도현정 역, 2007: 12)가 자녀를 양육하면서 경험한 것을 고백한 것처럼 "아이를 키우면서 아이와 부딪치는 문제를 풀기 위해 사고하게 되었고, 해답을 찾는 과정에서 나 자신과 만나게 되었다. 그리고 아이의 모습에서 나 자신을 다시 발견하게 되었다"는 경험을 할 때 부모는 자녀를 자신의 일부가 아닌 독립된 개체로 인정하고 존중하며 수용할 수 있게 된다.

야누쉬 코르착은 『아이들이 존중받을 권리』라는 책에서 "어른들은 아이를 미숙한 존재로 보면서 아이들에게서 많은 권리를 박탈하고 있다"(도현정 역, 2007: 128)고 했는데, 대부분의 성인들은 아이들은 약하고 무언가 부족하기 때문에 끊임없이 어른들의 보호와 지도를 받아야 한다고 생각한다. 이러한 생각은 어떤 점에서는 맞지만 어떤 점에서는 사실이 아니다. 아이들이 약하고 무언가 부족한 것은 성인과 비교했기 때문이다. 아이들은 성인보다 힘이 약하고 성인에 비해 아는 것이 적으며, 성인과 비교했을 때 누군가에게 더 많이 의지를 해야 한다. 그러나 성인과 비교하지 않고 아이들 자체로만 보면 아이들은 스스로를 유지할 만큼의 충분한 힘이 있으며, 스스로 생존하기 위한 기술을 이미 알고 있으며, 때로는 독자적으로 결정을 하면서 스스로의 능력으로 성장을 한다. 아이들이 무언가 부족하다고 생각하는 것은 아동의 발달단계이론에 익숙해 있기 때문이다. 이와 같이 아동을 바라보는 관점을 바꾸면 우리가 평소에 가지고 있는 아동에 대한 한계가 드러난다. 다시 말하면 사람은 누구나 자기가 처한 환경에서 자기가 생존할 수 있는 능력을 지니고 있다는 것이다. 아이들 역시 자기가 처한 환경에서 생존할 수 있는 능력을 지니고 있는 것이다. 아이들은 배가 고프거나 무언가 필요한 욕구가 발생을 하면 울음으로써 자기의 의사표시를 할 수 있는 능력이 있다. 또 아이들은 끊임없이 넘어지면서도 다시 일어나서 또 다시 걸으려고 시도를 할 수 있는 능력을 지니고 있다. 아이들은 또 자기를 보호하고 양육하는 사람 - 주로 엄마 - 이 누구인지를 분명히 구분할 수 있는 능력이 있어서 자기의 생존에 너무나 중요한 양육자와의 관계를 잘 맺을 수 있는 능력을 가지고 있다. 또한 아이들의 집중력은 너무나 대단하여서 짧은 시간에 세상으로부터 수많은 정보를 흡수할 수 있는 능력을 지니고 있다. 이러한 능력들은 아이가 세상에 태어나 스스로 성장하고 발전할 수 있는 능력을 지니고 있음을 의미한다. 물론 아이들은 성인으로부터 보호를 받고 양육을 받아야 한다. 그러나 성인들 역시 사회로부터 보호받지 않으면 혼자 살아갈 수 없기는 마찬가지다. 이렇게 아이에 대한 관점을 성인의 관점이 아니라 아이의 관점에서 볼 수 있다면 성인의 관점에서 걱정하고 염려하여 일방적으로 지시하고 일방적으로 보호를 제공하기보다는 아이를 하나의 독립된 개체로 인정하고 아이의 의견을 소중하게 생각하게 될 것이다. 따라서 부모의 역할 중 첫 번째 역할은 아이의 능력을 믿는 것이다. 아이는 자기의 조건에서 스스로 생존할 수 있는 능력을 갖추고 있다는 것을 알고 나면 부모가 도와주어야 할 것과 도와주지 않아도 될 것을 구별할 수 있다. 이런 점에서 에릭슨$^{E.\ Erikson}$은 좋은 지침을 제공해 주었는데, 그의 자아발달 8단계에 따르면 태어나 1살까지의 기간 동안 아이와 양육자[1] 사이의 관계에서 부모는 아이의 욕구에 민감하게 반응을 하여 아이에게 신뢰감을 주어야 하고, 아이가 2살에서 3살까지의 기간에는 먹는 것이나 옷입기와 같이 스스로 할 수 있는 것은 스스로 할 수 있도록 기회를 줌으로써 자율성을 키워주어야 하며, 4살에서 학교에

---

[1] 주양육자는 대부분 엄마가 되지만 가족에 따라서는 아버지가 될 수도 있으며, 조부모가 될 수도 있다. 부모나 혈연가족의 보호를 받을 수 없는 아이의 경우에는 제 3자가 양육자가 될 수도 있으며, 이 경우에는 혈연가족만큼 주양육자의 역할이 중요하므로 혈연여부와 상관없이 양육자는 아이에 대한 세심한 배려와 노력이 필요하다. 여기에서는 '부모'와 '양육자'라는 용어는 맥락에 따라 같은 의미로 사용한다.

가기 전까지는 자기세계를 구축하는 시기로서, 아이가 자기의 의지에 따라 자기 주도적인 역할을 할 수 있도록 해주어야 한다. 이때 부모가 아이의 자기주도적 행동을 꺾으려 하면 아이는 반항적인 태도를 보일 수 있다. 초등학교에 다니는 시기에는 가정 밖에서 새로운 관계를 맺으며 공적인 영역에서 자기의 능력을 발휘할 수 있도록 돕는 것이 중요하다. 이때 학습능력도 발휘될 수 있는 여러 가지 능력 중에 하나지만 학습에 대한 과도한 기대가 아이에게 스트레스를 줄 때에는 이후의 발달에 영향을 줄 수 있으므로 아이의 능력과 의지에 따라 학습계획을 세우는 것이 중요하다. 이후 20세를 전후한 성인기에 들어서기 이전의 청소년기에는 자아정체감을 형성하는 것이 중요하다. 에릭슨은 청소년기의 중요성을 강조했는데, 이 시기에는 자신이 누구이며, 무엇을 원하고, 무엇이 되고 싶으며, 자신의 역할이 무엇인지를 인식하는 것이 중요하다. 페트르(Petr, 1998: 35)는 청소년들이 정체감을 형성해나가는 6가지의 방법을 다음과 같이 제시하였다. 첫째, 가족으로부터 분리하면서 개별화하고, 둘째, 의존적인 감정을 거부하며, 셋째, 사적인 세계를 갖게 되고, 넷째, 가족 외부에서 소속할 곳을 찾으며, 다섯째, 의사결정을 통해 능력을 발전시켜 나가고, 여섯째, 성정체성의 발달에 대처한다.

나이에 따른 역할과 과업을 수행하고 심리사회적 능력을 습득하는 것은 중요하지만 한 시기에 어려움을 겪었다고 해서 이후에 회복이 불가능한 것은 아니다. 또한 각 시기에 습득되는 능력은 긍정적인 측면만 경험함으로써 획득되는 것이 아니라 적절한 정도의 부정적인 경험도 함께 할 때에 획득될 수 있는 것이므로 가장 중요한 것은 양육자의 세심한 배려와 끊임없는 관심이다.

양육자의 역할분담도 중요한 요인이다. 아이가 세상에 태어나서 처음으로 관계를 맺게 되는 사람이 부모인데, 현대사회의 가족구조상 아버지는 자녀의 양육과 성장에 많이 참여하지 못하고, 대부분 엄마가 자녀의 양육에 관여하게 된다. 따라서 주로 엄마의 양육태도와 엄마가 맺는 자녀와의 관계에 따라 자녀는 영향을 받게 된다. 부모가 없는 아이들의 경우에는 아이의 욕구에 적절히 반응할 수 있는 사람이 양육책임을 맡는 것이 중요하며, 양육자가 여러 번 바뀔수록 아이의 정서에 영향을 줄 수 있으므로 가능하면 같은 양육자가 아이의 양육책임을 맡도록 해야 한다. 부모가 함께 양육을 할 때에는 가능하면 아버지와 엄마가 함께 역할을 맡아 양육에 참여하는 것이 중요하다.

2. 무조건적 긍정적 대우의 관점

양육자가 자녀와의 관계에서 지속적으로 유지해야 할 태도 중에 하나는 로저스$^{C.\ Rogers}$가 발전시킨 개념인 무조건적 긍정적 대우$^{unconditional\ positive\ regard}$이다. 이는 어느 개인의 행위에 부여된 가치와는 무관하게 긍정적 대우를 주거나 받는 것으로, 어떤 개인을 만약^{ifs}, 그리고^{ands} 그러나^{buts} 라는 조건 없이 있는 그대로 어떤 사람을 수용하거나 존경하는 것을 의미한다. 이러한 무조건적 긍정적 대우는 아동이 그의 행동, 생각, 느낌이 어떻든 간에 부모가 진실로 사랑하고 대우하는 데서 분명히 나타난다. 부모는 아이들 자신들의 아이이기 때문에 사랑하는 것이지 부모의 기대에 맞는 어떤 조건을 수행했기 때문에 사랑하는 것이 아니라는 것이다(이훈구 역, 1993: 462).

로저스는 유기체적 평가과정$^{organismic\ valuing\ process}$이라는 개념을 발전시켰는데, 이는 자기를 유지시키거나 향상시키는 것으로 지각된 경험들은 더욱 추구되고 긍정적으로 평가되고, 이와 반대로 자아 보존이나 증진을 부정하거나 반대하는 것으로 인식된 경험들은 부정적으로 평가되어 피하게 된다는 것이다(이훈구 역, 1993: 452). 데이비스Davis의 음식의 선택에 관한 연구[2]결과는 유기체적 평가과정을 과학적으로 증명해 주는데, 이 연구에서 그는 영양상태의 불균형이 생기면 아동이 자기의 식사습관을 자연히 바꿀 수 있는 능력이 있는가에 대해 조사했다. 30가지의 음식을 섞지도 않고 양념도 치지 않은 채 순수하게 배열해서 아동이 이를 자유롭게 선택하게 할 때 데이비스는 4년 반이 지난 후에 아동들은 균형 있는 식사를 스스로 할 수 있음을 발견했다. 아동의 건강을 진단해 보았더니 그들은 모두 건강했을 뿐만 아니라 소화장애도 나타나지 않았다. 이 연구결과는 로저스의 유기체적 평가과정, 즉 아동은 스스로 어떤 음식이나 경험이 자기에게 이로운지 또는 해로운지 안다는 주장과 아주 일치하는 것이다(이훈구 역, 1993: 452).

사람은 누구나 타인으로부터 인정받고 싶어 하고 수용되고 싶어 한다. 그러나 사람은 누구나 각자의 독특성을 가지고 있고, 아이들 역시 자기만의 독특한 특성을 가지고 있다. 같은 부모에게서 태어난 아이들도 저마다 다른 독특성을 가지고 있다. 부모 역시 자녀들과 다른 특징들을 가지고 있다. 저마다 다른 개성을 가지고 있는 사람끼리 밀접한 관계를 형성하는 곳이 바로 가정이다. 가족구성원들이 개인의 독특성의 기준을 가지고 상대방의 태도나 생각, 행동에 대해 옳고 그르다는 판단이나 좋고 나쁘다는 평가를 내리게 되면 갈등이 발생할 수밖에 없다. 부모와 자녀 간의 관계에서는 부모가 자녀에 비해 더 큰 권력[3]을 가지고 있기 때문에 부모가 자신의 가치판단에 의거하여 내리는 판단과 평가는 자녀에 대한 간섭과 통제로 나타날 수 있다. 무조건적 긍정적 대우란 자녀를 있는 그대로 수용하는 것이며,

---

2 이훈구 역(1993: 452)에서 재인용함.
3 부모는 의식주 등 생활 전반의 조건에 대해 더 많은 결정권을 가지고 있다.

나와는 다르지만 자기만의 독특성을 가지고 있기 때문에 나의 기준으로 판단하지 않고, 어떤 조건에 따라 아이를 수용하거나 거부하지 않음을 의미한다. 그렇다고 해서 아이들의 바람직하지 않은 행동이나 태도에 대해 무조건 받아들인다는 것은 아니다. 일정한 규칙에 따라 자녀를 훈계할 수도 있고 벌을 줄 수도 있으나 이러한 순간 조차도 자녀가 부모로부터 거절당한다고 느끼지 않도록 하는 것이 중요하다. 부모로부터 훈계를 듣는 순간에도 부모가 자기를 사랑하여 훈계를 하고 있다고 느낄 수 있어야 한다는 것이다. 그리고 부모는 자녀의 지지자가 되어야 한다. 잘 한 것에 대한 적절한 칭찬뿐 아니라 실수나 잘 못한 일에 대해서도 위로와 격려를 받고 다음에는 더 잘 할 수 있다는 자신감을 얻을 수 있어야 한다. 그렇다고 부모가 모든 면에서 완벽해야 하거나 완벽해 보이려고 노력해야 한다는 것은 아니다. 부모도 부족한 점이 있고, 실수할 수 있으며, 때로는 좌절할 수도 있다. 중요한 것은 이러한 상황을 자녀와 적절히 나누고 어떻게 극복하는지를 보여주는 것이다. 자녀의 실수뿐만 아니라 부모의 실수나 부족함도 자녀에게는 훌륭한 교육적 기회가 될 수 있는 것이다.

  1997년 말의 경제위기를 겪으면서 많은 가정이 이혼이나 별거로 해체되었는데, 똑같이 경제적인 어려움을 겪으면서도 해체된 가정이 있었는가 하면, 오히려 경제위기 속에서 가족 간의 응집력이 높아진 경우도 있었다.[4] 두 경우의 차이는 평소에 가족 구성원들이 건강한 관계를 형성하고 있었는지, 아니면 가족 간에 보이지 않는 갈등의 요소가 처리되지 않고 남아있었는지의 차이였다. 갈등이 있는 가정은 경제위기 속에서 해체될 가능성이 크지만 건강한 가족관계를 갖

---

[4] 노혜련(2000: 171~172)의 연구에 따르면 경제위기로 인한 가장의 실직 이후에 부부관계나 자녀와의 관계가 오히려 좋아졌다는 응답이 약 5% 정도로 나타났는데, 그 이유는 대화가 많아지고, 서로 격려를 해주는 등 가족이 지지자의 역할을 했기 때문인 것으로 나타났다.

고 있는 가정은 경제위기 속에서 오히려 서로를 위로하며 응집력을 키워가는 것이다. 자녀의 건강한 성장은 가족이 가지고 있는 강점이 발휘되는 것뿐만 아니라, 가족 내에 존재하는 부정적인 측면이 어떻게 다루어지고 어떻게 극복되며, 긍정적인 측면과 부정적인 측면이 적절히 균형을 이루어 결과적으로 가족구성원 전체가 성장하는 기회가 될 수 있는가에 달려있다고 할 수 있다. 무조건적 긍정적 대우의 개념은 일상적 생활에서 적용될 수 있을 뿐만 아니라 가족 전체, 또는 가족구성원 중 어느 한 사람이 위기에 처했을 때 적용할 수 있다. 자녀나 가족을 어떤 조건에 따라 판단하거나 평가하지 않고 있는 그대로를 수용한다는 것은 자녀나 가족이 스스로 건강하게 발전할 수 있는 능력이 내재되어 있다는 것을 믿는 것이며, 이를 위해 스스로 건강하게 성장하고 발전할 수 있도록 기다려줄 수 있음을 포함하는 것이다.

3. 부모교육 프로그램

부모의 역할을 효과적으로 수행하기 위해서는 일정한 정도의 지식과 훈련이 필요하다. 부모들이 자녀와의 관계에서 효과적으로 역할을 수행하도록 교육하는 프로그램들이 개발되어 있는데 이것이 부모교육 프로그램, 또는 부모역할훈련 프로그램 등으로 불린다. 여기에서는 고든Gordon의 부모효율성훈련과 한국청소년상담원에서 개발한 부모교육프로그램을 소개한다.[5]

---

[5] 두 개의 부모교육 프로그램에 대한 소개는 한국여성복지회(2005: 146~148)에서 발췌하여 정리하였다.

1) 부모효율성훈련 프로그램 PET: Parent Effectiveness Training

PET는 아동의 정서적, 지적인 문제는 부모-자녀간의 문제로 부모들을 교육시킴으로써 해결할 수 있다고 보고 이를 위해 인간관계에 초점을 두어 개발된 부모교육 프로그램이다. 이 프로그램은 15명 내외의 집단을 구성하여 2개월간 매주 1회 3시간씩 총 8주 24시간에 걸쳐 진행되며 매 강의마다 의사소통 기법의 이론적인 배경과 실제의 역할연습을 하는 등 자유로운 형식으로 진행된다.

고든은 부모-자녀간의 관계가 애정과 존경, 이해와 협력이 이루어질 수 있는 생산적이고 협동적인 인간관계를 형성해야 한다고 보고 이를 위해 원만한 의사소통이 필요하다고 보았다. 부모가 훈련을 통해 인간관계를 증진시킬 수 있는 기술을 터득하기 위한 효율적인 의사소통 및 문제해결 방법으로 적극적 경험, 나-전달기법 I-message, 무승부법 3가지 기법을 제시하고 있다.

적극적 경청 active listening 은 단순히 듣는 데서 그치는 것이 아니라 상대방의 입장을 이해하려고 노력하는 자세를 포함하는 것으로, 자녀와의 개방적인 의사소통 방법으로 활용할 수 있다. 이는 자녀의 이야기를 비판이나 판단 없이 그대로 수용하고 자녀의 이야기가 의미하는 바를 이해하려고 진지하게 노력하는 태도로 적극적으로 의사소통에 참여하는 것을 말한다. 부모가 자녀의 말을 경청하고 난 후 자신이 이해한 바를 자녀에게 전달할 때 평가, 명령, 분석, 충고 등은 하지 말아야 한다. 나-전달법은 자녀의 행동으로 인한 부모 자신의 감정상태를 전달하는 방법으로 아동의 행동을 판단하지 않으면서 자녀 스스로 행동에 책임을 지도록 하는 개방적인 의사소통이다. 갈등 상황에서 대화를 할 때 상대방 you 을 주어로 대화를 하게 되면 비난하는 메시지가 전달될 가능성이 크지만 나를 주어로 대화를 하게 되면 갈등 상황을 겪는 본인의 감정을 전달하게 된다. 따라서 상대방에게 문제가 있다는 것을 나타내지 않고 갈등 상황에서의 감정을 표현함으로써 개방적인 의사소통을 할 수 있게 된다. 갈등의 정도가 심각하여 누군가의 문제를 부각시킴으로써 비난을 하려고 하는 상황일 경우에는 효과적인 문제해결과정으로 무승부법$^{no\text{-}lose\ method}$을 사용할 수 있다. 무승부법은 부모와 자녀간의 파워의 차이를 줄이고 부모와 자녀가 함께 문제를 수용하고 문제해결방법을 제시하는 것이다. 무승부법은 갈등확인하기, 가능한 해결책 모색하기, 해결방법에 대한 평가, 상호 수용할 수 있는 해결책 결정하기, 결정된 해결방법 실행하기, 행동결과에 대한 평가의 6단계의 과정을 갖는다.

2) 자녀의 힘을 북돋우는 부모교육 EPT: Empowering Parent Training

우리나라에 도입되어 있는 PET를 비롯한 여러 부모교육 프로그램들은 서구의 민주적 양육방식을 전제로 하고 있어 효와 예를 중시하고 가족 내에서의 위계질서를 중시하는 우리의 가족문화에 적용하기에는 한계가 있음이 지적되었다. 이를 보완하여 우리 가족문화에 맞게 개발된 프로그램 중의 하나가 EPT교육이다. 이 프로그램은 어느 하나의 학문분야나 이론에 치우치기보다는 여러 분야를 참고하고 동양과 서양, 전통과 현대의 차이를 조화시켜 우리의 현실에 적합한 자녀지도 방법을 고안하였다. 총론인 '자녀의 힘을 북돋우는 부모'는 자녀의 성장에 따른 부모의 역할 및 태도와 자녀교육의 일반적 방법으로 부모됨의 단계와 부모의 역할 등을 총 6회의 교육과정으로 구성하였다. '자녀의 힘을 북돋우는 대화'는 부모-자녀 간의 대화의 원리 및 적용을 다루고 있고, '바른 행동의 길 다지기'는 자녀의 발달단계에 따른 행동지도의 원칙과 방법을 내용으로 구성하고 있다. '생활의 기틀 세우기'에서는 영유아기 자녀의 부모 및 예비부모를 대상으로 자녀의 기본 생활습관을 가르치는 원리를 교육하며, 유치원 이상의 자녀를 가진 부모를 대상으로 '어울려 사는 지혜 기르기'를 교육과정으로 마련하고 있다.

4. 자녀교육 10계명

여기에서는 심리학자로서 오랫동안 자녀양육과 관련된 연구를 수행해온 로렌스 스타인버그 교수가 제안한 자녀교육의 10가지 지침을 소개한다.[6]

1) 행동으로 본보기가 되어라

아이가 유전적인 경향을 물려받는다는 점에는 의심의 여지가 없지만 아이의 특징이 유전자의 영향을 받는다는 것과 유전에 의해서 결정된다고 말하는 것에는 큰 차이가 있다. 양육 방식은 유전적인 성질이 아이에게 어떻게 드러나게 될지에 영향을 주는 것이므로 부모의 행동은 아이의 발달에 가장 중요한 영향을 미치는 요인이 된다.

2) 사랑은 넘치게 주어라

자녀에게 너무 많은 사랑을 주었다고 해서 아이가 응석받이가 되는 것은 아니며, 문제는 사랑을 주는 대신 물질을 주었기 때문에 자

---

[6] 신민섭·송종역 역(2006), 『좋은 부모 되기 위한 10계명』에서 발췌 정리함.

녀가 어려움을 겪을 수 있는 것이다. 따뜻함과 애정을 진솔하게 표현한다면 아무리 사랑해도 지나치지 않다는 것이다. 이때 표현되는 따뜻함과 애정은 진심어린 사랑에서 우러나오는 것이어야 한다. 아이들은 진실한 사랑과 돈으로 해결하려는 것의 차이를 구분하기 때문이다.

3) 아이의 삶에 참여하라

아이의 정신건강, 적응, 행복 그리고 만족감을 예측할 수 있는 가장 강력하고 견실한 요인은 아이의 생활에 부모가 참여하는 정도이다. 아이들과 함께 시간을 보내는 것이 중요한 이유는 아이가 언제 마음을 터놓고 자신에 대해 말할지 알 수 없기 때문이다. 자녀와 얼마나 많은 시간을 보내는가보다 함께 있을 때 무엇을 하는가 더 중요한데, 부모는 아이와 함께 즐거운 시간을 보내는 것이 중요하며, 부모가 아이와의 활동에 진심으로 즐거워하고 몰두하여 참여할 때 아이에게 양질의 시간이 만들어 진다.

4) 아이의 눈높이에 맞춰라

아이는 자라고 성숙해가면서 능력, 관심 그리고 욕구가 변한다. 양육방법도 이런 변화에 맞추어야 한다. 아동의 발달 단계에 맞게 양육방법을 조정하기 위해서는 발달이 무엇인지, 왜 발달이 일어나는지, 그것이 부모에게 무엇을 의미하는지 알아야 한다. 다음의 네 가지 관점은 아이의 발달을 이해하는데 도움이 된다.

· 아이들은 다음 발달 단계로 넘어갈 때 외모뿐만 아니라 내면도

바뀌게 된다.
- 아이들이 거치는 심리적인 발달은 충분히 예측 가능하다.
- 신체적인 발달의 성질이나 속도를 통제할 수 없듯이 누구도 자녀의 심리적인 발달의 성질과 속도를 조절할 수 없다.
- 아동이 발달할 때 더 긍정적으로 변화하도록 도와주는 아이의 내적인 힘은 동시에 양육의 입장에서는 어려운 문제를 야기한다.

5) 지켜야 할 규칙을 정하라

부모가 아이에게 주어야 할 가장 중요한 것은 사랑이지만 그에 못지않게 중요한 것이 일상생활 속의 체계를 만들어 주는 것이다. 그러나 규칙과 한계를 따를 때 부여되는 체계가 아이의 마음을 상하게 하지 않도록 해야 하며, 이러한 체계가 아이에게 안정감을 줄 수 있다.

6) 나이에 맞는 독립성을 키워라

아이들은 부모가 도와주지 않아도 부모의 제약으로부터 독립하고 싶어 한다. 독립적이 되도록 자극하지 않아도 대부분의 아이들은 부모가 주려는 것보다 더 많은 자유를 추구한다. 많은 부모들이 독립성을 추구하는 아이의 욕구를 반항이나 불복종으로 잘못 이해한다. 아이가 부모에게 반항하기 위해, 혹은 고의로 복종하지 않기 위해 독립성을 추구하는 것이 아니며, 다른 사람에게 통제당하는 것보다 스스로 통제 하고 싶은 것이 인간 본성이기 때문에 아이들은 독립성을 추구하는 것이다. '통제당한다' 는 느낌을 주지 않으면서 아이의 행동을 제한하는 것이 아이의 자율성 욕구를 잘 다루는 관건이다.

7) 말과 행동의 일관성을 유지하라

자녀의 교육에서 문제를 일으키는 가장 큰 요인은 일관성 없는 양육이다. 아이가 바르게 행동하도록 가르치는 가장 쉬운 방법은 교육할 때 항상 일관성을 지킴으로써 좋은 행동을 습관으로 만들어 주는 것이다. 종종 부모는 자신도 모르는 사이에 일관성이 없어진다. 아이를 교육하는데 어려움이 생겼을 때, 처음 할 일은 한 걸음 뒤로 물러서서 일관적이지 못했던 건 아닌지 자문하는 것이다.

8) 절대로 때리지 말라

아이를 처벌하는 데에는 많은 방법이 있지만 이 모든 방법들은 두 가지 범주로 분류될 수 있다. 첫째는 '권위 내세우기' 방법이다. 이것은 부모가 아이보다 힘이 세다는 것을 근거로 하는 방법이다. 아이를 때리거나, 소리를 지르거나, 좋아하는 장난감을 치워버리거나 하는 방법이다. 둘째는 '사랑 철회' 방법이다. 아이에게 말을 하지 않거나, 냉정하게 행동하거나, 아이를 멀리하거나, 아이가 한 일 때문에 당신의 기분이 상했다고 말한다면 '사랑 철회' 방법을 사용한 것이다. 어떤 식으로든 신체적 처벌은 하지 말아야 하는데, 그 이유는 신체적 처벌이 과도한 공격성이라는 부작용을 낳기 때문이다. 신체적인 처벌이 아이들의 공격성을 높인다는 사실은 이미 수백 편의 연구에서 과학적으로 증명되었다.

언어적인 학대 또한 절대로 하지 말아야 할 것 중에 하나이다. 부모에게 언어적인 학대를 받은 아이들은 신체적으로 학대받은 아이들보다 심리적 문제를 더 많이 가지고 있는 경우가 흔하다.

9) 부모의 규칙과 결정을 설명하라

자녀가 기대에 따라 살게 하려면 그 기대를 명확히 해야 하며 동시에 합리적이어야 한다. 만약 명확하지 않다면 아이는 당신의 기대를 추측해서 행동할 가능성이 있고 따라서 실망시킬 가능성도 있다. 때로는 부모가 기대를 명확하게 얘기하지 않기 때문에 아이는 부모가 어떤 기대를 하고 있는지 모른다. 기대하는 것이 구체적이고 명확해야 하며, 또한 그러한 기대가 아이의 연령에 적절해야 하는 것도 중요하다. 기대를 자녀의 수준에 맞춰야 한다.

10) 아이도 인격체임을 잊지 말라

많은 부모들이 아이가 자신을 존경할지에 대해서는 지나치게 걱정하면서, 그들이 아이를 존중하는지는 충분히 생각하지 않는다. 아이들은 부모를 우러러보며 닮아가려는 경향을 타고 난다. 아이는 성장하면서 부모의 결점을 보게 되는데, 이는 자연스럽고, 이해될 수 있는 부분이며 많은 측면에서 바람직하다. 존경을 갖고 자녀를 대하라는 말은 부모가 다른 사람을 대할 때 갖추는 예의를 아이에게도 갖추어야 한다는 것이다. 따라서 아이에게 정중하게 말하고, 아이의 의견을 존중하며, 아이가 부모에게 말할 때 주의를 기울여야 한다.

□ IV부 참고문헌 □

〈11장 참고문헌〉

김현수·박혜영·김선옥 역(2001), 『빈곤가족과 일하기』, 나눔의집.
김형태(2004), 『북한이탈청소년의 남한사회 적응유형에 관한 통합적 비교연구』, 숭실대학교 박사학위논문.
양정남·최선령(2002), 『사회복지실천론』, 양서원.
이기영·성향숙(2001), 「탈북자 가족구성원의 가족관계 인식에 관한 조사연구: 탈북자 가구주 및 그 배우자의 인식을 중심으로」, 『한국사회복지학』, 47(가을): 243-271.
제석봉·이윤주·박충선·이수용 역(2006), 『사회복지상담심리학』, 학지사.
한국여성복지연구회(2005), 『가족복지론』, 청목출판사.
허남순·노혜련 역(1998), 『해결을 위한 면접』, 학문사.

〈12장 참고문헌〉

윤여상 외(2005), 『새터민 정착실태 연구』, (사)북한인권정보센터.
윤인진 외(2006), 『새터민 여성/ 청소년 실태조사 보고서』, (사)북한인권정보센터.
Alle-Corliss, Lupe & Alle-Corliss, Randy.(1999), *Advanced Practice in Human Service Agencies*, Brooks/Cole: Wadsworth.
Potocky-Tripodi, Miriam(2002), *Best Practices For Social Work With Refugees and Immigrants*, COLUMBIA UNIVERSITY PRESS.
Segal, Uma A. & Mayada, S. Nazneed(2005), 'Assessment of Issues Facing Immigrant and Refugee Families', *Child Welfare*, Vol.LXXXIV.
Segal, Uma A.(2002), *A FRAMEWORK IMMIGRATION-Asians in the United States*, Columbia University Press.

〈13장 참고문헌〉

노혜련(2000), 「실직자가족 중 해체된 가족과 해체되지 않은 가족간의 사회심리적 특성과 욕구에 관한 비교 연구」, 『한국가족복지학』, 5: 153-183.
도현정 역(2007), 『부모가 된다는 것』, 지향.
신민섭·송종용 역(2006), 『좋은 부모 되기 위한 10계명』, 시그마프레스.
이훈구 역(1993), 『성격심리학』, 법문사.
한국여성복지연구회(2005), 『가족복지론』, 청목출판사.
Chun, K. M., Organista, P. B. & Marin, G. Ed.(2003), *Acculturation - Advances in Theory, Measurement, and Applied Research*, Washington, DC: American Psychological Association.
Petr, Christopher G.(1998), *Social Work with Children and Their Families: Pragmatic Foundations*, Oxford University Press.

V

결론

14장 이주, 북한이탈주민가족 그리고 사회복지_이기영

14 이주, 북한이탈주민 가족 그리고 사회복지

이주의 문제는 가족생활과 밀접히 관련되어 있다. 개인 혼자만의 생활은 결코 정착이라고 할 수 없다. 어느 국가에서든 이주민의 정주와 정착은 가족의 형성 혹은 재결합과 밀접히 연관되어 있다. 이렇게 볼 때 이주민에 대한 연구에서 가족적 접근은 매우 중요한 의미를 가진다. 이민사회의 오랜 역사를 지난 북미 국가들의 경우에도 가족의 문제를 이민경험과 연결 지어 인식되어 왔다. 모든 가족이 함께 이민 오는 경우는 흔치 않았고, 대개 아버지 혹은 남편이 먼저 이주하여 가족이 일시적 혹은 오랜 기간 동안 헤어져 있는 경우가 흔했다. 제한적인 이민정책과 국적법, 그리고 이민 그 자체가 가족생활의 자연스런 리듬을 깨트리는 것이었다. 오늘날 우리사회의 기러기가족의 문제는 사실 이러한 국제이주로 인한 가족분리의 가장 최근의 유형으로 볼 수 있다. 또한 이주자들에 대한 시민권적 제한은 선이주자 가족원이 이주 이후의 가족의 재결합의 거부, 아동의 보육과 교육서비스에서의 제한, 가족원에 대한 기본적 의료보장으로부터의 배제 등을 유발하여 가족단위의 이주의 삶을 매우 힘들게 하고 있는 것이다.

이러한 가족단위 이주, 정주, 정착에 있어서의 문제들은 이민법적 신분이 어떠하냐에 따라 매우 달라진다. 가장 심각한 문제의 경우는 대부분 노동을 목적으로 입국한 불법이주민[illegal, undocumented, or irregular immigrants]이라고 볼 수 있다. 이들의 경우는 가족단위의 체류생활과 정주를 허락받지 못하게 됨으로써 실질적으로 장기적으로 체류하거나 불법적으로 정주하며, 또한 장기체류상황에서의 비공식적인 혼인과 출산을 하게 될 경우 체류해당국가의 법적제재를 피하기 위하여 또 다른 숨겨진 생활을 하게 된다. 그러므로 아동은 출생신고가 이루어지지 않은 채 보육되거나, 혹은 정상적이고 공식적인 보육 및 교육의 서비스를 받지 못한 채 부모의 생활공간 안에서 가둬진 생활을 하기도 한다. 이러한 부정적 사례를 반추해보면 이주민에 대한 가족문제차원의 접근은 이주민의 안정적 생활과 순리적 적응은 물론 이주민의 이주사회 내 사회통합을 위해 매우 주효하고 중요하다. 왜냐하면 이주민 가족단위의 보호와 지원은 자녀의 양육, 교육 등을 지원하여 장기적 적응의 발판이 되며, 가족단위의 사회적응은 안정적 적응을 위한 가족지지의 유지, 원조적 이웃관계의 형성, 학부모활동을 통한 사회화의 확장, 자녀들의 1차적 관계형성, 학교를 매개로한 부모들의 관계와 교사와의 관계형성 등에 매우 주효하다.

우리나라의 경우, 외국인 이주노동자들의 문제가 여기에 해당되는데, 현재 사회 내에서는 이들을 위한 가족의 재결합[family reunification]권리, 아동의 피양육 권리, 인간의 기본권보호 차원에서 가족의 문제를 해결하고자 하는 논의들과 입법추진(이주민가족의 보호와 지원 등에 관한 법률안)이 진행되고 있다(국회민생정치연구회, 2006). 한국사회의 또 다른 가족 이주민의 경우로서 결혼이민자의 경우를 들 수 있는데, 이들의 문제는 가족결합권이나 가족자체의 존재의 불인정이라기보다는 이주여성의 입장, 페미니즘의 관점 그리고 문화접합과 변용 culture encounter and acculturation 의 관점에서 다루어진다. 즉, 문화적 배경이 다른 결혼이주여성이 한국사회의 가족문화에 접합되어 경험하는 적응과 갈등의 문제 그리고 결혼이주여성 본인, 결혼이주민 가족, 그 가족의 자녀들에 대한 편견 및 차별적 시각의 문제 등이 제기되고 있다. 그러나 적어도 한국사회가 정책적으로는 이 분야의 문제에 대하여 점차 적극적이고 긍정적인 입장으로 변화하고 있다. 한국사회의 다문화 사회로의 진입이 현실적으로 인식되고, 향후에도 이러한 현상이 증가할 것이라는 예상 아래 사회적 분위기와 여건이 예비적 차원으로 좀 더 완충적이고 수용적이 되는 것으로 보인다.

그러나 북한이탈주민 가족의 문제는 위의 경우들과는 조금 다른 차원으로 접근해야 한다. 왜냐하면 북한이탈주민은 이주민 혹은 이주난민의 성격을 띠고 있으면서도 이주노동자, 결혼이민자와는 다른 문제의 성격을 가진다. 또한 이들은 국가로 분리된 '북조선' 으로부터의 국제적 이주민 international migrants 이면서도 한 민족 동포이기 때문에 국적취득과 문화적응상의 용이함에 따른 비교적 우위를 가진다고 할 수 있다. 한편, 북한이탈주민 가족은 해체와 결손의 문제를 경험한다는 측면에서 이주노동자의 상황과 조응될 수 있지만, 가족의 재결합이 법적으로 금지되어 있지 않고 기본적인 아동 및 가족복지의 서비스 및 지원정책으로부터 배제되어 있지 않다. 오히려 한국사회 내에서 가족단위로 정착하거나 북한을 탈출한 후 흩어졌던 가족원들이 재결합될 때 가족이기 때문에 주어지는 부가적인 서비스를 받을 수 있다. 이러한 배경과 특징을 지니는 북한이탈주민 가족이 한국사회에서 정착하고 생활을 영위해갈 때 사회복지적 연구와 실천에서 어떠한 의미로서 이해되어야 하는가를 정리해보는 것은 이 책의 결론부에서 요청되는 자못 중요한 대목이라 할 수 있다.

첫째, 북한이탈주민 가족의 문제는 이주민의 소집단 차원에서의 적응의 문제로서 이해될 필요가 있다. 이 책을 통하여 질문하고 논의한 많은 내용들은, 개인단위에 비하여 가족단위의 정착과 적응에는 어떠한 특징과 문제가 있는가, 이 속에서 개인과는 달리 어떠한 집단 역학을 보이는가, 다시 말해, 전체적인 가족관계는 어떻게 변하는가와 같은 부부관계, 성역할, 자녀관계 등 가족집단의 역동성을 살펴보는 것이었다. 구체적으로 왜 그 속에 권력관계가 변하는가, 부부갈등 및 폭력의 원인은 무엇인가, 자녀와 관계는 어떠한가, 북한 거주 시 혹은 탈북과정 동안의 가족관계에 비하여 한국정착 후의 관계가 어떻게 변화하였는가 등이었다. 이러한 질문들은 새로운 문화권의 사회에 들어와 보이는 문화변용의 차원을 가족이라는 집단적 행태로 분석해보기 위한 것이다.

그러나 여기서 가족단위의 적응현상과 변화 그 자체보다 더 핵심적인 것은 그 현상의 이유에 접근하는 것이다. 즉, 한국정착과정에서의 가족생활에서 북한가족문화의 영향은 어떤 것이며 어느 정도인가, 북한가족문화와 남한가족문화의 차이는 어느 정도 존재하는가, 존재한다면 그 차이점은 어떻게 가족관계 내에서 어떤 방식으로 발현되는가, 그러므로 북한이탈주민 가족에 대한 연구와 실천은 북한사회와 그 사회 내의 가족문화 및 가족역동성의 이해를 필수적으로 요구하는 것이다. 그러므로 이러한 북한이탈주민 가족의 접근의 의미는 비교문화적 차원과 문화변용의 차원이라고 할 수 있다.

이 책에서는 '북한가족과 남한가족'의 논의를 다룬 장에서 이러한 내용을 담아내고 있는데, 일례로서 '사회주의 혁명의 기본적 세포'

로서의 가족을 형성하고 성장한 북한이탈주민이 '가족의 경제적 안정과 성공'을 지상과제로 생각하는 한국가족의 가치기반을 이해하거나 혹은 부모와 가족집단의 대리승부처인 학교영역에서의 문화(예를 들어, 촌지와 과외, 치맛바람이 동원되는 교육문화)에 결코 적응하기 쉽지 않다는 것이다. 이렇듯 북한사회와 가족문화의 이해는 북한이탈주민의 이해를 위해서 필수적이면서도, 미래지향적으로 남북통합의 시기에 남북주민의 문화적 통합을 위하여 준비되어야 할 것으로 매우 큰 중요성을 가진다.

둘째로 북한사회와 가족의 문화적 배경 이외에 북한이탈주민 가족들이 탈북과정에서 경험한 특수한 상황들이 정착 후의 가족역동성에 미치는 영향을 이해하는 것도 중요한 요소이다. 이 책에서 다룬 상실과 외상의 문제가 그것이다. 대다수 탈북자들의 경험이 극적인 것이기 때문에 심리적 외상은 중요한 영향을 미친다. 특히 북한이탈주민 여성들은 탈북과정과 제3국에 체류하는 동안 종종 성폭력, 인신매매, 불가피한 성매매종사, 비공식적 사실혼, 매매혼, 사생아문제 등을 경험하는 것으로 알려져 있다. 이러한 남한입국 전의 경험이 비단 여성에 국한하지 않더라도, 가족관계와 가족구성원들의 사회적응에 미치는 영향을 고려하는 것은 중요하다.

셋째로 북한이탈주민 가족의 문제는 구조적인 차원에서의 문제들로 논의되어야 한다. 북한이탈주민 가족은 어떠한 특징적인 구조가 있는가. 예를 들어, 가족원의 상실과 결손으로서 한부모가족을 형성하거나 자녀들만의 가족을 이루는 경우, 또한 북한에서와는 달리 친척 중 일부를 포함하는 확대가족을 형성한다든지, 혹은 복합가족을 형성하는 경우 등을 분석하고 구분하는 것이 가족문제 접근이전에 중요하게 고려해야 할 사항이다. 한편, 북한이탈주민 가족의 결혼유형은 어떠한가. 초혼, 재혼, 중혼, 북한출신 부부, 남북한출신 부부 등 이들의 결혼유형 분석이 또한 요구된다. 그리고 북한이탈주민의 남한에서의 가족형성은 어떤 특징이 있는가도 살펴보아야 한다. 제3국 혹은 남한에서의 재혼 시 자녀의 유무, 북한 잔류가족 및 자녀의 존재 유무, 남한에서의 이전 배우자 및 자녀 그리고 그밖에 가족원의 존재 유무 등이 파악될 필요가 있다. 이러한 북한이탈주민 가족의 구조문제는 현재 이들의 정착과 적응과정상의 문제분석과 해결과정에 중요한 배경으로 작용한다. 이미 60년 가까이 헤어진 채 지내온 남북이산가족의 구조문제는 남북통합 시 재결합과정에서 중혼과 상속의 문제가 있을 것으로 예상하고 법조계의 대응과 준비가 있기도 하다. 현재 북한이탈주민의 결혼과 가족구조의 문제는 새로운 차원의 남북이산가족의 문제로 이와 비슷한 상황을 초래할 수도 있는 것이다.

넷째는 북한이탈주민 가족을 연구하고 실천할 때 이들의 이주민으로서의 경험차원을 빼 놓을 수 없다. 이때에는 가족구성원의 신분보다 개인적 인구학적 구성요소로서 남성, 여성, 노인, 청소년, 아동 등의 입장에서 접근된다. 물론, 가족의 개념은 개인들의 단순한 집합과는 다른 것이지만, 이들 가족구성원들의 개별적 적응경험은 가족 전체에 영향을 미치거나 혹은 가족의 인구학적 구성자체가 가족문제해결과 가족복지접근에 중요한 기반이 되기 때문에 중요하게 다루어져야 하는 것이다. 특히 노령자가 속한 북한이탈주민 가족이나 자녀들을 포함하는 북한이탈주민 가족은 가족의 정착과 적응과정에서 좀 더 다양하고 절실한 욕구들을 내포하고 있을 것이다. 앞서 지적되었듯이 노인의 경우에는 자괴감 속에서 임대주택 공간에 거의 '처박혀있다'고 하였다. 그리고 가족구성원 지위에 관계없이 북한이탈주민은 남한사회 적응과정에서 정신적, 심리적 문제를 경험한다. 불안, 소외, 외로움, 열등의식 등을 경험하고 각자의 삶에서 문화적응의 경험의 장을 차별적으로 가진다. 예를 들어, 성인부모는 직장에서, 자녀들은 학교에서, 여성은 어머니 교실, 미용실 등 여성의 모임에서, 노령자들은 근린 경로당 등에서 각자의 남한 사회화와 문화적 응의 경험을 한다. 이러한 가족구성원 개별적 경험은 가족복지에서 간과할 수 없는 요소인 것이다.

요약하면, 북한이탈주민 가족에 대한 연구는 개인단위의 경제, 사회, 문화적 적응을 더욱 입체적으로 조명해 줌으로써 그 자체만으로 이에 관심 있는 학생, 학자, 정책가, 실무자들에게 유용한 지식을 제공해 준다. 그리고 이러한 연구는 좀 더 넓은 시각에서 북한의 가족문화를 이해하게 하고, 그 북한의 가족문화가 남한의 그것과 대비되어 비교적 관점에서의 지식을 제공한다. 그리고 단순한 병렬적 비교뿐 아니라 두 지역의 가족문화가 만날 때 가족구성원 간의 관계성이 어떻게 변화하고 가족 내부적으로 어떠한 문제들이 발생하는가를 제공하여 줌으로써, 향후 남북한 통일기에 남북한 가족문화의 접합과 통합과정에 대한 예비적 지식을 제공해 준다. 또한 북한이탈주민이 남한에서 형성하는 가족의 물리적 구조의 분석 역시 통일기 한국사회에서 형성되는 가족구조의 다양성과 복잡성을 미리 생각할 수 있게 해준다.

이 책을 통하여 논의된 북한이탈주민 가족의 특징과 문제에 대한 지식은 이들의 한국사회에서의 삶을 이해하는 데 대단히 중요하다. 그리고 이러한 분석적 논의의 바탕위에서 사회복지실천적 개입 방안이 제대로 모색될 수 있는 것이다. 이 책에서 제시된 사회복지실천은 많은 지면을 할애하지는 않았지만[1] 북한이탈주민의 특성과 배경 위에서 서술되었다고 자부한다. 사실상 최근까지 북한이탈주민을

---

[1] 이 책과 함께 저술된 '북한이탈주민 사회복지실천론'에서 실천기법에 대하여 더욱 포괄적으로 다루고 있다.

위시한 한국사회의 이주민집단에 대한 사회복지실천의 접근은 발달하지 못하였다고 보는 것이 타당할 것이다. 외국인노동자, 결혼이주민, 북한이탈주민 등에 대한 초기적 지원은 사회복지학계 혹은 현장 실무자들에 의해 접근되었다기보다 한국사회 내 시민사회영역에서 먼저 접근되었고, 이들에 대한 직접적 서비스 지원도 시민단체들에 의해 출발되었다. 최근 이주민의 문제가 한국사회 내에서 큰 비중을 차지하고 정부영역에서 대응차원을 공식적으로 확장함에 따라 사회복지현장에서도 이에 부응하는 차원에서 이들을 위한 서비스 프로그램을 개발하고 이들에 대한 적응과 사회통합을 위한 서비스제공 주체로서 참여하고 있다.

북한이탈주민 서비스에 대한 사회복지현장의 역할을 오히려 타 이주민집단에 대한 경험보다 앞서는 것이 될 수 있을 만큼 서비스 제공역사(예를 들어, 1990년 후반부를 초기단계로 볼 때)는 비교적 차원에서 결코 짧지 않다고 볼 수 있으나, 북한이탈주민 집단의 특수성과 이들의 지역적 분포가 넓지 않은 이유로서 그 실천의 지식과 경험은 아직도 많은 한계를 가지고 있다. 북한이탈주민 가족에 대한 사회복지실천 역시 마찬가지이다. 그러므로 이들에 대한 실천적 전략과 기법을 세부적으로 다루기에 아직 우리의 지식과 경험은 일천하다. 그럼에도 불구하고 이 책에서는 북한이탈주민 가족을 사회복지실천의 클라이언트 집단으로 상정하고 가능한 구체적인 접근을 시도하려 하였다.

우선, 다른 서적에서 잘 언급되지 않은 북한이탈주민 가족의 강점에 대한 논의가 그러했다. 본문 속에서 언급되었던 현재 북한이탈주민 연구 상의 한계는 실천적 지식의 부족의 원인을 지적하고 있다. 즉, 최근에 북한이탈주민의 적응 관련 연구들에서 이들의 문제를 진지하게 다루고 있음에도 불구하고, 개인 및 가족의 문제들에 대한 전문적인 해결접근에 대한 논의가 부족하다고 했다. 그리고 '위기를 겪고 있는 개인과 가족이 가지는 강점과 자원에 대한 발견 노력 없이 치료 중심, 결점 중심의 분석만 해오고 있어' 이들의 문제를 해결하는 전략적 구상이 어렵다는 지적이다. 강점접근은 이미 사회복지실천전략으로 알려진 것이지만, 현재 북한이탈주민 가족을 위한 실천적 방안개발에 적용할 수 있는 중요한 지식이 될 수 있다. 강점중심의 접근방안의 제안은 북한이탈주민 지원을 위한 사회복지실천의 전반적인 개입과 서비스구상을 위해 기존의 실천지식의 발전적 활용이라는 전략을 알려주는 하나의 작은 예로 볼 수 있다.

또한 이 책에서는 북한이탈주민 가족구성원으로서 북한이탈주민 여성에 대한 사회복지지원의 현황을 소개하고 그 실천적 전략을 제시하였다. 한편, 북한이탈주민을 대상으로 하는 사회복지 개입을 과정적으로 서술하여 초기면담과 사정, 상담과 가족치료 등을 소개하였고, 자녀문제를 위한 북한이탈주민 부모교육에 대한 개입전략을 서술하고 있다. 앞서 언급했듯이 이러한 실천방법에 대한 논의는 북한이탈주민 가족을 대상으로 하는 초기적 저술로서 치밀하고 정교한 접근은 아닐지라도 북한이탈주민 가족을 위한 사회복지실천의 방향성을 제시했다는 측면에서도 중요한 의의를 가진다.

마지막으로 북한이탈주민의 가족복지를 위해 향후 이루어가야 할 사회복지실천의 방향성을 언급하면서 글을 맺고자 한다.

첫째, 북한이탈주민 가족에 대한 접근을 위해서는 앞서 언급했듯이 북한사회와 북한의 가족문화에 대한 지식이 전제되어야 한다. 다른 이주민 가족의 경우에도 마찬가지로 이들의 문화적 배경과 가족관계적 특징이 사전적으로 이해되어야 할 요소로 지적되고 있다. 넓게 보면, 문화적 다양성에 대한 사회복지실천가의 문화적 유능성이다. 현재 사회복지현장 실천가들의 문화적 민감성이 빈번하게 요청

되면서도 현실적으로 북한이탈주민과 가족에 대한 접근에서는 이러한 표현이 타당하지 않거나 어색하게 느껴질 수 있다. 그러나 한 민족이면서 가까운 거리에 존재하는 북한사회의 문화적 특징에 둔감할 수밖에 없었던 현실이 우리에게 감각적으로 다가오는 이유는 바로 그 사회구성원들이 우리 곁에서 이웃으로 살아가는 상황이 벌어지고 있기 때문일 것이다. 북한이탈주민과 그 가족의 문화적 배경과 특성에 민감해지는 것 또한 사회복지실천의 문화적 유능성으로 절실히 인식되어야 할 것이다.

둘째, 어떤 문제들이 전형적인가를 파악하고 지원프로그램의 목적이 무엇인가를 가늠하는 것이 중요하다. 이를 위해서 북한이탈주민 가족의 문제전형을 장악해야 한다. 그러기 위해서는 이주민 가족의 전형을 외국의 사례와 선행연구들을 통하여 섭렵할 필요가 있다. 외국의 경우를 살펴보면, 이주민 가족의 문제 혹은 역동성에 대한 논의는 다양한 차원으로 분류된다(Potocky-Tripdi, 2002). 즉, 부부갈등 및 폭력문제, 세대 간 갈등(성인 - 청소년-조부모), 이주민 가족의 생애주기적 문제 - 아동, 청소년, 노인의 문제 - 등 가족관계적 해결이 목표가 되는지를 확인해야 한다. 또한 이러한 관계적 문제에 더하여 가족구성원의 심리적 외상문제, 문화적응 상의 문제, 가족구조적 문제, 북한 및 중국 등의 잔류가족의 문제 등이 접근되어야 할 것이다. 북한이탈주민 가족에 대한 선행연구들의 조사 및 분석결과는 이러한 차원에서 심도 깊게 검토되고 활용되어야 한다.

셋째, 기존의 가족복지적 실천내용의 적용성을 따져보고 적절한 적용과 수정을 이루어 가야 한다. 가족상담, 가족치료, 부모교육 등의 실천방법을 북한이탈주민을 대상으로 적용하는 것이 순조롭고 효과적일 수 있는지에 대한 검토가 필요하다. 이러한 지적은 비단 북한이탈주민을 대상으로 하는 차원 이전에 한국사회가 수용하고 활용하는 서구의 개인대상 사회사업 실천기법의 토착적 적용이라는 측면에서 오랫동안 지적되고 논의되어 온 것으로서 새로운 지적이 아니다. 그러나 북한이탈주민 가족은 남한사회의 기존의 토착민 가족들이 서구적인 가치관에 익숙하고 서구문화에 접하는 기회를 많이 가지는 것에 비하여 거의 무경험에 가까운 대상이므로 서구 사회복지 실천지식과 기법의 적용의 검토는 훨씬 더 강조될 필요가 있는 것이다. 이미 선행문헌들에서 언급되었듯이, 예를 들어 북한이탈주민들은 개별상담과 심리적 진단에 익숙하지 않으므로 (남한주민들도 크게 다르지 않지만) 소집단 활동을 통한 개입이 더 효과적일 수 있다는 지적은 북한이탈주민 가족의 문제해결을 위한 개입모색을 위한 정보로서 활용되어야 한다. 북한이탈주민 가족에 적합한 실천전략과 방법의 모색은 사회복지서비스 제공자 차원에서의 종합적인 검토와 준비를 재강조하는 대목이다. 예를 들어, 북한이탈주민 가족구조의 다양성은 성인 남성, 성인여성, 노령층, 청소년, 아동 등 여러 부류의 북한이탈주민들을 대상으로 하는 적응프로그램과 상담프로그램을 활성화해야 하는 과제과 아울러 사회사업방법론 고유의 지식과 경험을 전반적으로 검토하고 변용하는 노력을 요청하는 것이다. 나아가 이들을 직접 부딪치고 상담하는 자원봉사 혹은 전문상담자들의 발굴, 교육, 관리의 체계적 구축, 학계와 실천현장에서 이들에 대한 자료와 정보 그리고 실천기술의 축적을 요구하고 있는 것이다.

▫ V부 참고문헌 ▫

〈14장 참고문헌〉

국회민생정치연구회(2006), 『이주민가족의 보호와 지원에 관한 법률안 공청회자료집』, 2006.11. 국회도서관 대회의실.
설동훈(2007), 「외국인근로자자녀의 현실과 권리보호」, 『아동과 권리』, 창지사, pp.174-189.
이기영(2007), 'The Second Phase of Migrant Workers' Lives in South Korea : Matters of Family and Social Work Implications', *16th International Symposium at Japan College of Social Work*, 4-5.
Potocky-Tripodi(2002), *Best Practices for Social Work with Refugees and Immigrants*, New York, NY: Columbia University Press.

찾아보기

국문

용어

ㄱ

가족 / 40, 57
가족가치 / 236
가족구조 / 222, 236
가족복지 / 71
가족역동 / 75
가족의식 / 237
가족의 재결합 / 270
가족주의 / 29
가족주의 가치관 / 29
가족치료 / 239
가(家) 중심주의 / 30
갑작스러운 도주 / 113
강요된 이주 / 113
강화관점 / 224
결혼을 통한 동화 / 102
결혼을 통한 병합 / 102
경청 / 217
과도기적 현상 / 95
교류참여 / 115
구조적 가족치료기법 / 245
기능주의 / 59

ㄴ

남한가족 / 29

ㄷ

대가족 체제 / 67
동화 / 116, 233

ㅁ

마르크스주의 / 59
무승부법 / 259
무조건적 긍정적 대우 / 254
문화유지 / 115
문화적 능력 / 212
문화적 무능력 / 212

문화적 무지 / 213
문화적 성숙 / 214
문화적 역량 / 113
문화적 전능력 / 213
문화적 파괴 / 212
문화적응 / 105, 110, 233
문화적응 스트레스 / 111
문화적응 전략 / 116

부모교육프로그램 / 257
부모효율성훈련 / 257
북한가족 / 29
북한이탈주민 가족구성 / 123
북한이탈주민 남성 / 183
북한이탈주민 부모교육 / 249
북한이탈주민 아동·청소년 / 137
북한이탈주민 여성 / 153
북한인권정보센터 / 169
분리 / 243
불법이주민 / 270
비자발적 이민 / 93

사정 / 221
사회적인 성 / 64
사회주의 / 66
새터민 / 158
생물학적인 성 / 64
생태구조적 가족치료 / 246
성 / 59
세콤 / 60
소수집단 / 226
스트레스 이론 / 106
신가족주의 / 40
신체화 / 245

아그나티 / 57

여성주의 / 61
예측된 난민 / 113
외상 / 92
외상 후 경험 / 93
외상 후 스트레스 / 100
외상 후 증후군 / 96
외상경험 / 91
유기체적 평가과정 / 254
음식의 선택에 관한 연구 / 255
의사결정권 / 79
의사소통 / 75
의사소통양식 / 222
이동 / 105
이동가족 / 37
이문화 / 41
이문화 부부 / 41, 86, 119
이주 / 94, 105
이주의 상실 / 91
이중문화 / 110, 233
1인 수령 지배 체제 / 67
잉여 부 / 60

자녀교육 10계명 / 260
자녀의 힘을 북돋우는 부모교육 / 259
자발적 이주 / 113
자아발달 8단계 / 252
잔류가족 / 123, 125
장소의 심리학 / 106
적극적 경청 / 258
적응 / 233
전형적 가족 / 64
정착 장애요인 / 158
정체성 상실 / 92
정체성의 변화 / 95
제2의 가정화 / 39
젠더 / 62
조선말대사전 / 138
조선민주주의인민공화국 사회주의 헌법 / 69
주변화 / 243
주체형 인간 / 139

ㅋ

코그나티 / 57

ㅍ

파물루스 / 57
파밀리아 / 57
페미니즘 / 61

ㅎ

하나원 / 24
효 / 83

인명

ㄱ

고든 / 257

ㄷ

데이비스 / 255

ㄹ

로렌스 스타인버그 / 260
로저스 / 254

ㅁ

마쯔 / 93
말린 / 104

ㅂ

볼프강 펠처 / 251

ㅇ

아누쉬 코르착 / 251
에릭슨 / 252
에스핀 / 92
엥겔스 / 60
위니코트 / 95

쿠오 / 92
크로스 / 212
킨지 / 95

페트르 / 209

영문

acculturation / 233
active listening / 258
adaptation / 233
assessment / 221
assimilation / 233

Berry / 116
Biculturality / 110, 233

Congress / 239
contact participation / 115
cultural blindness / 213
cultural competence / 212, 213
cultural destructiveness / 212
cultural incapacity / 212
cultural maintenance / 115
cultural precompetence / 213
Cultural Proficiency / 214

Drachman & Paulino / 228

EPT / 259

Fullilove / 109

Green / 239

Hulewat / 228

Merrill & Owens / 102

no-lose method / 259

Ogbu / 112

PET / 258

S

Sluzke / 230
somatization / 245
Spencer & Dornbusch / 235

북한이탈주민 가족복지론

초판 1쇄 발행 2008년 7월 1일

지은이 / 박영희 이기영 강경미 김형태
       이민영 김현경 김선화
       그리스도대학교 남북통합지원센터 편
펴낸곳 / 나눔의집
펴낸이 / 박정희
주   소 / 152-790 서울시 구로구 구로3동 182-13번지
         대륭포스트타워 II 1205호
전   화 / 02-2082-0260
팩   스 / 02-2082-0263
www.ncbook.co.kr

값 15,000원
ISBN 978-89-5810-132-1   93330

● 파본은 구입하신 곳에서 교환해 드립니다.